保 险 学

（第二版）

BAOXIANXUE

主编　胡炳志　何小伟

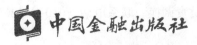

中国金融出版社

责任编辑：王　君　单翠霞
责任校对：张志文
责任印制：陈晓川

图书在版编目（CIP）数据

保险学（Baoxianxue）/胡炳志，何小伟主编 . —2 版 . —北京：中国金融出版社，2013.5
21 世纪高等学校保险学系列教材
ISBN 978 – 7 – 5049 – 6962 – 0

Ⅰ.①保…　Ⅱ.①胡…②何…　Ⅲ.①保险学—高等学校—教材　Ⅳ.①F840

中国版本图书馆 CIP 数据核字（2013）第 094542 号

出版
发行　**中国金融出版社**

社址　北京市丰台区益泽路 2 号
市场开发部　（010）63266347，63805472，63439533（传真）
网上书店　http://www.chinafph.com
　　　　　　（010）63286832，63365686（传真）
读者服务部　（010）66070833，62568380
邮编　100071
经销　新华书店
印刷　保利达印务有限公司
尺寸　185 毫米 × 260 毫米
印张　14.25
字数　309 千
版次　2002 年 10 月第 1 版　2013 年 5 月第 2 版
印次　2013 年 5 月第 1 次印刷
定价　29.00 元
ISBN 978 – 7 – 5049 – 6962 – 0/F.6522
如出现印装错误本社负责调换　联系电话（010）63263947

主 编 简 介

胡炳志，男，1962年8月出生。武汉大学保险学系教授，博士生导师，中国保险学会理事。出版的主要著作或教材有：《中国金融制度重构研究》（人民出版社）、《再保险》（中国金融出版社）、《世纪末回顾：全球金融大震荡》（武汉大学出版社）、《再保险通论》（武汉大学出版社）、《保险数学》（中国金融出版社）。参与著作或教材编写10余部。在《保险研究》、《经济评论》、《金融研究》、《经济学动态》等刊物发表学术论文80余篇。

何小伟，男，湖北随州人，1979年出生。先后就读于武汉大学经济与管理学院和北京大学经济学院，2008年8月至2009年8月参加教育部联合培养博士生项目赴美国佐治亚州立大学学习，2010年获得北京大学经济学博士学位。现为对外经济贸易大学保险学院风险管理与保险学系教师。在《金融研究》、《经济科学》、《保险研究》等学术期刊上发表论文多篇。

第二版修订说明

　　本次修订之前，广泛征求了任课教师的意见，在保持原教材一些优点的基础上，更进一步强调了教材的基础性，例如关于保险合同和保险的基本原则，除了依据2009年修订的《中华人民共和国保险法》进行相应修订外，更进一步细化了有关内容，增加了一些短小精悍的案例。这些案例有如下两个特点：（1）来源于现实判例（仅仅因为保密需要做了细小变通处理）；（2）情节简单，可直接运用法理得出结论，便于初学者理解并加深对相关法律条款的认识、记忆、运用。

　　理所当然地，对于变化了的市场数据，我们尽可能地进行了更新。为了帮助初学者理解保险在社会经济生活中的作用，我们选用了一些阅读材料，以开拓读者的视野。在有关章节，我们以附录形式增加了保险合同的条款，便于读者结合案例、阅读材料全面理解、掌握保险知识。由于篇幅所限，本书未附2009年修订的《保险法》，还请读者从互联网等渠道获得，参照阅读。

　　本次修订还充分吸收了他人的成果。例如关于保险市场，我们认为魏华林、林宝清教授的《保险学》比本教材第一版阐述得更为清楚、合理，本次修订即充分吸收了他们的成果。

　　本次修订最大的变动是删除了原教材的第九章、第十章，因为我们认为这两章的内容超出了基础性的范围。

　　本次修订由胡炳志、何小伟共同完成。限于编者水平，疏漏、错误之处在所难免，恳请读者及同行提出宝贵意见。

胡炳志
2013 年 1 月 11 日于珞珈山

第一版前言

在现代经济社会中，保险的地位越来越重要。在我国加入世界贸易组织的谈判过程中，保险始终是一个重要议题。根据《服务贸易总协定》，国际间保险服务包括四种方式，即：跨境交付、境外消费、商业存在和自然人流动。随着中国政府在保险方面的承诺逐步兑现，我国保险业将面临来自发达国家保险业的巨大挑战。保险业的发展，离不开保险专业人才的培养。

我国自恢复保险业务以来，在保险人才的培养方面做了大量的工作，但我国保险专业人才匮乏的事实依然存在。针对这一状况，《保险学》作为保险人才的必备知识，得到了保险理论界的普遍重视。在高等院校，大学生主动选修《保险学》课程的越来越多。目前《保险学》的教材很多，各有特点。我们在编写这本《保险学》教材时，特别注重了以下几点：

1. 基础性。《保险学》是学习其他保险知识的基础。本教材没有过多地强调理论深度，而是注重保险学的基础知识，从而保证其既适合作为大学生的保险入门教材，又能够作为保险实务工作者的学习用书。

2. 科学性。保险学科除《保险学》外，还有《财产保险》、《人身保险》、《保险经营管理》、《海上保险》、《风险管理》、《再保险》等多种课程，这些课程之间存在着密切联系。作为基础性的《保险学》，本教材避免了与其他教材的重复，从而保证了读者在全面学习保险知识的时间分配效用，也为后续课程留下了尽可能多的学习空间。

3. 系统性。在保证基础性和科学性的前提下，本教材特别注重内容的系统性，以利于读者循序渐进地学习。在这个意义上，我们兼顾了相当的理论高度和广泛的可读性，从而使教材的内容具有极强的实用性，例如，关于保险存在与发展的基础，虽然是一个理论问题，但对于保险实务工作者深刻理解保险和开展保险业务都十分有效，而对于保险消费者正确认识保险也有独特功效。

4. 完整性。强调基础性、科学性和系统性，并不影响教材本身的完整性。事实上，本教材的内容既包括了保险与风险的基础知识，还有保险合同的知识以及保险服务、保险政策、保险机制和保险发展战略等方面的知识，其中有一些是以前的同类教材没有或较少涉及的内容。

本教材由武汉大学胡炳志教授、东北财经大学刘子操教授担任主编，具体分工如下：天津财经学院陈之楚副教授撰写第一章和第四章；中南财经政法大学刘冬娇副教授撰写第二章的第一、三、四节；中央财经大学李晓林教授、金燕芳讲师撰写第三章；武

汉大学胡炳志教授撰写第二章的第二节、第五章、第八章、第十章；对外经济贸易大学陶存文副教授撰写第六章；华东师范大学曹雪琴副教授撰写第七章；东北财经大学刘子操教授撰写第九章。全书由武汉大学胡炳志教授总纂、定稿。

在本教材的编写过程中，编写组参考甚广，直接引用了大量同行专家的相关成果，在此向他们表示衷心的感谢。

限于编者水平，如有疏漏、错误之处，恳请读者提出宝贵意见。

胡炳志
2002 年 5 月于武汉珞珈山

目　录

第一章

风险与保险

【背景资料】

据瑞士再保险公司的初步估计：2010 年全球共发生了 304 起巨灾事件，其中包括 167 起自然灾害和 137 起人为灾难，导致 30.4 万人丧失生命，2180 亿美元的经济损失。

自 20 世纪 90 年代以来，全世界每年因自然灾害所导致的损失日益攀升。例如 1992 年的"安德鲁"飓风，造成的经济损失远远超过任何有记载的自然灾害，其保险损失高达 202 亿美元。1995 年日本神户地震直接经济损失 960 亿美元，死亡人数达 5300 余人，受伤 26000 余人，保险赔偿为 200 亿美元。但 2001 年人为灾祸造成的保险损失在总损失中所占比例第一次达到 70%。摩根士丹利对"9·11"事件造成的保险损失估计值为 500 亿~550 亿美元。2005 年美国的"卡特里娜"飓风造成了 1350 亿美元的创纪录损失和 1836 人遇难。

1998 年，我国长江、嫩江流域洪水泛滥，受灾人口达 1.8 亿人，死亡 4150 人，倒塌房屋 685 万间，农田绝收面积 529.5 万公顷，直接经济损失达 2550.9 亿元。2008 年，我国四川的汶川大地震导致 69227 人遇难，374643 人受伤，17923 人失踪，直接经济损失达 8452 亿元。

随着人口增长、城市化进程加快、人口密度增强、现代工业化的发展，一方面是全球财富急剧增加，另一方面也造成了全球气候和环境的变化。这些都使得各种灾害对人类生存和发展产生了巨大影响。

不难发现，人类正面临着比以往任何时候都要多的风险。特别是转型中的发展中国家，人们可能遭受的因自然灾害和人为原因所造成的损失程度和损失频率比过去大得多。

当清晰地认识到置身于一个客观风险环境时，人们从没有像今天这样强烈地体会到：应对不确定事件的方法在经济生活中是多么重要。实际上，人类社会一直在寻找应对风险的良策，并且一直是有准备地应对生活中的不确定事件。保险是其中最有效的经济方法之一。

【本章提示】

"无风险，无保险。"这句保险界的至理名言道出了两者之间的密切联系。风险的客观存在恰是保险产生与发展的自然基础。风险与风险管理构成了保险学必不可少的基础知识。本章是保险学的风险基础理论，主要内容包括：风险的概念与分类、风险管理的基本方法、风险成本与风险代价、保险与风险管理。

第一节 风险的概念与分类

一、风险的概念

风险是指在一定客观情况下和一定时期内某种随机事件发生给人们经济利益造成损失的不确定性。损失的不确定性是风险的本质，这种不确定性体现为：（1）导致损失的随机事件是否发生不确定；（2）损失发生的时间不确定；（3）损失发生的地点不确定；（4）损失发生后造成的损失程度和范围不确定，即不可预见和不可控制。

对风险的理解应把握以下几个方面：

其一，风险不是抽象的概念，而是具体的概念。我们必须在特定的环境和限定的时期内，观察某一风险的存在。当客观环境变化时，风险内容也会发生变化。

其二，风险损失是不确定的。这里强调损失结果的不确定性，是非人为主观控制的。当风险损失已经存在和风险损失肯定不存在时均不定义为风险。因为其事件的结果是已经确定的，而无不确定性可言。保险学中所研究的风险损失的不确定性是指在一定客观条件下，某种风险损失发生的不确定性。用概率论表述为：在一定时期内某个事件 A 发生的概率在 0~1 之间的开区间，即 $P(A) = (0, 1)$。$P(A) = 0$，表示某种事件发生的不可能，即不存在风险，也就不会产生风险消费需求；$P(A) = 1$，表示某种事件发生的必然性、确定性。已经确定的事件，经济损失已经发生，这种情况会发生风险消费需求，但有悖于保险人经营风险的不确定性的质的要求，因此不会产生相应保险供给。只有当 $0 < P(A) < 1$ 之间时，具有不确定性，风险才存在。

其三，风险是客观存在的，可以用概率度量风险发生可能性的大小。统计学将概率的测定分两种：一种是客观概率，是指根据大量历史的实际数据推算出来的概率；另一种是主观概率，是在没有实际资料的情况下，人们根据有限资料和经验合理估计的。保险风险的测定一般属于客观概率。

其四，风险是与人类经济活动相伴的概念。没有人类的经济活动，没有损失可言，就不是风险的概念，例如，山体滑坡发生在荒无人烟处，只称其为自然界运动现象；相反，如果造成人员伤亡和财产损失，就是风险的概念。

为了便于认识和控制风险，可用损失频率和损失程度对风险进行描述。

损失频率（或损失机会）是指在一定时期内、一定规模的危险单位可能发生损失的次数的比例。

$$损失频率 = \frac{损失发生次数}{危险单位总量} \times 100\%$$

损失程度是指一次事故发生所导致的损毁程度。

$$损失程度 = \frac{损毁价值}{危险标的总价值量} \times 100\%$$

我们注意到：损失频率表示损失事件发生的相对次数，并不表示风险损失程度规模。损失程度显示出风险损失发生后所致的经济损失规模。在日常生活中，自行车轮胎没气的事件发生频率高，损失程度小。房屋失火的事件发生频率低，损失程度大。损失频率反映某一风险发生可能性的大小；损失程度表明造成的经济损失规模。为便于理解，以工业生产意外伤害事故的研究实例说明两者之间的关系（见图1-1）。

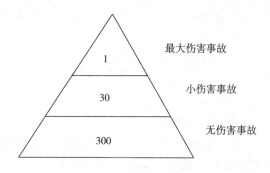

图1-1　Heinrich 三角形

图1-1表明：在工业生产意外事故中，损失频率高的事件，损失程度小；损失频率低的事件，损失程度高。

另据我国史料记载，我国地震伤害性最大的有两次。一次是1556年1月23日（明嘉靖34年12月12日）陕西华县的八级地震，死亡人数中有户籍的83万人，无户籍者不可数计。另一次是1978年7月28日河北唐山的7.8级地震，直接死亡人员20.4万人，受伤人员16.4万人，直接经济损失超过100亿元人民币。2008年四川汶川的八级大地震，虽然政府采取了及时有力的抗震措施，仍然导致了大量的人员伤亡和巨额经济损失。这也表明危害性巨大的地震发生的频率低，损失程度巨大。保险所承保的风险属于小概率而损毁程度高的事件。

【专栏1-1】

气候灾害——越来越凶恶的敌人

近些年，美国飓风登陆事件频繁出现。其中，2005年的卡特里娜、2011年的艾琳等都近乎成为国家灾难。2011年4月，一场超级龙卷风肆虐美国十几个州、致数百人死亡。

从意外到淡定，气象学家似乎已见多不怪。如今的气候，脾气变得愈发暴躁，有时可以在地球这一边大发"雷霆"，狂风暴雨，洪水滔天，而地球另一边却骄阳似火，灼烤众生，旱灾严重。

放眼全球，对发达国家来说，灾害所造成的经济损失总量巨大，动辄数以百亿美元计；对发展中国家来说，灾害导致的经济损失占国内生产总值比重更高；而对脆弱的个体生命而言，灾害，从来都是切肤之痛与不可承受之重。

不仅如此，气候灾害对与气候密切相关的行业如水利、农业、林业、能源、健康和旅游业等都有更大影响。在世界经济发展不稳定性、不确定性上升的当下，上述因素为全球经济复苏带来更多变数。

可以说，气候灾害是对人类社会的综合"拷问"，其严重性不仅取决于灾害本身，还取决于承载体的暴露度、脆弱度和应变能力，这些是管理灾害风险的主要决定因素。

（资料来源：新华社；记者：杨骏；发布时间：2012年10月31日。）

人们重视风险与风险管理，起因于风险的属性，即风险所具有的性质。风险的基本属性包括自然属性、社会属性和经济属性。

自然属性表明事物本身固有的运动规律，不受外界影响的事物性质。水能载舟，亦能覆舟。大自然是人类赖以生存、繁衍生息的基础。然而自然界的运动对人类的经济和生活产生着重要影响，如地震、风暴和洪水。其中造成与人的生命安全伤害和经济生活损失的自然运动则构成了风险。自然界的运动规律是客观的，是不以人们的意志为转移的。人们可以逐渐地认识它，但是不可能控制它。风险的自然属性一般称为不可抗力。

风险是客观存在的，但风险是在一定环境下产生的，这就是风险的社会属性。任何风险的发生均属于一定的社会制度、技术条件和生产关系，没有抽象的风险。在不同的社会环境下，风险的内容是不同的。这显示了风险所具有的时间永续和内容变化的特征。因此风险管理是人类永恒的话题。一方面，某一个风险损失就局部而言是个人或企业的经济损失，就整体而言是全社会财产总量的经济损失。另一方面，某一标的风险损失是不确定的、偶然的，而全社会总体标的损失是有规律的、可测的。保险恰是运用风险这种社会性，承担起"一人为众，众人为一"（one for all, all for one）的风险损失经济补偿的社会职责。

风险的经济属性强调风险一旦发生其产生的经济后果。只有当自然灾害、人为灾祸对人类的人身安全和经济利益造成经济损失时，体现出风险的经济属性，也才因此称为风险。否则，不定义为风险。

在涉及风险问题研究中，风险的定义在学术界至今没有统一。大致可以分为两类：第一类定义强调结果的不确定性；第二类定义强调损失发生的不确定性。

第一类定义的观点认为："风险是指在特定客观条件下，特定时期内，某一事件其预期结果与实际结果的变动程度，变动程度越大，风险越大；反之，则越小。""风险是在一定条件下，一定时期内可能产生结果的变动，如果结果只有一种可能，不存在着发生变动，风险为零；如果可能产生的结果有几种，则风险存在。可能产生的结果越多，变动越大，风险也就越大。预期结果和实际结果的变动，意味着猜测的结果和实际结果的不一致或偏离。"统计学家和经济学家把风险与变量联系在一起。根据这一观点，通常把风险定义为预期结果与实际结果间的相对变化。因此，当结果存在几种可能且实际结果不能预知时，就认为有风险。预期结果和实际结果的不一致或偏离状况可以有三种情况：两者基本一致；实际结果小于预期结果，经济学家称之为负收益，即损失；实际结果大于预期结果，经济学家称之为正收益，即盈利。保险学将这种发生结果是无损失、损失、盈利的风险称为投机性风险。投机性风险属于不可保风险，也不是风险管理的重点。但随着风险管理的实践与理论的发展，传统风险管理主要涉及只有损失而无获利可能性的纯粹风险的方法受到挑战。因为风险管理者意识到"零散的风险管理和一个组织可能面临的所有风险连贯统一的管理相比缺乏效率和效能"。这种整体性的方法包括所有可能存在结果，既有损失机会，又有获利可能。这种广义的风险概念在风险管理实践和理论研究中与时俱进。更值得注意的是：随着金融管制的放松和经济全球化，金融风险管理的概念日益受到重视。金融风险主要存在于银行和投资领域，如信用风险、货币兑换风险、交易风险和投资风险。尽管银行经营一直面临这些风险，只是由于解除管制和日益严重的外币兑换才促使银行和其他国际性组织开始大力解决这些风险，并运用了统计学的量化工具，使得风险管理更具可操作性。

第二类定义强调损失发生的不确定性。在风险分析中，低于预期结果的可能性是重要的，因为这种被称做"损失"的事件导致了未知将来的不利结果。将低于预期价值的结果称为"损失"，高于预期价值的结果称为"收益"。两者经常同时存在。损失的情况是讨论的重点，讨论的是不利的、不可预料的事件与所预期结果的一种偏差。这种狭义风险定义强调损失的不确定性结果的偏差。这类风险在保险学中称为纯粹风险。传统风险管理是以购买保险为基础方法的，导致企业只关注纯粹风险。这种强调风险损失不确定性的观点是国内学者较统一的。这类观点大部分出现在保险学教材的论著中，所以更多地强调采用保险的方法应对未来损失的不确定性。保险学中所研究的风险是狭义风险的定义，即只有损失的可能而无获利可能的风险。

由于分析的角度不同，对风险的理解有所差异。在实践领域将风险理解为可测定概率损失的不确定性。可保风险的风险性大小依据客观概率测定。基于人们是厌恶风险的假设，通常情况下，人们对意外损失比对意外收益更为关注。所以人们选择以确定损失（保险费支出）与不确定损失（保险损失补偿）进行交换的保险方法。保险学研究风险更多地侧重于保险经营的角度。统计学家和经济学家将不确定损失进行量化研究，为保险经营提供了科学的依据。

二、风险的特征

风险的特征是风险的本质及其发生规律的外在表现。正确认识风险的特征，对于建立和完善风险应对机制，加强风险管理，减少风险损失，具有重要意义。

（一）风险存在的客观性

风险具有客观性。风险是一种客观存在，是不以人们的意志为转移的客观现实。由于自然界具有自身的运动规律，社会发展也是由事物内因决定的，所以自然界的地震、暴风、洪水和社会领域的冲突事件、意外事故等都不以人们意志为转移，成为不可抗力。人们只能在一定时间和空间内改变风险存在和发生的条件，降低风险发生的频率和损失幅度，但不可能完全消除风险。风险的客观性是保险产生和发展的自然基础。

（二）风险存在的普遍性

人类的历史就是与风险相伴的历史。风险无处不在，无时不有。在经济生产和生活中，人们时时处处面临着各种各样的风险，例如各种自然灾害、疾病、伤害、战争等。随着科学技术的发展、生产力的提高，人们面临着更多的前所未有的新的风险，风险事故造成的损失也越来越大。在当今社会，无论是个人、家庭，还是企业、国家，都面临着各种各样的风险。总之，自然风险、社会风险、生理风险以及各种意外事故对社会、企业、个人的方方面面都是普遍的，长期的。

（三）风险的损害性

风险是与人们的经济利益密切相关的。风险的损害性是指风险损失发生后给人们的经济造成的损失以及对人的生命的伤害。对风险损害性事件的理解应把握以下几点：在时间上是发生在将来的事件，并且非预料之中事件；在质上损害程度可以用货币计量，即只是体现为经济损失；在量上是比较大的经济损失，非正常经济消耗。这种损害性也是保险需求产生的原因。

（四）单一风险发生的不确定性

风险是客观的、普遍的，但就某一具体风险而言，其发生是不确定的，是一种随机现象。例如，汽车相撞是一种意外交通事故，是客观存在的风险。但就某一辆车是否发生交通事故，是不确定和不可预知的。

（五）总体风险发生的可测性

某一风险发生是具有不确定性的，不可预知的。但是总体风险事故的发生是具有规律性的、可测性的。保险学运用概率论和大数法则原理对大量相互独立的随机事件，在服从于一定概率分布的条件下，测量出其发生的频率和损失率，从而反映风险发生的规律。生命表是根据以往一定时期的特定国家或地区的特定人口群体的有关生存、死亡的统计资料，加以分析整理而形成的统计表。通过生命表可以观察人类生存和死亡的规律。例如，一个 25 岁的人生存到 30 岁的生存率几乎是 1（0.998332）而死亡率几乎是 0（0.001668）；死亡率随年龄增加而增加。同样我们还可以测量汽车碰撞率、船舶碰撞率等。风险发生的规律性、可测性是观察全体标的的结果。

正是这种单一标的风险发生的不确定性，和总体标的风险发生的规律性、可测性，构成了保险经营风险的质的规定性，两者缺一不可。风险的可测性为保险费率的厘定提供了科学的依据。

（六）风险的发展性

随着经济的发展和人类科学技术的进步，消除了一些风险，但同时又产生了一些新的风险。尤其是当代高新技术的开发与应用，使风险的发展性更为突出。核能应用解决了能源短缺的同时带来了核污染；法律制度健全的同时依法承担的法律责任风险增加；随着经济的发展，风险也在同时增加。风险的发展性可以用图1-2示意。

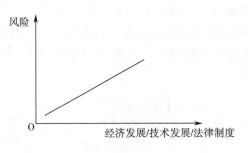

图1-2 风险的发展性

三、风险因素、风险事故和损失

风险因素、风险事故和损失是风险构成的三要素。

（一）风险因素

风险因素是指能增加或产生损失频率和损失幅度的要素。它是风险事故发生的潜在原因，是造成损失的内在的或间接的原因。例如，建筑物所使用的建筑材料和建筑结构；个人的年龄、健康状况和职业等。风险因素一般分为三种。

1. 实质风险因素。系物理因素、有形因素，指能直接影响某事物的物理功能的因素。大雾天增加了汽车事故的几率；木结构房屋比砖瓦结构房屋更易燃烧。

2. 道德风险因素。这是与人的品德修养有关的因素，即由于个人的不诚实、不正直或不良企图致使风险事故发生。例如，欺骗、纵火和盗窃等行为。

3. 心理风险因素。这是与人的心理状态有关的因素。它是由于人们的主观上的疏忽或过失，以致增加风险事故发生的机会或扩大损失程度的原因和条件。例如，生活无规律容易引发疾病；乱扔烟蒂容易引发火灾。

（二）风险事故

风险事故是指造成财产损失和人身伤亡的偶发事件。风险因素通过风险事故引发损失。前者是损失的间接原因，后者是直接原因。如汽车刹车系统失灵而导致车祸造成人员伤亡。其中，刹车失灵是风险因素，车祸是风险事故。

（三）损失

损失作为风险管理和保险经营的一个重要概念，是指非故意的、非计划的和非预期的经济价值的减少，通常以货币单位衡量。定义的把握注意两层含义：一是损失发生的不可预知，二是经济价值的减少。两方面缺一不可，否则不是损失。例如，低值易耗品的消耗是有计划的经济价值减少，不定义为损失。

损失一般分为两种形态：直接损失和间接损失。直接损失应理解为实质性损失，由于风险事故直接引起损失；间接损失是由于直接损失引发的额外费用损失、收入损失、责任损失。由于任何风险事故损失，都会产生这四种损失，也就直接将损失分为四种：实质性损失、费用损失、收入损失和责任损失。其中，责任损失包括侵权责任和违约责任。

（四）风险因素、风险事故和损失三者之间关系

风险因素、风险事故和损失三者是风险的构成要素，构成风险统一体，相互之间存在因果关系，风险因素引发风险事故，风险事故导致损失，三者的关系可用图 1 – 3 表示。

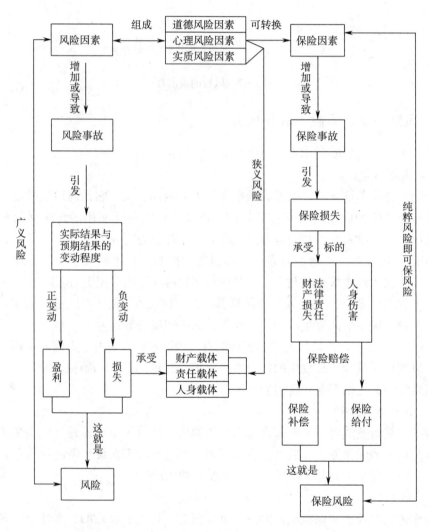

图 1 – 3　风险构成图示

从图 1 – 3 可以看出，风险因素的存在及发生概率与风险事故正相关，风险因素产生风险事故引起损失。损失的概率分布、期望值和标准差决定了实际结果与预期结果的变动程度，风险因素的潜在性决定了风险损失的不确定性。

在观察损失时请注意，大数法则在保险中有效应用的前提条件是，所观察样本必须

产生于本质相同的条件，即所有观察样本应具有风险的同质性。风险的同质性可以通过风险的载体表示。风险的载体是指风险的直接承受体，即风险事故直接危害的对象。风险的危害对象一般为财产标的、责任标的和人身标的。

四、风险分类

了解风险的分类，从不同的角度认识风险的性质和特点，有助于对不同的风险采用不同的对策。

（一）按风险产生的环境分类

风险按其所发生的环境可分为静态风险和动态风险。

静态风险是指在社会经济正常情况下，由于自然力的不规则运动或人们行为过失或错误判断等导致的风险。静态风险一般与社会经济和政治变动无关，在任何社会经济条件下都是不可避免的。

动态风险是指由于社会经济结构变动或政治变动为直接原因的风险。如生产方式和生产技术的变动，消费者偏好的变动，政治经济体制的改革等引起的风险。

静态风险与动态风险的区别主要体现在：（1）环境不同，静态风险是任何时代和社会都会发生的，动态风险则有着鲜明的时代性和社会性特征。（2）性质不同，静态风险更多的会带来损失，而动态风险既可带来损失，也有可能带来盈利。比如自然灾害是静态风险，它会造成社会的净损失，而生产技术变革、消费者偏好的变动等动态风险则可能会给某些企业和消费者带来盈利。（3）影响范围不同，静态风险通常只影响到少数个体，而动态风险的影响范围则要广泛得多。

（二）按风险性质分类

风险按其性质可分为纯粹风险和投机风险。

纯粹风险是指风险导致的结果只有两种，即无损失或有损失，一旦风险发生，只有损失的机会而无获利的可能的风险。如火灾、车祸、疾病等。

投机风险是指风险导致的结果有三种，即无损失、有损失和可能获利。如股票市场波动、新技术投资及企业经营决策等风险。

纯粹风险与投机风险的差异在于：（1）纯粹风险在一定的情况下具有一定的规律性，服从一定的概率分布，容易适用大数法则；投机风险无规律性，不易适用大数法则。（2）纯粹风险下，只有损失的可能性，对社会、企业、家庭均是损失，人们往往采取规避风险的态度；投机风险的获利可能更具有诱惑力，偏好风险的人们有可能冒风险而为之。

（三）按风险发生的原因分类

依据发生的原因，将风险分为自然风险、社会风险、政治风险和经济风险。

自然风险是指由于自然现象或物理现象所导致的风险。如洪水、地震、暴风、海啸、泥石流等。自然风险的特征：自然风险的产生具有不可抗性；自然风险的发生具有周期性；自然风险一旦发生波及范围广。

社会风险是指由于个人行为的反常或不可预料的团体行为所致的风险。如盗窃、抢

劫、罢工、动乱等。

政治风险是指由于政治原因，如政局的变化、政权的更替、政府法令和决定的颁布实施，以及种族和宗教冲突、叛乱、战争等引起社会动荡而造成损害的风险。

经济风险是指在经营过程中，由于有关因素变动或估计错误而导致经营失败的风险。如市场预期失误、经营管理不善、消费需求变化、通货膨胀、汇率变动等所致经济损失风险等。

（四）按风险危及的范围分类

按风险危及的范围可分为财产风险、责任风险、信用风险和人身风险。

财产风险是可能导致财产发生损毁、灭失和贬值的风险。例如房屋失火、爆炸等损失的风险；机车碰撞、船舶沉没等损失风险。由于市场价格变动引起财产贬值的损失的风险属于经济风险。

责任风险是指因人们的过失行为、侵权行为和违约责任依法应对他人造成的人身伤害和财产损失承担民事赔偿责任的风险。例如，产品责任、司机过失撞伤行人等。

信用风险是指在经济合同行为中，债权人与债务人之间，因一方违约对他方造成经济损失的风险。例如，信用风险、履约风险等。

人身风险是指人们因生、老、病、死、残等原因而产生的经济损失的风险。例如疾病、伤残、死亡、失业等都会导致个人、家庭或企业的经济收入的减少，导致经济生活的不安定。

由于所有的风险的危害范围都不会超出这四个方面，所以现代保险业务均按这四种风险损失划分业务范围。与财产风险相对应的是财产保险；与责任风险相对应的是责任保险；与信用风险相对应的是信用保险；与人身风险相对应的是人身保险。

第二节　风险管理的基本方法

一、风险管理的概念

风险管理是指经济单位通过风险识别、风险估测、风险评价，对风险实施有效的控制和妥善处理，以最小的成本取得最大安全保障的管理方法。风险管理概念包含三层含义：风险管理的主体是经济单位，即个人、家庭、企业或其他单位；风险管理的方法，通过风险识别、估测、评价，选择有效的管理方法；风险管理的目的，以最小的经济成本达到最大的安全保障，这一点也是风险管理的宗旨。

风险管理的对象是风险。事实上人类一直在以自己的方式应对风险的威胁。风险管理自古以来就发挥自己的作用。公元前916年的罗地安海商法记载了共同海损制度，公元前400年的船货抵押制度，被认为是保险制度的雏形。保险是风险管理技术的一种基础方法，也可以认为是风险管理思想的雏形。到18世纪产业革命，法国管理学家亨瑞·法约尔（Henri Fayol）在《一般管理和工业管理》一书中才正式把风险管理思想引进企业经营领域，至 1949 年首次使用"风险管理"一词。但长期以来没有形成完整的体系和制度。到 20 世纪 50 年代，美国才把它发展成为一门学科。众所公认美国是风险管理的发源地。表 1 - 1 罗列了风险管理学科在美国的发展进程。

表 1 - 1　　　　　　　　　　　风险管理学在美国的发展

年份	事件
1931	设立美国经营者协会，开展风险管理的研究和咨询活动
1950	莫布雷（Mowbray）等人在合著的《保险学》一书中详细阐述了"风险管理"的概念
1960	美国保险管理协会（American Society of Insurance Management，ASIM）纽约分社与亚普沙娜大学（Upsala University）合作首次试验开设为期 12 周的风险管理课程
1961	印第安纳大学赫奇斯教授（J. Edward Hedges）主持成立了 ASIM 的"风险及保险学课程概念"特别委员会，并发表"风险与保险学课程概念"一文，为该学科领域的培训与教育工作指明方向
1963	梅尔（Mehr）和赫奇斯（Hedges）合著 *Risk Management in Business Enterprise*，该书后来成为该学科领域最为深远的历史文献
1975	美国保险管理协会（ASIM）更名为风险与保险管理协会（Risk & Insurance Management Society，RIMS），这标志着风险管理从原来意义上的用保险方式处置风险转变到真正风险管理的方式处置风险
1983	美国 RIMS 年会上，世界各国专家学者共同讨论并通过了"101 条风险管理准则"，以作为各国风险管理的一般准则（其中包括风险识别与衡量、风险控制、风险财务处理、索赔管理、职工福利、退休年金、国际风险管理、行政事务处理、保险单条款安排技巧、交流、管理哲学等）

在风险管理的职业教育与培训方面，美国多数大学的工商管理学院即保险系都普遍开设风险管理课程，为工商企业输送大批专门人才。

经过数十年的发展，风险管理已经形成一套较为成熟的方法体系和方法。风险管理已经从单纯转嫁风险的保险管理发展为以经营管理为中心的全面风险管理，其管理的范围包括静态风险和动态风险。管理的领域越来越宽，从经营企业到公共领域，从纯粹风险到投机风险，从商业企业风险到金融企业风险。

进入 21 世纪后，随着研究技术和手段的提升，整合风险管理的方法越来越受到重视和运用。

【专栏 1 - 2】

风险管理的新趋势：整合风险管理

整合风险管理（Integrated Risk Management），是对影响公司价值的众多风险因素进行辨识和评估，并在全公司范围内实行相应的战略以管理和控制这些风险。整合风险管理是对传统的可保风险管理的超越，它的目标是把公司面临的所有风险都纳入到一个有机的具有内在一致性的管理框架中去。

整合风险管理的基本理念是公司可以根据自己具体的风险状况，对多种风险管理

方式进行整合。在较窄的意义上，整合风险管理实际上主要是指对近年来涌现出来的资本市场上保险创新产品的应用。将这些以保险风险证券化为主的创新产品与传统的风险管理方式（以保险为主）相结合，就构成了目前整合风险管理的主要内容。

二战以后，风险管理作为一门独立的学科在西方，特别是在美国，得到很大的发展。但在过去，人们很少从整体的、系统的角度来看待一个公司的风险管理。整合风险管理在近些年之所以逐渐受到重视，一方面是因为计算机以及其他通信技术的广泛应用，一些新兴的边缘学科和交叉学科（如系统论、控制论、耗散结构理论等）对经济、科技和社会各方面的影响日显重要；另一方面，也是因为近几十年来各种新型金融工具和金融市场的迅猛发展。

此外，世界发展的一体化趋势使得国际通行的法律、经济、财务准则得以逐步确立和完善。在这些因素的推动下，人们开始能够通过综合运用各种新型金融工具在更广泛的范围内以更低的成本对付各类风险，其中资本市场发挥的作用日益引人注目。在今天，企业的管理人员已经有条件把分析和控制各类风险纳入到一个统一的、整体的风险管理战略当中，也就是实行整合风险管理。

整合风险管理的优化目标被确定为企业价值，自然整合风险管理的根本优势就在于能够提高企业价值。不过具体说来，实施整合风险管理给企业带来的好处则是多方面的。通过实施整合风险管理，管理人员将能够把各种类型的风险因素以及传统的财务决策问题纳入到一个综合性的整体框架中，这样管理人员对风险管理各个组成部分之间的相互作用将会有一个全新而深刻的认识。

（资料来源：孙立明、孙祁祥：《风险管理的新趋势：整合风险管理及其在中国的应用》，载《经济学动态》，2003（8）。）

二、风险管理的基本程序

风险管理的基本程序是风险识别、风险估测、风险评价、风险控制和风险管理效果评价等环节。

（一）风险识别

风险识别是风险管理的第一步，它是指企业对面临的，以及潜在的风险加以判断、归类和鉴定风险性质的过程。企业面临的风险是错综复杂的，现实的、潜在的、内部的、环境的等多种风险在一定时期和一定条件下具有客观性，风险引发的条件是什么，风险发生的可能性有多大等，这些问题是风险识别阶段必须面对和必须予以解决的。识别风险主要包括感知风险和分析风险。前者依靠感性认识，经验判断；后者需要利用财务分析法、流程分析法、实地调查法等进行分析、归类整理。应注意：识别风险的方法很多，针对本企业的实际，选择恰当的风险识别方法是重要的。

（二）风险估测

风险估测是指在风险识别的基础上，通过对收集大量的详细损失资料加以分析，运用概率和数理统计，估测和预测风险发生的概率和损失幅度。对风险概率进行估测的方法有两种：一种是根据大量试验，用统计的方法进行计算，这种方法所得数值是客观概率，这种客观存在是不以人们的意志为转移的。一种是由专家对事件的概率作出一个合理的估测，即主观概率。主观概率是估计者根据合理的判断和当时能搜集到的有限信息以及过去长期的经验所进行估计的结果。两者的使用方法完全一样，后者在风险估测中的使用日益引起人们的重视。风险估测是对风险进行量化分析，为风险管理者进行风险决策，选择最佳管理技术提供可靠的科学依据。风险概率通常称为损失频率，是指单位时间内损失发生的次数。损失程度是指一次事故所造成的损失规模。

（三）风险评价

风险评价是指在风险识别和风险估测的基础上，对风险发生的概率、损失程度，结合其他因素全面进行考虑，评估发生风险的可能性及其危害程度，并与公认的安全指标相比较，以衡量风险的程度，并决定是否需要采取相应的措施。在风险评价中对损失频率通常用"高"和"低"这两个指标衡量。损失程度通常用"大"和"小"这两个指标衡量。例如，某企业面临火灾的风险，一年发生事故的频率只有千分之一。但是，一旦发生火灾，损失规模将达上千万元。故风险评定为：损失频率——低，损失程度——大。处理风险需要一定费用。费用与风险损失之间的比例关系直接影响风险管理的效益。通过对风险性质的定性、定量分析和比较处理风险所付出的费用，来确定风险是否需要处理和处理程度，以此判定为处理风险所支出的费用是否有效益。

（四）风险控制

风险控制即选择风险管理技术，是风险管理中最为重要的环节。它是根据风险评价结果，选择、实施最佳风险管理技术从而实现风险管理的目标的关键环节。

（五）风险管理效果评价

风险管理效果评价是指对风险管理技术适用性及收益性状况的分析、检查、修正和评估。风险管理效益的大小，取决于是否能以最小风险成本取得最大安全保障。现实中，风险的性质具有可变性，同时人们认识风险的水平也具有阶段性，决定了风险管理技术是在认识不断提高的基础上逐步完善的。所以，对某种风险的识别、估测、评价以及风险管理技术的选择，有必要进行定期的检查、修正，使选择的风险管理技术适应变化情况的需要，从而保证风险管理技术的最优使用。由此，也显示了风险管理的周而复始的运动过程。

三、风险处理方式及其比较

风险处理方式也就是风险技术选择方式，是指在风险识别、估测的基础上，针对具体风险采取适当的风险管理技术并进行实施的过程。风险管理方式有两种：控制型和财务型。控制型是在风险发生之前采取的防止和减少风险损失的技术性措施。其目的是降低损失频率和减少损失幅度，重点在于改变引起意外事故和扩大损失的各种条件。财务型是通过事先的财务计划，筹措资金，以便对发生的风险事故造成的损失进行及时、充分的经济补偿。其目的是以提供风险补偿基金的方式，将风险损失发生的成本均衡地分摊在一定的时期内，其实质是对无法控制的风险进行财务安排。

（一）控制型风险管理方式

控制型风险管理方式主要有避免、预防、抑制、分散等。

1. 避免。避免是放弃某项活动以达到回避损失发生的可能性，从根本上消除特定风险的措施。避免风险的方式一般用于以下情况：第一，当某特定风险所致损失频率和损失程度相当高；第二，处理风险的成本大于其产生的收益；第三，存在多种选择机会。避免方法是消极的方法。其局限性为：一是有些风险无法回避；二是为了避免风险有时可能意味着同时失去相应的收益；三是回避了一种风险，又有可能面临另一种风险。因此其适用范围有限，一般只适用于损失频率高、损失程度大的风险。

2. 预防。预防是指在风险发生前为了消除或减少可能引发损失的各种风险因素而采取的处理风险的具体措施。其目的在于通过消除或减少风险因素而达到降低损失频率。损失预防措施有：（1）工程物理法，是指损失预防措施侧重于风险单位的物质因素的一种方法，例如，防火结构设计、防盗装置的设置。（2）安全教育法，是指损失预防侧重于人们的行为教育的一种方法，例如，职业安全教育、消防教育等。（3）程序法，是指以制度化的程序作业方式进行损失控制的方法。通过制度化、规范化安全管理制度，减少风险因素，预防损失发生。例如汽车年检制度、消防安全检查制度。

3. 抑制。抑制是指风险事故发生时或之后采取的各种措施，以防止损失扩大的控制风险方式。抑制方式是处理风险的有效技术。例如，在建筑物上安装火灾自喷淋系统和火灾警报系统等，可减轻火灾损失的程度，防止损失扩大，降低损失程度。

4. 分散。分散风险是指增加同类风险单位的数目以提高风险损失的可预测性，达到降低风险的目的。对纯粹风险，由于风险单位的增加，在大数法则的原理基础下，使实际损失率更接近预期损失率，达到降低风险损失的目的。对投机风险，通过兼并、扩张、联营等方式，使原来各自独立的风险单位集合成为一个大集团企业，增加风险单位，提高风险的可预测性，达到把握风险、分担风险、降低风险成本的目的。

（二）财务型风险管理方式

财务型风险管理方式是通过提留风险补偿基金以均摊风险成本的财务安排的一种风险管理方式。其是对无法控制的风险损失所作的事前的有计划的财务安排，从而降低风险损失对特定经济主体的冲击和影响，增强财务抵御能力。具体有两种方法：自留和转移。

1. 自留风险。自留风险是指经济单位或个人自己承担全部风险损失的风险管理方式。这是一种风险损失自我承担，常见的一种方式。自留风险从性质而言分为主动自留和被动自留。自留风险适用于损失频率低、损失程度小，损失在短期内可以预测，其最大损失在企业财务平衡之内，不会产生企业财务危机的风险损失。自留风险成本低，节省费用并能拥有基金运用收益，自留风险的方式现今采用更高级方式即相互保险形式。但是，自留风险的局限性是显而易见的。

2. 转移风险。转移风险是指一些企业或个人为避免承担风险损失，有意识地将风险损失或与风险损失有关的财务后果转嫁给另一些企业或个人承担的一种风险管理方法。其分为两种方式：一是非保险转移方式，即指企业或个人通过经济合同，将损失或与损失有关的财务后果，转嫁给另一些企业或个人承担。它又可以进一步分为控制型非保险转移方式和财务型非保险转移方式（有关二者的区别请参见本章第四节的内容）。二是保险转移方式，即指企业或个人通过订立保险合同，将其面临的财产风险、人身风险和责任风险等转嫁给保险人的一种风险管理方式。损失频率低，损失程度大的风险一般应采用此方式。

经济生活中，面对具体风险如何选择风险管理方式，如表1－2所示。

表1－2　　　　　　　　　　　　　　　风险处理方法选择

损失频率	高	低	高	低
损失程度	大	大	小	小
风险处理方法	避免风险	保险转移	预防、自留、抑制	自留风险

由表1－2可以看到，对于损失频率高、损失程度大的风险应采取避免的方式。例如不要在地势低的地区建筑房屋，避免损失。对于损失频率高、损失程度小的风险应采取预防和抑制的方式。这类风险经常发生，可以采用一定的防范措施，并且损失价值不高，能在财务平衡的范围内消化。其损失可以预测，采用自留方式可以节约成本。例如机器设备的磨损引起的损失属于这类。对于损失频率低、损失程度小的风险采用自留方式。损失机会少，损失价值又低，任何控制的技术无用武之地，自留就是一种适合的金融工具的方式。对于损失频率低、损失程度大的风险采用保险转移方式，被认为是有效的。

第三节　风险成本与风险代价

一、风险的经济效应

效应是事物本身内生变量运动的一种机制。风险的经济效应是指经济行为决策建立在风险成本与风险代价基础的投入产出的经济效益。这一概念说明：（1）经济行为投入成本中应考虑风险成本因素；（2）风险的不确定性，将使产出具有不确定性，从而影响经济决策行为的选择。

风险经济效应的实质是风险与经济行为决策之间关系。风险的经济效应是由风险的本质和特征决定的，同时又受决策行为的偏好与外部环境约束而综合体现。风险的经济效应包括诱惑效应、约束效应和平衡效应。

（一）风险的经济诱惑效应

风险的经济诱惑效应简称诱惑效应，是指当估算某种风险投资正收益大于投资成本时，而产生的投资决策选择的影响。风险投资正收益是估算的利益，而不是现实的利益，影响诱惑力的因素主要是投资期望、风险概率及风险偏好。例如，一笔资本金10000元的投资方案估算选择有三种：

A方案：放在银行作活期储蓄，单利，利率1.5%。

B 方案：放在银行作定期大额存单，利率7%。

C 方案：放在共同基金投资，据以往资料显示，投资回报率有可能是30%，也有可能损失15%，两者概率相等，即只有这两种投资收益的可能，具有不确定性。

对三种方案分析如下：

A方案：活期储蓄利率1.5% 　　　　　一年内本利和10150元

B方案：定期大额存单7% 　　　　　一年内本利和10700元

C方案：投资共同基金 ＋30% 年内本利和13000元
　　　　　　　　　　　　 －15% 年内本利和8500元

显然在 A 与 B 方案中比较，无论厌恶风险还是偏好风险均会选择 B 方案，理由既无风险又高回报。

但是在 B 与 C 之间，我们可以看出：C 方案回报比 B 方案高 2300 元的可能性为50%，低2200 元的可能性也有 50%，即损失 15%，只剩 8500 元。那么 B 与 C 如何选择呢？这里应计算一下 C 方案的预期回报的平均值，即期望值。

$$EV = \sum iP_iX_i$$

其中，P_i 是某一特定结果 X_i 发生的概率，C 方案的期望指：

$$EV = 0.5 \times 1300 + 0.5 \times 8500 = 10750$$

因此看到：B 方案期望值为 10700 元，C 方案期望值为 10750 元，依据期望值规律应选择 C 方案，即选回报率最高的。这种决策者往往是风险偏好者。这就可以看到风险的经济诱惑效应。虽然存在风险，但 30% 的回报仍是挡不住的诱惑。若决策者是厌恶风险的，会选择 B 方案，此方案不存在不确定性即无风险。

一般而言，风险与收益并存，风险越大，可能收益也越大。风险的经济诱惑力依据回报期望值高低而变化，影响着人们的决策。

风险的经济诱惑力对经济发展具有推动力。经济发展政策鼓励开创新兴经济领域，进行投资冒险。新的冒险事业具有风险性，但它们是经济增长的动力。20 世纪中期，美国、日本等国家对电脑软件研发方面的风险投资，不能不说是风险的经济效应的诱惑力使然。

《1906 年英国海上保险法》对航海运输称为"海上冒险"（Marine Adventure），说明当年航海运输的风险性。但就是这样，也没挡住航海运输的发展，而且国际航运已是世界经济不可缺少的重要方面，这又为风险的经济诱惑力提供了一个佐证。

（二）风险的经济约束效应

风险的经济约束效应是指当人们进行风险决策选择时，受到外部环境和内部因素的影响。约束效应是诱惑效应的对称。由于利润的诱惑力，受利益驱动，人们从事风险经济活动。每一项经济决策，都会受到社会环境的约束。包括法律、金融、税收和环保等相关规则的约束，在规则内寻求利润最大化。

另一方面，所决定的投资去向，受自身经济实力、技术水平、管理水平和人力资源等方面的约束。最常用的指标是投入与产出的经济约束力。若投资回报低于期望的投资回报，则其约束力就强。

（三）风险的经济平衡效应

风险的经济平衡效应是指风险的经济诱惑力和风险的经济约束力相互作用的制衡结果。风险一方面具有诱惑效应，致使风险偏好者作出某种风险投资选择；另一方面，约束效应则影响人们的决策。由于每一种风险同时存在这两方面效应的相互综合影响，其结果是两方面的合力共同作用，这个合力就是产生制衡结果的平衡效应。

在平衡过程中，当风险诱惑力大于约束力，则会促使人们作出风险选择，开始冒险行为。当约束力大于诱惑力，人们则会放弃风险选择和冒险行为。如果两种作用力相等，人们就会处于犹豫不决、无所适从的状态，需要新的动力或影响力才会作出选择。可以看到，平衡效应的实质是人们对诱惑效应与约束效应进行认识、比较、权衡的过程，即是一个观念过程、思维过程、判断过程和选择过程。在现实经济生活中，平衡效应发生作用的过程就是人们对经济风险的利益与风险付出的代价进行识别、判断、比较和权衡的过程。

平衡效应的另一方面则是在风险经济效应作用下，人类创造了应对风险的制度，运用风险管理方法对经济运行中因风险引起的失衡进行平衡。保险制度应对纯粹风险经济损失；社会保险应对养老、工伤、疾病、失业等劳动者经济损失；风险管理制度的发展则应对企业、个人面临的全部风险损失。例如企业面临的物质资料风险、筹融资风险、人力资源风险、市场营销风险及国际风险都将在风险管理制度机制下得到平衡。保险制度仍然是风险管理制度的基础。

二、风险损失的实际成本

风险成本是指由于风险的客观存在或已经发生风险损失所产生的经济支出，用会计语言表示是已经发生的实际支出和费用，称为成本。

风险代价是指由于风险的客观存在和发生所产生的物质损失和精神负担。物质损失包括已发生损失导致物质财产损毁，财产价值的减少，是实际发生的经济支出；由于风险的客观存在而将社会资源用于风险管理的支出。精神负担是由于风险的客观存在而导致的人们精神担忧和恐惧与焦虑情绪，是风险损失的无形成本。

风险代价与风险成本的关系是：风险代价 = 风险成本 + 风险损失的无形成本。因此风险代价概念包括了风险成本的概念。

风险损失的实际成本有两种类型：一种是作为风险管理实施评价指标的风险成本；一种是因风险损失已经发生而产生的实际成本。两者分析的着眼点不同。

（一）风险管理实施评价指标的风险成本

风险管理是应对纯粹风险的最佳方法。风险管理的宗旨就是以最小成本获得最大安全保障。如何降低风险成本是企业所关心的新观念。风险成本可以测量企业内部对纯粹损失风险所付出的经济费用，并用以衡量风险管理的绩效。目前国际上通用的风险成本的内容包括：（1）保险费：即企业为了转移风险而支付的保险费。（2）自己必须承担的损失：即企业对于尚未投保的风险或采用风险自留的方式，一旦发生损失时，自己承担

的经济损失金额。（3）风险管理行政费用：为落实风险管理方案而必须支付的管理行政费用。（4）风险控制成本：企业落实风险管理措施时，产生的风险预防或控制的费用成本。（5）残余物资和其他的补偿或救济：企业发生损失的残余物资的价值，或者损失发生后，政府的救济或减税政策。

第（1）项至第（4）项之和扣除第（5）项，可以计算出企业的净风险损失成本。

由于各企业的经济规模不同，单独使用风险成本指标不能说明效益高低。所以，采用风险成本对营业收入与资产的比率作为指标，依据指标说明风险成本的效益。一般而言，若风险成本与营业收入与资产的比率指标超过同行业的平均指标，则表明企业的风险管理的预防、控制、保险或自留风险的安排应考虑重新调整。

美国风险及保险管理协会（The Risk and Insurance Management Society，RIMS）于1980年2月对美国3300家企业风险管理进行调查，归纳出各行业风险成本对其营业收入与资产比率指标如表1-3所示。

表1-3　　　　　　美国各行业风险成本对其营业收入与其资产比率和评等表

行业	风险成本/营业收入	评等	风险成本/资产	评等
农业、造纸业	0.72	11	0.98	12
矿业	2.65	2	1.93	2
建筑业	0.8	8	1.75	3
食品业	0.49	17	1.09	10
纺织业	0.49	17	0.91	14
印刷出版业	0.46	19	0.63	18
化工业	0.99	5	1.07	11
石化业	0.36	22	0.42	4
橡胶业	0.88	6	1.26	6
金属业	0.61	15	0.78	15
机械业	0.88	6	1.19	9
交通运输业	0.58	16	1.25	7
公用事业	0.79	9	0.37	5
批发及零售业	0.42	21	0.93	13
金融业——银行	0.43	20	0.03	22
金融业——其他	0.12	23	0.06	21
不动产业	1.45	3	0.29	20
服务业	1.18	4	1.23	8
政府机构	0.73	12	0.52	19
医疗机构	2.74	1	2.30	1
集团企业	0.67	13	0.76	17
其他	0.66	14	0.77	16

（二）风险损失已经发生而产生的实际成本

风险损失已经发生而产生的实际成本，包括风险事故造成的直接损失成本和间接损失成本。

直接损失成本是指风险事故发生后，造成财产损毁和人员伤亡所导致的实际经济减少而必需的货币支出，即必须支付的实际经济代价。房屋失火被毁，其直接损失成本为房屋本身的价值、受伤人员的医疗费、营养费等。

间接损失成本是指风险事故发生后，导致的由此而产生的相关的物质财产的损失和民事赔偿责任等损失而支付的费用或经济利益的减少，包括营运收入损失、额外费用增加、责任赔偿费用。

三、风险损失的无形成本

风险损失的无形成本是指由于风险发生的不确定性引起的企业、个人所付出的经济代价。通常包括以下几个方面：

第一，风险损失的不确定性会造成社会经济福利减少。由于风险事故发生的不确定性，事故后果的灾难性，使得人们处于担忧恐惧和焦虑的状态。为了应对未来风险事故的损失，不得不提留和维持一定数量的风险补偿基金。当社会资本为常量时，提存一定数量的风险补偿准备基金，用于生产和流通的资本则会相应减少。那么社会经济规模和经济效益也会受到一定的影响，从而影响到社会福利水平。由于风险的不确定性，人们付出了经济福利的代价，降低了人们的生活质量。

第二，风险损失的不确定性使社会资源配置不能达到最佳状态，影响社会产量达到最佳水平。经济学原理表明只有当社会资源配置达到边际生产力相等时，就处于最佳配置状态。由于风险的存在，整个社会资源易于流向低风险的领域，使该领域的社会资源供给大于需求，难以形成最佳经济效益。而高风险领域的社会资源处于供给小于需求的状态，即供给不足，约束了其生产力的发展，导致其生产力低于社会平均生产力水平。由于风险的存在，投资行为容易短期化，也使社会资源配置缺乏合理性。这种因风险存在而导致的社会资源配置的失衡，必然导致社会总产品不能达到最佳产量、价格水平和价格结构。

由此更加明确地显示了风险不确定性本身使人们所付出的经济福利代价。这是保险经济学所研究的问题。在风险管理中对于风险损失的实际成本和无形成本两者均应注意，运用各种风险管理对策来消除或减少风险的不确定性。

四、预防或控制风险损失的成本

预防或控制风险损失的成本是指所采取的各种预防和控制风险损失的措施，包括基础建设、设备以及维护费、咨询费等所付出的经济支出。基础设施、设备、软件管理系统、人力资源等属于直接成本；培训费、施救费用及额外费用属于间接成本。从成本投入的主体来看分为个体成本和总体成本。个体成本是指某一具体企业采用某一项措施所支出的费用，如高层建筑安装自动火灾报警系统和自动灭火系统支付的费用。总体成本是指全社会用于某一风险的预防和控制所投入的总费用。例如治理水灾，每年国家投入的兴修水利的物资和资金，集体单位投入的劳动力、物资等水利经费和个人的植树造林的费用，构成总经费及总成本。

所有的风险成本最终均是由社会和企业、家庭负担的（见图1-4）。

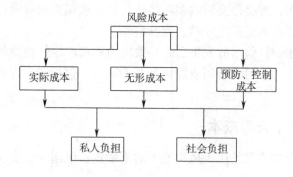

图1-4　风险成本、风险代价和负担

第四节　保险与风险管理的关系

一、风险转移与保险

风险转嫁就是风险转移。风险转移是风险管理的一种方式，保险是风险转移技术中的一种财务型风险转移方式。在此分析一下风险管理与保险之间的关系。

（一）风险管理与保险

1. 风险管理与保险均是以风险作为研究对象，但两者覆盖的程度不同。

"无风险，无保险"，表明风险的客观存在，这是保险产生和存在的自然基础。保险是社会经济中专门应对风险损失补偿的经济制度，它是集合具有同类风险的众多单位和个人，以合理计算分担金的形式，实现对少数成员因自然灾害或意外伤害所致经济损失的补偿行为。但是经济社会中风险的性质、形态十分复杂，保险并不适用于所有的风险，而主要用来管理可保风险。因此，从这个意义上说，风管理研究的视角高于保险的领域，包容了纯粹风险和投机风险，静态风险和动态风险。

一般而言，将风险管理视为企业的一种经济管理活动，而把保险视为一种社会风险损失的经济补偿制度。

风险内容的发展变化，又为风险管理和保险提供了新的研究对象。由于社会经济的发展和科学技术的进步，风险的内容也在变化，决定了风险管理与保险研究内容的发展变化。经济生活中风险内含的发展，对风险管理与保险提出了发展变化的需求。这种需求的变化体现在风险管理的研究领域正在向人力资源风险、利率风险、信用风险、汇率风险、操作风险等领域不断拓展。在保险经营中则体现为新兴风险、巨灾风险的出现等推动着保险公司不断开发新兴险种和综合性险种。

2. 共同的风险估测科学基础。风险管理和保险均是以概率论和大数定理作为分析管理方法和经营的科学依据。风险管理和保险都要在准确估测预期损失率的基础上才能达到以最小成本获得最佳安全保障的经济目的。概率论和大数定理为其损失率的准确性提供了科学的方法。

（二）风险转嫁的方法

风险转嫁是指企业和个人为避免承担风险损失，而有意识地将损失和与损失有关的财务后果转嫁给另一企业或个人承担的一种风险管理方式。风险转移管理方式有控制型非保险转移、财务型非保险转移和财务型保险转移三种方式。

1. 控制型非保险转移方式。控制型非保险转移方式是指借助于经济合同等法律文件，将损失的法律责任转移给非保险人企业或其他个人。其有三种具体形式：买卖合同、分包合同和开脱责任合同。开脱责任合同一般通过拟定好的协议，使风险承受人免除转移者对承受者承受损失的法律。例如，外科医生在给病人动手术之前，往往要求病人（或家属）签字同意：若手术不成功，医生不负责任。在这份契约种，风险承受人（病人）免除了转移者（医生）对承受者（病人）承受损失的法律责任。在这种形式中，通过开脱责任合同，风险本身被消除了。

2. 财务型非保险转移方式。财务型非保险转移方式是指企业或个人通过经济合同，将损失或与损失有关的财务后果（财产损失、人员伤亡等），转移给另一企业或个人承担的一种风险管理方式。其实质是通过风险的财务转移，使转让人得到外来资金，以补偿风险事故发生后所造成的损失。

财务型非保险转移方式的典型形式有保证合同和融资租赁合同。在保证合同中，当被保证人不能履行约定义务时，保证人需要赔偿相关损失。在融资租赁合同中，出租人只负责融通资金购买租赁物，但是不负责租赁物所产生的各种责任，承租人承担相关责任风险。

控制型非保险转移和财务型非保险转移的差别在于：首先，转移的内容不同。控制型非保险转移只转移损失的法律责任。即通过合同或契约，消除或减少转让人的损失责任和对第三方的损失责任；财务型非保险转移是转移损失的财务承担，即转让人通过合同或契约寻求外来资金补偿其确实存在的损失。其次，控制型将财产或活动连同损失责任都转让给受让人；而财务型则只是转移损失，不转移财产或经济活动本身。

3. 财务型保险转移方式。财务型保险转移方式也即商业保险，它是纯粹风险的最重要的管理方式。在保险转移机制中，投保人以缴纳保费作为代价将自己所面临的风险转移给保险人，保险人成为社会所转移风险的集合、管理、分配的专门经营人。为了实现经营的稳定，保险人往往通过承保足够多的同质性风险，利用大数法则将不可预期损失转化为可预期的损失，在此基础上厘定合理的保险费率，建立保险基金，并对事先约定的被保险人损失进行经济补偿。

（三）风险转移与保险

保险是财务型风险转移方式的核心部分。财务型保险风险转移与财务型非保险风险

转移的区别有：

第一，转移的经济行为不同。保险转移是一种保险经济行为；非保险转移则不是保险经济行为。

第二，受让主体不同。保险转移的受让人是保险人，是专门经营风险的金融机构，其有资本实力和保险分散风险的技术，并建立在大数定理基础上科学预测损失率的经营条件。非保险转移的受让人不是保险人，非专营保险的机构，因此，没有能力聚集足够多的同质风险，不能将不可预测的损失转化为可预测损失。

第三，使用的合同不同。保险转移法律行为建立在专门的保险合同基础上，受《保险法》和其他相关的法律调整。非保险转移通常依附于原经济合同，而不是独立的合同文件，调整的法律依据是《合同法》。

由此可以看到保险转移在诸多转移方式中显示的特征是：保险风险专营性，转移机制的科学性，对不可预期损失进行经济补偿的保险基金专项性，法律文件的专门性，风险基金的社会互助性。基于这些特性，保险转移方式一直是风险管理的首选方案，居于核心位置。

二、可保风险的条件

面对所有的风险，保险公司经营的风险称为可保风险，即可以向保险公司转嫁的风险。这是狭义可保风险的定义。广义可保风险的定义是指风险管理可以涉及的风险。这里我们讨论狭义可保风险的定义，这是保险学中重要的概念。

可保风险应具备以下条件。

（一）风险损失必须是可以用货币来计量的

保险是一种经济补偿行为，并且补偿的形式只有货币形式。保险商品的交换，都是通过一定的货币计量来衡量的。因此，不能表示为一定货币计量的风险损失不能作为可保风险。财产标的可以用价值衡量，而人身标的不能用价值确定。这是人身标的的特殊之处。因为，我们难以衡量一个人因伤残程度或死亡所蒙受的损失的价值量。在保险实务中采用定额保险合同方式，以明确的保险金额作为保险双方交易对价的经济基础。这就从经济角度解决了人身保险用货币来衡量损失的难点。

（二）风险发生必须是具有偶然性的

就单一具体标的而言，风险的发生与否、发生后造成的损失程度是不可知的、偶然的。经济生活中不可能发生的风险损失，不会产生保险需求；必然发生的风险损失，保险人不予以承保，例如机器设备折旧和自然磨损。大量独立标的风险发生的偶然性，集中到保险人，就会呈现出规律性，可以预测损失率。

（三）风险发生必须是意外的

风险的意外是指对主体而言不是故意行为导致的风险损失。故意行为属于道德风险，且发生的损失是可以预知的，与法律和保险风险的规定相悖。对客体而言，标的损失是非必然的。例如自然磨损、低值易耗品等属于必然损失，这类风险均不可以保险方式转移风险，不能作为可保风险。

（四）风险必须是大量标的均有遭受损失的可能性

这是有效运用大数定理的条件。保险经营的科学基础是大数定理。大数定理有效性的前提条件是，所有观测样本必须产生于本质相同的条件，即所有观测样本应具有风险的"同质性"和"足够多"样本即数量要求。数量的充足程度，关系到实际损失与预期损失的偏离程度，影响保险经营的稳定性。如何才能达到一定数量呢？即某一风险损失的发生具有普遍性，才能产生大量的共同转移风险的保险需求，形成一定规模。才能将某一风险损失的不确定性，在同质风险的总体样本中进行分散。由此测算出的保险费，既能使投保人有支付能力又能满足保险人建立充足的保险基金的要求。从某种意义而言此点不仅表明了保险经营的科学基础也表明了可保风险的经济需求规定。

这一点在新险种研发过程中应特别注意。

（五）风险所导致的损失规模必须适度

如果风险所导致的损失特别严重，那么投保人所支付的保险成本将居高不下，过高的代价必然会对保险需求产生抑制作用，保险不再是一种可行的风险管理方式。反之，如果风险所导致的损失特别轻微，保险成本可能会高于投保人的支付意愿，选择保险方式同样不经济。对于损失轻微的风险，一般采用自留风险的风险管理方式。

以上可保风险的五个条件之间是有机联系、相互制约的，确认可保风险时，应综合考虑，全面平衡，作出正确的判断。

可保风险的概念是一个相对的概念。随着保险市场需求的不断扩大，保险技术日臻成熟，经济市场化程度的深化以及社会法律制度的健全等，可保风险的条件会随之调整，以前不可保的风险变为可保风险。例如，人身的精神损伤费用补偿问题，在保险实践中已经给予适当经济补偿，已经突破了可保风险的条件，虽然理论尚未突破，但实践已经尝试。

【专栏1-3】

可保风险的范围在不断扩展

考察一下保险发展史，我们可以看到可保风险的范围是不断扩展的。在一定意义上，我们可以说一部保险发展史就是可保风险范围的扩张史。例如，海上保险所承担的风险最初全部在海洋，后来逐步延伸到内河、港湾、码头、船坞、仓库，又到与海运有关的铁路、公路运输，甚至延伸到货物加工、制造中的风险。又如，火灾保险原来只保火灾，后扩展到爆炸和雷电，再是扩展到风暴、冰雹、山崩、地震等多种风险，而且又由直接损失扩展到间接损失。

然而，在可保风险范围不断扩大的过程中，可保风险的条件却始终没变，保险经营者一直是在这些条件的指导下开展保险业务的。事实上，纷繁复杂的现实世界中，完全满足这些条件的风险并不很多。对于不满足这些条件的风险，有许多可以采取一定的技术手段，使之满足这些条件。例如，通过适当的风险分类实现风险同质，通过再保险、共同保险的方式增加风险单位或使风险单位独立，从而扩大承保能力。必须看到，这样做并没有背离这些原则条件，由于再保险和共保机制的作用，个别保险公司在某个狭小地域上承保的风险，得以由更大地域上的众多保险公司来共担。随着世界经济国际化的发展，保险业已通过国际保险和再保险而实现了国际化，可保风险的范围因此大为拓展。这样一来，某些在当地或风险单位较少或规模较大或连带累积的风险，成为可保风险。

当今世界保险市场，较之以往，承保能力已大大增强。某些过去无人问津的巨灾风险，已被有条件地承保，如战争、地震、海上石油开发、环境污染责任等。但是，一定时期保险市场的承保能力总是有限的。人类社会发展到今天，剩余产品大大地增加了，但风险也增多了。就历史和现实而论，人类抵御自然灾害的能力和应付意外事故的准备还很不够，并且这种状况还将长期存在。

（资料来源：何文炯：《论可保风险的条件》，载《杭州大学学报》，1995（6）。）

【本章小结】

风险定义：是指在一定客观情况下和一定时期内某种随机事件发生给人们经济利益造成损失的不确定性。损失的不确定性是风险的本质。风险要素包括风险因素、风险事故、风险损失。风险分为：静态风险与动态风险；纯粹风险与投机风险；自然风险、社会风险、政治风险、经济风险；财产风险、责任风险、信用风险、人身风险。

风险管理是指经济单位通过风险识别、风险估测、风险评价、对风险实施有效的控制和妥善处理，以最小的成本取得最大安全保障的管理方法。

风险管理的基本方法：风险识别、风险估测、风险评价、风险控制。

控制性风险的管理方式有：避免、预防、抑制和分散。财务型风险的管理方式有：自留和转移。

风险的经济效应实质是风险与经济行为决策之间的关系。风险的经济效应包括诱惑效应、约束效应和平衡效应。

风险损失的实际成本是指由于风险的客观存在或已经发生风险损失所产生的经济支出，即已经发生的实际支出和费用，称为成本，即实际成本。

风险损失的无形成本是指由于风险发生的不确定性引起的企业、个人所付出的经济代价：（1）风险损失的不确定性会造成社会经济福利减少。（2）风险损失的不确定性使社会资源配置不能达到最佳状态，影响社会产量达到最佳水平。

预防或控制风险损失的成本是指所采取的各种预防和控制风险损失的措施，包括基础建设、设备以及维护费、咨询费等所付出的经济支出。

所有的风险成本最终均是由社会和企业、家庭负担的。

保险是社会经济中专门应对风险损失补偿的经济制度，它是集合具有同类风险的众多单位和个人，以合理计算分担金的形式，实现对少数成员因自然灾害或意外伤害所致经济损失的补偿行为。

风险转移是指企业和个人为避免承担风险损失，而有意识地将损失和与损失有关的财务后果转嫁给另一企业或个人承担的一种风险管理方式。风险转移管理方式有控制型非保险转移、财务型非保险转移和财务型保险转移三种方式。

【关键术语】

风险	risk	风险管理	risk management	风险因素	hazards
损失幅度	severity of loss	实质因素	physical hazard	损失频率	frequency of loss
道德风险	moral hazard	行为因素	morale hazard	风险事故	perils
基本风险	fundamental risk	特定风险	particular risk	损失	loss
人身风险	personnel risks	纯粹风险	pure risk	财产风险	property risks
投机风险	speculative risk	责任风险	liability risks	可保风险	insurable risk
信用风险	credit risks	静态风险	static risk	动态风险	dynamic risk
风险成本	cost of risk	风险转移	risk transfer		

【复习思考题】

1. 什么是风险？如何把握风险定义？
2. 理解风险特征及其对保险经营风险的意义？
3. 简述风险构成要素及其相互关系以及风险要素与保险风险的关系。
4. 了解风险的种类，哪些风险可以采用保险转移方式？
5. 什么是风险管理？其基本程序如何进行？
6. 依据损失频率与损失程度之间的关系如何选择风险处理方式？
7. 理解风险经济效应在经济决策中的影响。
8. 理解风险成本的种类及其对经济和社会的影响。
9. 比较风险转移的几种方式。保险处于什么位置？
10. 什么是可保风险？其应具备哪些条件？谈谈你的观点。
11. 试说明风险、风险管理与保险的关系。
12. 结合自己的实际谈谈日常生活中的风险和风险管理。

第二章

保险存在与发展的基础

【本章提示】

本章通过研究保险发展的历史和现状，揭示保险存在与发展的基础，探索保险发展的规律性。主要内容包括经济补偿方式的产生与发展、保险经营的基础、保险与社会经济环境以及保险发展的历史等。通过本章的学习，读者可从深层次上掌握保险存在与发展的根源，并对保险的发展方向有一定的了解。

第一节　经济补偿方式的产生与发展

一、建立社会后备基金的理论基础

建立社会后备基金的理论基础是马克思关于社会总产品的分配学说。马克思在《哥达纲领批判》中针对拉萨尔"劳动所得应当不折不扣和按照平等的权利属于社会一切成员"[①] 的观点，指出："如果我们把'劳动所得'这个用语首先理解为劳动的产品，那么集体的劳动所得就是社会总产品。

现在从它里面应该扣除：

第一，用来补偿消费掉的生产资料的部分。

第二，用来扩大生产的追加部分。

第三，用来应付不幸事故、自然灾害等的后备基金或保险基金。

从'不折不扣的劳动所得'里扣除这些部分，在经济上是必要的，至于扣除多少，应当根据现有的资料和力量来确定，部分地应当根据概率论来确定，但是这些扣除根据公平原则无论如何是不能计算的。

剩下的总产品中的其他部分是用来作为消费资料的。

在把这部分进行个人分配之前，还得从里面扣除：

---

① 《马克思恩格斯选集》第三卷，5 页，人民出版社，1972。

第一，和生产没有关系的一般管理费用。

第二，用来满足共同需要的部分，如学校、保健设施等。

第三，为丧失劳动能力的人等设立的基金，总之，就是现在属于所谓官办济贫事业的部分。"[1]

马克思在论述扣除社会后备基金的必要性时还指出："用来应付不幸事故、自然灾害等"的后备基金，同"用来补偿消耗掉的生产资料部分"的补偿基金和"用来扩大再生产的追加部分"的积累基金一样，都是必要的扣除，处于同等重要的地位。由于自然、社会、政治、经济各方面的风险因素的客观存在，使社会再生产过程处于各种意外和危险中，为使社会再生产不至于因风险事故的发生而中断，就必须从剩余产品中提留一部分生产资料和生活资料储存起来，作为后备基金，用来补偿灾害事故所导致的损失，保证社会再生产的持续进行。正如恩格斯在《反杜林论》中指出的"劳动产品超出维持劳动的费用而形成的剩余，以及社会生产基金和后备基金从这种剩余中的形成和积累，过去和现在都是一切社会的、政治的和智力的继续发展的基础。"[2]

马克思在论述扣除社会后备基金的数额时指出："应当根据现有的物资和力量来确定，部分地应当根据概率论来确定。"[3] 用来补偿消耗掉的生产资料部分的补偿基金和用来扩大再生产的追加部分的积累基金，一般应根据现有的物资和力量来确定，而由保险公司筹集的保险后备基金则更多的根据大数法则和概率论原理来确定，即运用大数法则和概率论，探索自然灾害和意外事故发生的规律性，以便建立与此相适应的补偿基金。

二、经济补偿方式及其比较

现代社会的经济补偿方式可以分为三种类型：一是以国家为主体的补偿方式，即通过建立集中型的国家后备基金进行补偿；二是以经济单位为主体的补偿方式，即通过建立自保型的后备基金进行补偿；三是以保险公司为主体的补偿方式，即通过建立集中于保险公司的保险基金进行补偿。

（一）以国家为主体的补偿方式

以国家为主体的补偿方式是国家凭借政权的力量，以税收等方式强制参与国民收入的分配，建立财政集中型的后备基金，满足国家的重大突发事件和特大灾害事故引起的经济需要。我国财政集中型的后备基金是由国家物资储备、国家预算预备费、预算周转金和财政历年结余四部分构成。国家物资储备是由财政专门拨款购买特定的物资，作为长期性战略储备的一种后备，它属于实物储备，主要用于解决国民经济发生重大事件和重大意外事故所造成的物资缺口；国家预算预备费是货币形式的财政后备，属于当年财政的机动费用，用于解决国家财政年度内的不平衡问题；国家预算周转资金是为了平衡季节性收支、仅供周转之用的资金，用以解决财政收支在时间上的不平衡所产生的资金

---

① 《马克思恩格斯选集》第三卷，9、10 页，人民出版社，1972。

② 《马克思恩格斯选集》第三卷，233 页，人民出版社，1972。

③ 《马克思恩格斯选集》第三卷，9 页，人民出版社，1972。

需求；财政历年结余在财政收支关系上体现为以丰补歉，将因工农业丰收而出现的预算结余部分作为财政后备，以备工农业歉收时之用，有利于解决财政收支年度的不平衡问题。

以国家为主体的补偿方式有其存在的客观必要性。西方经济理论表明，风险的某些特征使得政府参与风险补偿成为必然。风险具有外在性，而且风险是一种公共品。外在性和公共品可能产生市场失灵。而对于市场失灵，在微观领域内，政府的参与可能更有效率，更经济。或者说，对于某些特殊风险，不论是一般经济主体还是保险公司都可能无能力或不愿意去承担风险事故的补偿责任。此时，以国家财政为主体的补偿方式就显示出存在的必然性。各国实践也表明，财政集中型的后备基金对解决巨灾事故的补偿、救济、抚恤以及解决国民经济中所出现的不平衡问题，具有不可替代的作用。但是，财政集中型后备也有其自身不可克服的缺点，如国家物质储备常常面临储藏看管成本的控制、购买价格的制定、物资更新的运营等各种问题，而且财政集中性的后备基金的规模受国民经济发展水平和国家现有经济力量的制约。

（二）以经济单位为主体的补偿方式

以经济单位为主体的补偿方式，是通过建立自保型的后备基金进行补偿。即由经济主体根据自身的经营状况而筹集一定数额的货币资金，用以专门补偿自身遭受损失（主要是由财产风险和责任风险导致的损失）后产生的资金缺口。经济主体自保可以细分为：单个企业自保、几个企业联合互助自保、行业系统内部的自保等几种形式。

经济主体自保性的后备基金具有其存在的必然性。在企业经营活动中不可避免地存在多种风险因素，当企业的管理者意识到了风险的存在，并发现通过商业保险公司将风险转移出去是不可行或者虽可行但代价太高时，就会选择自留风险，这是一种积极的自保。若企业管理者不能及时发现风险的存在，则风险始终留在企业内部，这是一种消极的自保。一定意义上，自保的企业或行业与保险公司的地位相类似，都是针对大量单位的类似的风险，预测未来的损失，从而筹集资金。不同之处在于自保企业或行业对损失的预测能力相对有限，且筹集资金的方式不同于商业保险公司。

经济主体自保型的后备基金可以来源于企业自身，即企业盈余或由企业向其他组织借款。当前国际上自保后备基金的筹资方式主要有：

1. 无预备基金。即自保企业并不建立任何正式的预备基金，损失发生后，企业或组织只是被动的承受这种损失。这种方式往往产生于消极自保企业。虽然这种方式能最大限度地减少管理细节，但如果年度之间的损失波动太大，极易使企业或组织陷入困境。

2. 专用责任账户。企业的管理者事先建立一个专用责任账户，用以化解未投保损失的影响。公司每年从利润中预先确定损失的估计值，并加上这些损失额应得的利息或其他收入，一并进入专用责任账户。这种筹资方式不是等到损失发生之后从公司利润中减去总的损失额，从而使未保险的损失的账面更加平稳。从技术上讲，专用责任账户实际上不是一种筹资方法，因为它没有提供为损失进行融资的资源，而只是一种记录损失成本的账户的簿记方法。

3. 专用资产账户。企业建立专用资产账户以持有一定现金或流动性强的投资，预备损失发生的可能。专用资产账户的缺点之一就是持有现金或准现金的资产只能得到较低的收益率，如果把这些资产投资到其他地方（尤其是本企业内部）将会得到较高的回报。

4. 专业自保公司。一些大的企业或组织往往采用建立专业自保公司的方式来筹集自保基金。专业自保公司的所有权属于被保险方。母公司建立了一个从属保险公司，而该分公司反过来向母公司签发保单。由于保险方与被保险方都处于同一公司，因此风险仍留在公司内，属于自保形式。专业自保公司一方面可以为母公司带来税收优惠并满足母公司自保后备基金的管理需要，另一方面由于二者同属同一利益主体，母公司与专业自保公司的保险交易中不存在道德风险和逆向选择的问题，从而提高了保险效率。正因如此，20 世纪 70 年代后，专业自保公司在全球范围内得到了迅速发展。

虽然经济主体自保型后备基金得到较大发展，但对于企业来说，要享有自保后备基金，一方面必须具备一定的资金实力，另一方面必须承担自保基金始终处于高流动性低收益性的机会成本，加之缺乏对损失进行科学预测的专业能力，因此更多的企业仍依赖于第三种社会后备基金形式——保险后备基金。

（三）以保险公司为主体的补偿方式

以保险公司为主体的补偿方式是通过保险合同，保险公司向投保人收取保险费而建立保险基金，补偿自然灾害和意外事故造成的财产损失或人身伤亡引起的资金需要。保险公司将各种风险分类后，根据大量历史资料，采用大数法则和概率论方法，按照风险因素的致损频率和程度计算出保险费率，并根据保险费率向投保人收取保费，从而汇集成巨额的保险基金。

保险形式的后备基金有广泛而稳定的资金来源。社会存在的闲置资金对于补偿大额损失来说是无济于事的，但通过保险合同将闲置资金集中起来，汇集成雄厚的保险基金，可以弥补风险所造成的巨额损失。同时，保险基金可以通过逐年积累，日益壮大经济补偿能力，通过建立各种准备金来应付重大灾害事故造成的损失，保证投保人能在遭受灾害和意外事故时，尽快恢复生产经营活动，保证再生产活动的持续进行。

保险基金的建立是根据概率论和大数法则，按照保险标的遭受损失的频率及损失程度计算出来的，具有科学的依据。保险费率可以随着客观经济发展状况及投保人的合理要求加以适当的修正。保险公司可以利用保险费收取与支付上的时间差和数量差，按照安全性、流动性和效益性等原则将部分资金用于投资。这既符合资金的最佳经济原则，满足社会对资金的需求，同时也使保险公司从中获益，增强保险的补偿能力。

（四）经济补偿方式的比较

三种补偿方式在社会后备体系中，相互配合，共同存在，通过发挥各自功能，满足不同的补偿需要。三种补偿方式的不同之处主要表现为：

1. 补偿基金的来源不同。以国家为主体的补偿方式中，补偿基金主要来源于国家财政，因而其数量要受到社会生产力发展水平的制约。经济主体自保型后备基金主要来源于企业自身利润，在市场竞争日益加剧的趋势下，企业利润本身的不稳定性使自保基金的来源缺乏保障。而保险基金来源于保险费，缴纳保险费的主体是全社会各种经济单位

和个体，补偿基金来源范围的广泛性保证了保险基金来源的相对稳定。

2. 补偿范围不同。以国家为主体的补偿基金主要是解决遭受特大自然灾害的救济、应付突然出现的紧急事件、涉及国民经济全局的重大损失等，对于企业单位和个人因灾害事故带来的损失，一般不予补偿；经济主体自保型后备基金由于是来自企业利润，因此只能用于补偿经常发生的小规模灾害事故带来的少量损失，对于巨灾损失的补偿往往无能为力。而保险基金则用于补偿保险合同中保险责任范围内的损失。作为市场上的经济主体，保险公司出于对自身利益最大化的追求，对符合承保条件的风险领域进行见缝插针式的保险产品开发，保险的补偿范围相应扩展到符合承保条件的所有风险领域。

3. 补偿的性质、特征不同。虽然上述三种后备基金都是筹集起来的一定数额的资金，但由于基金管理主体与管理机制的不同，使它们表现出不同的性质和特征。

首先，保险后备基金是以保险合同的形式，通过等价有偿原则筹集而来的，其基金的管理主体是保险公司，且有保险法、金融法等法律法规加以监督规范，因此，保险后备基金的专用性最强；以国家财政为主体的补偿方式对解决国家宏观经济发展中的突发事件引起的经济需要有较好的作用，但对经济领域的微观主体面临的灾害事故损失难以发挥补偿作用；经济主体自保型后备基金若采用公司设立资金账户的筹资方式进行管理，当公司短期利益与后备基金长期利益发生冲突时，往往会被挪作他用，导致其名存实亡。

其次，保险后备基金的科学性是其他后备基金所不能比拟的。由于保险费率是根据大数法则和概率论原理厘定的，具有时间上和空间上的分散性。财政集中型后备基金虽然具备空间上的足够分散性，但是，它是现收现付制的，时间上的分散不够。经济主体自保型的后备基金在时空上的分散性也极为有限，难以应付突发性的巨灾风险。

最后，三种基金的盈利性不同。后备基金作为资金具有内在的保值增值要求。但财政集中型后备基金因其特殊的来源，盈利性最差；经济主体自保型后备基金为了保证后备基金的高流动性以备不时之需，不得不牺牲基金的盈利性；而保险后备基金由于收入与支出的时间差与数量差，以及保险责任的连续性，可以通过合理投资运用，实现较高的盈利性。

总之，三种补偿方式有不同的特点，并在不同的社会条件下，有不同的组合形式。在市场经济条件下，保险经济补偿方式有极大的发展空间。

三、保险经济补偿方式与制度的建立

保险经济补偿方式与制度是伴随着自然条件的存在和物质条件的具备而建立的。

自然条件——风险的客观存在使保险经济补偿方式与制度的建立具有必要性。自人类产生以来，一直对自然界进行着不懈的认识与改造活动，在这些实践活动中，人类对自然风险如洪水、雷电的认识从模糊到清晰。人类社会形成后，人们发现社会风险同样会给人们带来损失。并且，人们很快发现，尽管求助于神灵或英雄人物，这些自然风险或社会风险仍无情地不以人们的意志为转移地客观存在着。人类在消极承受风险的同时，也开始寻找积极的抵抗风险、减少损失的方法。方法之一，是采取事前预防和事后抢救措施。事前预防是为了防止风险的发生和降低风险发生的概率；事后抢救是为了降低风险发生后造成的损失程度和规模。但是风险的客观性和不确定性是如此之强，以至于事前预防无法防止和避免一切风险的发生，事后抢救措施也无法补偿已发生的损失。由此，人们自然产生了"积谷防饥"、"居安思危"的思想，形成第二种方法——建立后备基金。通过事先建立补偿灾害事故损失的后备基金，在损失发生后及时地进行补偿，从而减轻灾害事故对人类社会生产和人们生活的影响。最初，这种后备基金往往是由国家的执政者建立的，且多以实物形式存在，如中国古代的常平仓和义仓。同时，由于风险的不确定性和普遍性，使笼罩在同一风险愁云下的人们自然而然的萌发了互助思想，一些面临相同或类似风险的人们建立后备基金（实物形式或货币形式）以用于事后对遭受损失的成员进行补偿。

物质条件——剩余产品的出现和增多使保险经济补偿方式与制度的建立具有可能性。如上所述，风险的客观存在促进了两种抵御风险、减少损失的方法的出现，并且产生了保险经济补偿方式萌芽与互助式的后备基金补偿方式，但使保险经济补偿方式产生的根本条件是社会剩余产品的出现与增多。因为任何对损失进行补偿的后备基金，不管它是实物形式还是货币形式，都只能来源于剩余产品。因此只有在扩大再生产的条件下，存在了满足人类生活必需以外的剩余产品，才可能形成补偿损失的物质基础，使得保险经济补偿方式成为可能。

虽然风险的客观存在与剩余产品的出现和增多已经促成了保险经济补偿方式的产生，但真正意义上的商业保险制度的建立还需要商品经济的土壤。只有在商品经济占统治地位、社会分工高度发达、生产规模和市场范围日益扩大，国际贸易普遍存在的情况下，经济主体和个人才出于自身风险管理的需要对保险补偿方式提出制度化要求。与此同时，出于趋利性，保险资本从产业资本和商业资本中分离出来，专门经营风险，以承担经济补偿为职责的保险公司也应运而生。现代商业保险制度才得以真正形成并发展。

【专栏 2 - 1】

汶川大地震获保险业赔付仅 18 亿元

直接经济损失达 8451 亿元的 "5·12" 汶川大地震，仅获得来自保险业的赔付18.06 亿元。这是记者从刚刚结束的 "巨灾风险管理与保险" 国际研讨会上获悉的。

四川省省长蒋巨峰在发言中告诉与会者，汶川大地震发生后，四川共有 20.7 万件保险报案，涉及金额 200 多亿元，目前这 18.06 亿元的保险赔付无异于 "杯水车薪"。

中国保监会副主席周延礼承认，中国的保险赔付占巨灾损失的比例的确远低于国际平均水平。2007 年全球因巨灾造成的经济损失约为 706 亿美元，最后保险业赔付了276 亿美元，占经济损失的 39%。2005 年，美国卡特里娜飓风后，保险赔付更是达到了其直接经济损失的 50%。相比之下，年初直接经济损失达 1516.5 亿元的南方冰雪冻灾，仅获得中国保险业 3% 左右的赔付。

周延礼在主旨发言中称，这显示中国缺乏完善的巨灾风险管理长效机制。"中国政府应对自然灾害的压力越来越大，目前由政府主导的巨灾风险管理模式，已越来越不能适应社会经济发展和人民群众风险保障的需要"。

他认为，国际上巨灾赔付比例高的原因在于，一些国家和地区已建立了一套巨灾风险管理的长效机制。

他呼吁中国可在借鉴海外经验及结合具体国情的基础上，从政策支持、运行模式和灾情防范等三方面着手，建立中国的巨灾风险管理机制。

周延礼的建议是，首先进行相关立法，从法律层面进行巨灾管理的规范；其次对巨灾保险业务给予适当的财政补贴和税收优惠，"将不可测的灾后财政救助变为定量的灾前保费投入，通过再保险机制将巨灾风险向国际市场转移"；此外还要采取建筑工程质量管理、建筑物抗风险等级划分、重大自然灾害风险地图描绘、避灾培训、灾害预报等手段，将灾前风险防范与灾后经济补偿有机结合等。

他指出，根据国际经验，巨灾风险管理基金是巨灾风险管理制度的核心所在。该基金来源通常有四：财政拨款、保费收入、社会捐助和投资收益，其模式有单项巨灾风险和综合性巨灾风险基金两种。近期内，中国可以从单项巨灾风险保障起步，如建立地震保险基金；长远而言，中国则需要建立包括地震、洪水、台风等典型巨灾的综合基金。

中国人民财产保险股份有限公司新任总裁王银成认为，中外保险业在巨灾赔偿前出现巨大差距，还在于中国保险业的自身实力还相对弱小、盈利能力偏低、巨灾保险价格费率超过大众支付能力或支付意愿等原因。

2007年，保险行业保费收入近7000亿元人民币，其中财险约占1/3。"一次中等规模的巨灾损失就可能耗尽当年整个非寿险行业的全部保费收入"。

不过对保险业而言，巨灾理赔也存在巨大风险。据国际上较具影响的保险行业评级机构 A. M. Best 统计，1969 年至 1998 年美国由于巨灾损失而破产的保险公司占破产保险公司全部的 6%，仅次于保险准备金不足导致的破产。

与此同时，巨灾保险产品价格也因此远远高于普通保险产品，超过大众支付能力或支付意愿，加上其发生概率也低，民众多选择"风险自担"。

中国再保险（集团）股份有限公司副总裁张泓等也认为，保险公司与投保人之间的"你不情，我不愿"，是中国巨灾保险发展缓慢的原因所在。

（资料来源：李微敖，2008 年 9 月 26 日财经网。）

第二节 保险经营的基础

一、自然基础

在人类生存和发展的历史过程中，始终充满着各种各样的风险，自然灾害或意外事故常给人们有目的的活动和期望带来冲击，有的甚至会打破或中断人们的正常生产和生活，使人们的预期目的遭到失败。为了获得确定的生存环境，促进自身发展，人们在经济生活中，始终有一种对安全的追求。为此，人类进行了长期不懈的努力，包括组织上、技术上的努力，并在谋求自身生存安全保障方面取得了很大成就。但是，人类生存面临的风险并未因此而消失。实践和理论都说明，人们可以减少风险，却不能完全消除风险。其根本原因在于，人类社会是地球或整个宇宙中存在的一部分，永远受总体环境的制约，而不可能决定整个环境条件的变化。此外，新的技术、新的组织形式的出现可能克服某些风险，但新的风险在新的环境条件下又会产生。同时，风险还又促进人类社会发展的一面，假若一切都是确定的，人类社会也就静止和停滞了。因此，风险无时不在，无处不在。

正如我们在第一章所分析的，风险具有客观性、普遍性、损害性以及单一风险发生的不确定性，人们只能在一定时间和空间内改变风险存在和发生的条件，降低风险发生的频率和损失幅度以及损失发生后的损害程度，但不可能完全消除风险。正是风险的这些性质决定了：人们只有将风险转嫁出去，才能相对地消除风险，营造社会生活和生产的安全环境。保险公司向保户提供经济保障的保险服务，正是满足了人们对于消除风险的安全需要。因此，风险的客观存在是保险产生和发展的自然基础。

二、经济基础

保险经营的经济基础是商品生产的产生和发展。自然灾害和意外事故的存在，使人们产生了对保险保障的需求，为保险的产生提供了必要性，剩余产品的存在则为保险的产生与发展奠定了经济基础。而剩余产品只有在生产力发展到一定阶段时才会出现。在生产力水平极其低下的原始社会，人们使用的是最简单的劳动工具，从事的是最简单的生产劳动，只能维持最低的生活需要，没有剩余产品。随着生产力的发展和社会分工的出现，人们的产品除了维持基本生活外，有了一定的剩余，并出现了私有制。私有制出现后，原始社会解体，人类社会进入了奴隶社会。在这一时期，出现了商人、高利贷者，社会生产被分裂成许多具有独立经济利益的私有生产者，有了较低层次的商品生产与商品交换，但剩余产品相当有限，因而无法建立物资后备。封建社会的生产力水平较前两个阶段有了长足发展，剩余产品有所增加，但其经济特征或经济主体是自然经济，难以形成社会性的后备基金。当人类社会进入资本主义社会以后，生产力水平才有了大幅度的提高，生产和贸易的规模不断扩大。产业革命的爆发，使资本主义社会的分工愈来愈细，商品生产和商品交换有了充分发展，从而社会出现了较多的剩余产品。

资本主义生产方式的产生和发展给保险发展带来了极大生机。资本主义经济是商品生产高度发展的经济。商品流通超越了国界，形成了庞大的世界市场。由于对外贸易的发展，运输业也兴旺发达。与此同时，随着科学技术的大量发明和应用，产生了许多新的危险因素。由于社会财富集中在少数资本家手中，为了保障生产资料私有制和获取的巨额利润，他们对保险的需要非常迫切。虽然资本主义制度本身缺乏对广大劳动人民的经济保障，但私营商业性保险能弥补这方面的一些缺陷。随着经济发展和生活改善，普

通百姓对保险的需求也日益增加，这也为资本主义保险开辟了广阔的市场。所有这些使得保险在资本主义社会有了充分发展的可能。资本主义保险主要通过私营的保险公司形式集中保险基金来补偿各种灾害事故损失，同时保险行业的资本家也把经营保险作为追逐高额利润的手段。在现代发达的资本主义国家里，保险已成为社会经济和生活中不可缺少的重要组成部分。保险对促进资本主义经济发展和维持资本主义制度起了重要作用。

保险是以众多投保人缴纳保险费形成的保险基金，补偿其中少数投保人受到的经济损失，因此，在全社会的范围集合大批投保人，是发展保险的内在要求，而这在分散、封闭的以自然经济为基础的社会是无法实现的。只有在生产社会化、商品经济高度发展的条件下，生产者之间形成了普遍的社会经济联系时，他们才有可能为求得保障这个共同利益而结合起来，由此推动保险的发展。因此，当经济发展中出现大量的剩余产品、商品经济迅速发展时，便为商业保险产生和发展提供了强有力的经济基础。

三、技术基础

我们知道：单一风险的发生具有不确定性，但是总体风险事故的发生是具有规律性的、可测性的。也就是说，风险的不确定性是指个别风险发生的偶然性或随机性，而风险的可测性是基于大量同类风险的集合，对风险予以测定和评估。正是由于风险的不确定性，人们才将风险转嫁于保险企业；正是由于众多的风险向保险企业转嫁，才实现单个风险的不确定性在集合层次上的可测性，这种不确定性向可测性转化的矛盾运动便构成了保险经营的技术基础。很显然，如果没有这种不确定性向可测性转化的矛盾运动，纵然人们有强烈的风险转嫁愿望，也不会有人愿意接受这种转嫁，因为，没有这种不确定性向可测性转化的矛盾运动，接受他人的风险转嫁无异于冒险。所以，离开了这种技术基础，保险就难以存在与发展。

保险经营的技术基础的重要性还基于这样一个事实：风险的可测性是相对的，而风险的不确定性是绝对的。这种绝对性来源于风险的客观性。此外，对风险测定的条件也决定了风险可测性的相对性。对风险测定的理想条件是：（1）风险单位数目很大乃至无穷；（2）各风险单位之间具有相互独立性；（3）风险单位的无差别，即风险单位之间要具有同质性。但现实中，这些条件往往难以满足，例如，无论如何，承保的风险单位数总是有限的。

如果说保险的自然基础即风险基础是自动满足的话，那么，保险的技术基础则因为可测性的相对性而不能自动实现。例如，至少承保多大数量的风险单位才能满足一定可测性的要求呢？即满足保险经营安全性的需要呢？对于这一问题的回答，在现实中需要保险精算。保险精算正是保险经营技术基础的表现形式，它的任务之一就是在基本要求不能全部满足时寻求最佳对策。

保险经营和管理过程中，需要在各个环节进行一系列的管理决策，包括如何制定合理的保险费率、如何提取适当的准备金、如何确定自留风险和安排再保险，以及最核心的问题——如何保证保险公司资产和负债的平衡以维持必要的偿付能力。这些经营问题的解决需要依赖于保险经营的技术基础——保险精算。

所谓精算是利用数量模型来估计和分析未来的不确定时间（风险）产生的影响，特别是对财务的影响。保险精算就是以数学、统计学、金融学、保险学及人口学等学科的知识和原理，去解决商业保险中需要精确计算的问题。

保险精算首先产生于寿险经营。在寿险精算中，利率和死亡率的测算是厘定寿险成本的两个基本要素，利率一般由外部因素决定，死亡率的测算即生命表的建立成为寿险精算的核心工作。非寿险精算则始终把损失发生的频率、损失发生的规模以及对损失的控制作为它的研究重心。在现代统计理论的推动下，非寿险精算已发展了两个重要分支：一是损失分布理论，研究在过去有限的统计资料的条件下未来损失的分布情况以及损失与赔款的相互关系等问题；二是风险理论，通过对损失频率和损失规模分布的分析，研究这种出险次数和每次损失金额大小的随机关系，以确定保险公司应具备多大的"基金"数量才能保持经营的稳定，以及出现破产危险的概率的大小。

保险精算的基本原理主要是收支相等原则和大数法则。收支相等原则就是保险期内纯保费收入的现金价值与支出保险金的现金价值相等。依此原则，在寿险精算中，选择不同的时点将产生不同的计算方式：（1）根据保险期间末期的保费收入的本利和（终值）及支付保险金的本利和（终值）保持平衡来计算；（2）根据保险合同成立时的保费收入的现值和支付保险金的现值相等来计算；（3）根据在其他某一时点的保费收入和支付保险金的"本利和"或"现值"相等来计算。所谓大数法则，是用来说明大量的随机现象由于偶然性相互抵消所呈现的必然数量规律的一系列定理的统称。如切比雪夫大数法则、贝努利大数法则、普阿松大数法则。大数法则为保险经营特别是非寿险经营中利用统计资料来估算损失概率提供了理论基础，同时对保险经营中承保标的数量提出了理论要求。

【专栏 2-2】

精算科学及其应用

精算科学是以概率论和数理统计为基础的，与经济学、金融学及保险理论相结合的应用与交叉性的学科。它广泛应用于社会经济各个领域中对风险的评价，以及相应经济安全方案的制订。精算科学是适应寿险业发展的需要而产生和发展起来的，最初应用于人寿保险中对人口死亡率的估计，以后逐步在财产、灾害、责任保险的营运和社会保障事业的建立中发挥重要的作用。在保险领域，精算学主要研究人寿、健康、财产、意外伤害、退休等事故的出险规律、损失的分布规律、保费的厘定、保险产品的设计、准备金的提取、盈余的分配、基金的投资等，以促使保险公司经营的财务稳定性。在社会保障领域，精算学主要研究退休、医疗、失业、工伤、生育等保障方面成本与债务的分配方案，社会保障基金的投资方案等，以保持社会保障事业的经济安全性和稳定性。目前，精算学的应用范围逐步扩大到社会、人口、经济、军事等各个

领域中对风险的评价。

可以说，精算学就是对风险的评价和制定经济安全方案的方法体系。精算学之所以成为保险经营的科学基础，正是因为保险经营的对象是风险。在工商企业的管理中，需要根据不变资本和可变资本的价格核算产品的生产成本，实际的生产成本发生在销售之前。保险经营的成本与一般产品生产成本发生的时间不同，保险是通过投保人购买保险公司发行的保单这种特殊产品实现风险转移的，保单价格由其承担风险强度和风险损失的大小决定，而投保人的风险和损失大小只有在风险和损失实际发生后才能确定，因此发生在保单销售之后。为应付未来成本收取的保险费，与未来实际发生的现实成本存在时间差，这就需要根据过去的风险和损失数据，运用精算学方法预先估计保险成本，并对保险成本依缴费时期长短进行分摊，确定保险费率。

在社会保障领域，我们需要运用精算学方法对退休、疾病、失业、工伤、生育等风险进行评价，并根据社会、经济、人口的发展状况，科学地计算在各种风险下社会保险的成本和债务，研究合理的债务分摊方法，从而为建立有效的社会保障制度提供数量分析依据。比如，我国正在进行养老保险制度的改革，从过去现收现付式的下一代人养活上一代人的模式，过渡到社会统筹与个人账户相结合的部分基金积累模式。在这一过程中，我们需要根据退休状况和过去承诺的退休金水平，科学地估计过渡成本、过渡时期的债务以及债务的分摊；根据人口经济状况估计退休金水平和相应的缴费水平，为确定合理的养老保险方案提供依据。

（资料来源：王晓军：《精算师如何精算——精算科学及其在保险经营中的应用》，载《北京统计》，1998（2）。）

四、法律基础

保险既体现一定的经济关系，又是一定的法律行为，即依据保险合同，一方交付保险费，另一方承担他方因自然灾害和意外事故所致损失赔偿责任的法律行为。保险关系的确立、变更和终止都与保险合同密不可分。

保险关系的确立，必须以合同达成为条件。在合同生效之前，保险关系不能存在，这时所发生的一切损失，即使其属于可保风险所致，保险人也无赔偿责任。

保险关系的变更，如责任范围的扩大与缩小，保险金额的增减，保险期限的延长与缩短，保单条件的变化，受益人的更换等，都必须在原合同上明确说明。

保险关系的终止，无论其是由于赔款的支付，或因违约而导致，实质上都是因为保险合同的某一要件的消失而终止。

所以，保险合同是保险经济关系的实现形式。而保险合同作为经济合同的一种，受法律的保护和约束。因此，保险之所以能够存在于经济生活中，并对社会经济运行起到重要作用，是因为有其法律基础做保证。离开了法律基础，保险关系就没有保障，保险业的发展也没有保障。保险的法律基础包括民法、经济法、合同法、保险法，等等。

需要说明的是，我们这里所说的保险，是指商业意义下的保险。

在保险的法律基础中，最重要的是保险法。保险法的组成主要包括保险业法、保险合同法和其他方面的保险特别法。它们分别调整不同领域和不同范围内的保险关系，并且构成保险法律体系。

保险业法是国家对保险业，特别是对保险企业进行管理和监督的法律、法规的总称。具体来说，保险业法是规范保险企业的组织形式，保险企业的设立程序和条件，保险企业的主管机构，保险资金的管理、使用和财务计算，保险企业的解散和清算，以及违章处理等内容和行为的法律法规。英国的《保险公司法》（1958 年、1967 年）、日本的《保险业法》（1990 年）、我国的《保险公司管理规定》（2009 年）均属保险业法性质。

保险合同法是规范保险合同当事人权利义务关系的法律、法规的总称，是保险法的重要组成部分和基础。保险合同法一般分为财产保险合同法和人身保险合同法。其主要内容有：保险合同的基本原则，保险合同订立、变更、转让的程序，投保人的资格，当事人各方的权利和义务，违反保险合同的责任等。在财产保险合同中，还需要有明确规定保险标的的坐落地点、保险金额、保险责任、除外责任、赔偿办法，以及保险费的缴付办法、保险起讫期等条款。

保险特别法是规范某一保险的各种法律总称。主要是指国家关于法定保险的各种规定。如海商法中的海上保险内容，是专门规定海上保险的法律规定；简易人身保险法，则是专门规范有关人身保险合同关系的保险特别法。

【专栏 2－3】

中国保险立法史

新中国成立后，保险立法工作很曲折，十一届三中全会后，保险立法工作出现进展，我国先后颁布一些单项的保险法规。

1992 年 11 月 7 日，第七届全国人民代表大会常务委员会第二十八次会议通过了《中华人民共和国海商法》，第一次以法律的形式对海上保险做了明确规定。

1995 年 6 月 30 日，第八届全国人民代表大会常务委员会第十四次会议通过了《中华人民共和国保险法》，这是新中国成立以来我国的第一个保险基本法，采用了国际上一些国家和地区集保险业法和保险合同法为一体的立法体例，是一部较为完整、系统的保险法律。

2002 年，根据我国加入世界贸易组织的承诺，2002 年 10 月 28 日第九届全国人民代表大会常务委员会第三十次会议《关于修改〈中华人民共和国保险法〉的决定》，对《中华人民共和国保险法》做了首次修改，并于 2003 年 1 月 1 日起实施。

2009 年 2 月 28 日，最新的《中华人民共和国保险法》由第十一届全国人民代表大会常务委员会修订通过，并于 2009 年 10 月 1 日实施。

五、制度基础

在具备了自然基础、经济基础、技术基础和法律基础后，保险的存在和发展是不是会成为必然呢？答案是否定的。保险的存在还决定于一定的制度基础，即保险的存在与发展受制于一定的制度安排，如果在制度安排上排斥保险机制，则无论保险对社会经济的发展多么重要，保险都不可能得到发展。

第三节　保险与社会经济环境

保险和其他的社会经济活动一样，都是在一定社会经济条件下产生，并随着社会经济的发展而发展。一国保险业的发展水平，受制于该国的经济发展水平、人口及家庭因素，这些因素也就构成了保险发展的社会经济环境。

一、保险与经济发展

（一）经济发展水平与保险的产生与发展

经济发展为保险发展提供物质基础，当经济发展到有剩余产品时，保险才得以产生。商品经济的迅速发展为保险发展提供了经济条件。据统计，1950 年世界保险费收入210 亿美元，1994 年已增加到 19678 亿美元，到 2010 年已增加到 43389 亿美元。在43389 亿美元保险费收入中，北美洲为 14095 亿美元，占全世界保险费收入的 32.49%，欧洲为 16204 亿美元，占全世界保险费收入的 37.35%，亚洲为 11611 亿美元，占全世界保险费收入的 26.76%。而商品经济欠发达的国家，保险事业较为薄弱或刚刚兴起，所收的保险费及所占比例都很小。因此，不论从时间上还是从空间上看，商品经济愈发达，保险业也愈发达。

（二）经济体制与保险业的发展

经济体制决定保险业的发展。一个国家的经济在一定的历史发展时期内，采用什么方式解决灾害损失补偿问题，是由经济体制决定的。在自然经济条件下，生产规模狭小，产业结构简单，剩余产品不多，经济联系松懈，没有现代保险产生的经济条件，灾害损失主要采用分散自留的后备基金解决。在资本主义条件下，由于生产社会化和分工的发展，保险逐渐成为补偿灾害损失的主要形式。

从我国保险业发展的历史来看，当限制、排挤商品经济，实行高度集中的计划经济体制时期，经济的管理主要采用行政手段，一切生产由计划安排，商业上统购包销，财政上统收统支，个人吃企业的大锅饭，企业吃国家的大锅饭，企业的灾害损失由财政解决（实际上财政解决不了，多数采用冲账报损、核减利润的办法，企业很难得到足够的实际补偿），保险成为"倒口袋"。20 世纪 50 年代初建立的强制保险也难以推行，一批批国营企业退出保险，后来农村也"人民公社化"了，终于导致国内保险的全面停办。十一届三中全会以后，我国实行经济体制改革，使经济逐步走上社会主义市场经济的道路，大大推动了经济的发展，国内保险业务也得到恢复，并取得迅速发展。据统计，从 1980—2011 年的 30 多年间，保险费收入年均增长率约为 25%。2011 年全国保险费总收入达 1.43 万亿元，居世界第六位。其中，财产险保费收入 4617.9 亿元，人身险保费收入 9699.8 亿元，可以肯定，随着社会主义市场经济的不断发展，保险在经济中的地位将越来越重要。

（三）经济发展水平与保险业发展水平

经济的持续、稳定发展对保险的需求和供给都起着重要的作用。

1. 经济发展水平决定和影响保险的需求。保险市场的需求是指投保人对各种保险产品的现实的、有购买力的需求。投保人基于规避风险的目的，愿意以较小的、明确的"损失"（即保费）来替换大的、不确定的未来损失。如果考察投保人保险需求的直接形成过程，影响保险需求的因素主要包括风险因素、消费后的剩余、消费者的风险意识和保险意识。假定其他条件不变，上述每一个因素都与保险需求呈正相关关系。而作为外生变量，一国经济的发展又将对上述这三个因素产生决定性的影响，其主要表现如下：

（1）经济的发展将提高消费者的平均收入水平，增大消费后的剩余，从而提高消费者对保险产品的现实购买力。如果收入水平低，消费剩余少，消费者的潜在保险需求就不可能转化为现实的市场需求。如生活在一国贫困线以下的人们，很可能意识到了自己面临着死亡、意外事故、病残、年老无助等风险，也希望自己能够拥有很好的保障，但却因为没有钱来购买保险而被迫自留风险。而随着收入水平的提高，消费剩余的增大，这种潜在的需求就有可能转化为现实的需求。

从我国的情况来看，1978 年城镇居民和农村居民家庭人均可支配收入分别只有 343 元和 134 元，2011 年分别达到 19109 元和 5919 元，在这一时期，我国的人均保费从 1980 年仅为 0.46 元，增长到 158 美元。

（2）经济的发展将增加投保人的现有财富量，由此导致风险载体增多，风险总量提高，进而使投保人增加对保险的需求。随着经济的发展，居民收入将会随之增加，企业也会获得更多的利润，由此增加各自的现有财富量。于是，居民就会增加自己的消费，而购买一些价值较高的商品，如家电、家具、住房、汽车等。而企业会扩大生产规模，购置新的生产设备，增加原料储备，扩大厂房，招收更多的员工等。这些行为实际上都是在增加居民或企业的风险载体。风险载体的增加将会导致风险总量上升，由此使得行为主体对保险的需求量也相应增加。

（3）经济的发展将促使人们的需求层次不断上升，从而提高对保险的需求。随着经济的发展，人们收入水平不断提高，当基本的生理需要吃、穿、用等得到了基本满足以后，人们就会更多地转向对安全、社交等更高层次的现实需要。而保险正是帮助人们回避和转移风险、保障安全的重要手段。

2. 经济发展水平决定和影响保险的供给。影响一国保险市场供给的因素主要有以下三个：（1）社会可用于经营保险业的资本量。（2）从事保险经营的人才的数量与质量，这里主要指保险经营所需的专门人才，如风险评估人员、精算师、承保人员、理赔人员、保险中介人等。（3）一国政府所实施的金融政策。假定其他条件不变，上述每个因素也是与保险供给呈正相关关系的。

一国经济的发展意味着国民收入的净增长以及社会剩余产品的增加，有更多的资金会投入到保险业。伴随着资本的流入，也会有大量的专业人才随之流入。经济的发展不仅意味着总量的增长，还意味着经济制度的变革、完善以及经济结构的合理化。后者将促使一国调整包括金融政策在内的经济政策，通常有利于促进保险业的发展。

考察保险与经济发展水平之间的关系，也可利用保险深度和保费的收入弹性等指标。

保险深度即保险费收入与国内生产总值之比，即

$$保险深度 = \frac{保险费收入总额}{国内生产总值} \times 100\%$$

保险深度越高，说明国民对保险的需求量越大；反之，国民的保险需求越小。在整个战后时期，世界经济的增长不断地推动着保险业的增长，保险需求的增长与国民收入的增长是同步的。就我国而言，1980 年我国国内生产总值为 4517.8 亿元人民币，保险深度仅为 0.10%，而 2010 年我国国内生产总值增长为 397983 亿元人民币，保险深度则增长为 3.8%。同期保险业发达国家的保险深度都在 10% 左右。

保费的收入弹性是指保险费收入增加量与国内生产总值增加量的比例，用以反映新增的国内生产总值中有多少流入到保险费收入中，即

$$保费收入弹性 = \frac{保险费收入增加额}{国内生产总值增加额} \times 100\%$$

二、保险发展与人口

人口状况是影响保险业发展的一个重要环境因素，尤其是人身保险更是与人口状况联系紧密。影响保险发展的人口因素主要有人口总量、人口结构、人口素质以及人的生命周期。

（一）人口总量

人口总量是决定保险需求总量的重要因素。一般地讲，人口总量越大，购买保险的总量也就越大。但是，这种关系不是绝对的，因为人口的数量过多，会阻碍经济的发展，最终会使社会公众的人均收入减少，削弱公众的保险购买力。因此，对于人口总量与保险经济发展之间的关系，需要根据实际情况作相应的分析，不能一概而论。

（二）人口结构

人口结构包括年龄结构、职业结构、城乡结构、婚姻结构，这些都从不同的角度决定和影响着保险业的发展。

人口年龄结构与保险发展之间有着密切的联系。65 岁以上人的寿命越来越长（个体老化），老人的数目越来越多（人口老化），这两者正在改变世界人口状况。西方发达国家早已出现人口老龄化，我国也正开始步入人口老龄化的进程。按照国际惯例，65 岁及以上人口占总人数比例达到 7%，就进入老龄化社会。我国第六次全国人口普查数据显示，2010 年，我国已经有 6 个省份的 65 岁及以上人口占比超过了 10%，比 2000 年第五次全国人口普查时的省份数量增加了 5 个；26 个省份的 65 岁及以上人口占比越过了 7% 的红线，比十年前的省份数量增加了 13 个。从全国总量上看，65 岁及以上总人口为

1.19 亿人，占 8.87%，已经远远高于 7% 的"红线"，同 2000 年时的数据相比，65 岁及以上人口的比重上升 1.91%。人口老龄化一方面给个人储蓄性寿险带来更大的需求，但另一方面也有其负面影响。首先，人口老龄化及人均寿命的延长，将使寿险业面临更多的年金支付，有可能使其蒙受亏损。其次，人口老龄化带来经济增长减速，也会间接影响保险业的发展。同时，人口老龄化加重了中年人的负担，中年人作为家庭收入主要来源者的地位越来越重要。为了避免因中年人早逝而出现的家庭经济危机，中年人对人寿保险的需求也在增长。

就人口的职业结构来看，不同职业者面临着不同的风险，也有不同的消费习惯。保险是风险管理的一种方法，一般来说，在职者比非在职者的收入水平相对较高，生活社会化程度也相对较高，因此较容易接受保险。从事现代职业的人与从事传统农业的人相比较，前者更容易接受保险这一风险的防范方式。各国保险业发展的历史表明，保险，尤其是人寿保险，通常是由在业人口扩展到非在业人口，由工商业者扩展到农业劳动者。保险可以根据人口的职业结构分别设计不同的保险险种，以满足不同的保险需求者的实际需要，这当然为保险业的发展提供了良好的环境。

城市人口与农村人口有不同保险需要，人口的城市化或城镇化可能带来的保险需求的变化。城市化是指人口从农村转移到城市地区，而人口仅仅指城市的扩张和交通堵塞的增加。从国际上看，城市化被认为是"20 世纪后半期最重要的人口趋势之一，且是经济发展的一个重要方面"。城市化对保险服务的设计和推广有直接或间接的影响，这些影响主要包括：（1）劳动力的变化：人们不再从事自给自足的农业工作，而是从事商业工作，人们的保险意识和对保险的客观需求都会增加。（2）家庭模式和亲属关系的模式发生了巨大变化：家庭成员不再居住在一起，因而由某些机构代为照料家庭中的老人和病人，并由储蓄、保险或公共部门的各种计划来支付护理费用。保险取代了早逝父母的收入，变得越来越重要，它代替了过去资助寡妇和小孩的那种农业大家庭的做法。（3）对工作的补偿不仅仅限于工资或薪金，而是越来越重视雇员福利。工业和商业组织不仅提高工资水平方式，而且还将人寿保险、健康福利和年金自然增长额作为招募和留住雇员的手段。在这一背景下，就要根据城市与农村居民收益的差异及城市化的趋势，开发与设计不同需要层次的保险产品，这显然为保险业的发展创造了广阔的空间。

人口的婚姻结构与保险经济发展之间也有一定的关系，从总体上考察，人口的婚姻结构对保险经济的发展客观地存在一定的影响，未婚的公众对保险的关心程度小于已婚公众，结婚并生育的家庭对保险的关注程度高于结婚但未生育的家庭。

（三）人口素质

人口素质与保险发展也存在一定的关系。一个国家人口的素质越高，保险发展就越快；相反，人口素质越低，保险的发展就越慢。这里所说的人口素质，不仅包括人口的文化素质，还包括人口的身体素质、思想素质、美学素质等方面。随着社会经济文化的进步与发展，人口素质越来越高，这也是保险获得大发展的重要环境。

（四）人的生命周期

人的生命周期指人从生到死的全过程，在这个过程中要经过几个阶段。从生理上看，有幼儿阶段、少年阶段、青年阶段、中年阶段、老年阶段。从社会特点看，有生活依赖阶段、独立生活阶段、赡养和抚育阶段，复又进入依赖阶段。在生命过程的各个阶段上，由于不同的生理和社会特点，程度不同地存在各种风险，如在幼儿阶段，生活上必须依赖于别人，人们所面临的风险可称之为抚育风险；中年阶段，生活独立，人们主要面临的是各种意外风险；老年阶段，人们主要面临的是赡养风险。人对自身生命周期的认识，产生了对生活安排的计划性。1985 年诺贝尔奖获得者，美国经济学家弗兰科·莫迪利安尼，就曾研究了人的生命周期和家庭储蓄的关系，并因此而获奖。在现代生活方式下，人身保险的不少险种可以较好地满足储蓄的需要，这也是各国人身保险在储蓄已经十分发达的情况下能够获得发展、被广大消费者认可的原因。

在衡量一国或一个地区保险业发展水平时，常常使用保险密度指标。

$$保险密度 = \frac{保险费收入总额}{人口数量} \times 100\%$$

就 1998 年来看，世界平均保险密度为 271 美元，瑞士高达 4654.3 美元，我国为 100.89 元人民币。2010 年我国的保险密度为 158 美元，仅为世界平均水平的 1%，与发达国家的水平相差更远。

三、保险发展与家庭

家庭是社会经济生活的基本单位。家庭是以婚姻血缘关系为基础组成的小型社会群体，一般是由父母及其子女或加其他亲族成员组成的。家庭的一系列功能的存在与发挥，是维系家庭存在的条件。家庭的功能主要包括生产功能、消费功能、抚育功能、赡养功能。家庭的生产功能指以家庭为单位组织和进行的生产或经营活动。家庭对自有的生产资料和劳动成果有所有权或支配、使用权；家庭的消费功能指家庭以自己的收入来安排其生活支出，包括在实物方面和劳务方面的消费开支；家庭的抚育功能指父母对幼儿的抚养和教育；家庭的赡养功能是指家庭对老人生活的照看和料理。这些功能的充分发挥，可以使家庭成员在生产生活过程中面临的风险在家庭范围内解决。在传统的家庭结构中，有血缘关系的几代人共同生活、协同劳动，当一个家庭成员发生伤残、疾病事件或年老时，可以依靠其家庭成员的供养。

家庭的这些功能在经济社会发展过程中会不断发生变化。随着社会分工越来越细，家庭的保障共济功能在逐步减弱。家庭成员与社会的联系紧密了，与家庭的联系会发生程度不同的淡漠；对社会的依赖增强了，对家庭的依赖会发生程度不同的减弱。保险和家庭在保障功能上的重叠，使其具有一定的替代性。比如，人的生命周期过程中所面临或遭受的风险，能够在家庭单位内部消化克服，就不会转向社会寻找克服办法。一般来说，这些变化使家庭功能削弱，社会联系加强，因此才有保险尤其是人身保险的广泛发展，这一点在西方国家表现得比较充分。可以说，西方世界人身保险的蓬勃发展，与西方家庭的分化、家庭功能的削弱有着直接的联系。

就我国的实际情况而言，随着我国经济体制改革的进行以及计划生育政策的继续推行，家庭的规模正在减小，带来"白发浪潮"和"独苗浪潮"，形成新型的家庭结构。

在独生子女家庭，人们面对的风险往往不是通过家庭成员之间的互助互济来解决，而是通过范围更为广泛的社会成员间的互助互济来解决的。家庭规模越小，家庭功能越弱，就越需要保险业的发展。我国新型的家庭结构中，一对年轻的夫妇要承担沉重的生活负担，一方面有四个老人需要赡养，另一方面还要养育下一代，无论是经济能力还是精神负担，客观上都存在一定的压力，必须求助于社会化服务体系。商业保险和社会保险就是担负这一重要任务的有效机制。如果没有商业保险和社会保障机制来代替家庭养老的机制，许多家庭肯定有后顾之忧，难以安居乐业，当然也不利于计划生育政策的继续推行。因此，家庭结构与功能的变化，与保险尤其是人身保险制度的发展高度相关。家庭规模越小，家庭功能越弱，就越需要保险业的发展。

四、保险发展与社会文化环境

（一）家庭和家族观念

家庭和家族内部的保障机制，即互济行为，对保险服务有一定的替代作用。家庭和家族观念越强，对保险服务的需求可能就越小。以我国为例，我国传统文化中有着很强的家庭观念，信奉"养儿防老"。"修身、养性、齐家、治国平天下"的儒家思想使中国人更加看重家庭和家族的利益，认为家庭和家族的保障更加有力。

（二）价值观念

保险产品的核心功能在于防范和化解人们所面临的人身和财产风险，对它的需求反映了人们对生活的一种现实、积极、主动的态度。人们的价值取向越与这种态度相近，就越能认同保险的核心功能，进而接受保险产品。

对于人身保险业的发展，中国文化中不乏积极的因素，中国人崇尚尊老爱幼、"量入为出，崇尚节俭"，在生活上精打细算，宁愿节制现实消费，为子女教育及自身养老而储蓄，表现出较高的储蓄倾向，这些自然对寿险业发展有利。同时，中国文化中也有不利于人寿保险发展的因素，人们积极追求的对象是"仁义"，对财富的积极追求在相当长的历史时期被认为是庸俗的；长期以来小农经济还形成了重实物而轻货币，重个人情感而轻法律契约，重近期利益而轻长远利益等观念；此外，"生死由命，富贵在天"等观念使人们习惯于被动地接受风险，而不是主动防范风险。这些都制约了保险的需求。

（三）宗教信仰

宗教信仰会对个人认识风险以及化解风险的有关活动产生深远的影响。基督教、佛教、伊斯兰教以及印度教派的保守主义者认为，人的命运早已注定，灾难性事件的发生正是"神的旨意"（the will of God）。一些伊斯兰学者还认为，保险试图貌视已经由神预先确定好的命运。持这种观点的人不会采取风险防范措施。在非洲，伏突教（Voodoo）声称，它们可以防止损失发生，甚至帮助找回丢失的物品。《古兰经》是伊斯兰教徒进行各种社会和经济决策的基本依据，也是社会经济制度产生的本源。《古兰经》禁止人们收取利息，禁止人们参与赌博。虔诚的穆斯林将现代保险视为某种形式的高利贷而严加排斥。保险只是对损失进行补偿，如果人们信仰这一宗教，就必然认为宗教的保障能力大大超过保险的保障功能。可见，宗教信仰也直接影响着保险的需求，影响保险业的发展。

【专栏2-4】

我国传统文化与寿险需求

随着我国经济转型、体制转轨、人口老龄化和家庭结构小型化的发展，人们的经济保障需要大大增加，寿险需求潜在规模巨大，但在现实中，潜在寿险需求向现实寿险需求的转化却遇到了诸多制约。其中，我国的传统文化通常被认为是影响人们保险需求的重要因素之一。

中国经历了漫长的农业社会，形成了典型的"农耕文化"，人们非常重视家庭和宗族关系，千百年来流传的"养儿防老"思想可谓根深蒂固。

中国的养老文化包括养老（物质上的奉养）、敬老（精神上的尊老）和送老（依礼送葬）三个层面，在中国传统文化中，送老是第一位的，敬老第二位，养老处于第三位，三个层面的养老文化都受到国家的大力支持和鼓励，呈现出国家性的家庭养老特征。这种养老文化对人们的寿险需求造成三个方面的影响：一是人们在观念上存在对市场化的寿险机制的抵制，甚至有人认为通过保险来保障生活是儿女不孝的表现，特别是在目前落后的农村地区，这种观念仍有一定的市场；二是人们并不看重物质上的奉养对养老保障的重要性，"天伦之乐"、"儿孙绕膝"是每一个传统中国老人的精神寄托和幸福所在，老人们更需要精神上的慰藉，对寿险提供的退休或老年经济保障并不十分推崇；三是受国家倡导的惯性影响，人们对政府推行的社会养老保险更为看重，对市场化的商业保险不够信任。

中国传统文化对死亡、意外、疾病都比较忌讳，而且中国人对生命特别看重，认为生命的丧失是难以用金钱来弥补的，人们并不把购买寿险看成是对家庭"爱和关心"的表现，也不认为是一种责任。现实中，即使是有孩子的年轻人也倾向于支付很高的保费购买低保障、高储蓄的寿险产品，而不是购买为家庭成员提供死亡或意外保障的保障型险种。

节俭和储蓄是中华民族的传统美德，人们精打细算，宁愿节制现实消费，也要为子女教育及自身养老而储蓄，尽管这些储蓄的目的大多都在于为未来生活提供保障，这与寿险的保障功能相类似，但人们对寿险这种现代风险转嫁方式仍缺乏认同感，一些人可能认为寿险过于抽象，既是无形的，又不能立即感受到其服务，因而宁愿采用传统的储蓄方式应付未来风险的发生，也不购买实际上更为经济的寿险。

文化本身并没有好坏之分，它并不能直接影响经济的发展和制度的演进，文化只是为其提供一种背景，关键在于是否具有相应的经济基础与文化这类上层建筑形成良性互动。因此，中国传统文化并不是影响现实中人们寿险需求的关键所在，而且随着社会主义市场经济体制的改革和家庭结构的变迁，传统文化对寿险需求的不利影响正在日益减弱。

建立和完善社会主义市场经济体制，是今后很长一段时期内我国经济建设和改革的基本任务之一。可以预见，随着我国经济和社会的不断发展，传统的家庭风险管理手段将日渐式微，而保险这种市场化的风险管理手段将越来越为人们所重视。在这种背景下，我们应当摈弃传统文化制约寿险需求的观点，转而关注寿险供给的能动性，丰富寿险产品，提高服务质量，通过供给的拉动提高人们对寿险业的信任，为人们提供在市场上转嫁风险的选择，以替代传统的由家庭和政府提供的保障。当然，这是一个相互影响、相互制约的问题，经济基础决定上层建筑，上层建筑也反作用于经济基础，不能片面化、绝对化，但这至少为我们提供了一种重要的解决问题的思路。

（资料来源：何浩、蔡秋杰：《传统文化与寿险需求》，载《中国金融》，2009（11）（略有改动）。）

第四节 保险发展简史

一、古代的保险思想和保险雏形

在人类社会的发展史上，为抵御灾害事故，减少损失，人们除利用已掌握的经验和技能进行积极预防外，还建立了各种形式的经济后备，孕育了原始形态的保险思想和最初的保险雏形。

在国外，保险思想最初产生于古巴比伦、以色列、古埃及、希腊和罗马。在公元前20世纪的古巴比伦时代，国王曾命令僧侣、法官及市长等对其辖区境内的居民征收税金，用以救济火灾及其他自然灾害。到公元前16世纪第六代国王汉谟拉比时期，著名的《汉谟拉比法典》规定，商队中的马匹、货物等在运输中如果被劫或发生其他损害，经宣誓并无纵容或过失等情况，可免除个人的债务，而由全体商队成员补偿。该办法后又传到腓尼基，并扩充用于船舶运载的货物。在公元前1000年间，以色列国王所罗门对其国内从事海外贸易的商人征收税金，用以补偿遭受海难者的损失。这些措施都可看成是财产保险的雏形。

古埃及时代，石匠中有一种互助基金组织，凡参加者缴纳一定数额的会费，用以支付会员死后所需用的丧葬费。这是一种类似于人寿保险和意外伤害保险的办法。在古希腊也有一种团体，将有相同观点的政治或宗教信仰的人或同一行业的工匠聚集在一起，每月缴纳一定数额的会费，当参加者遭遇不幸时，由团体给予救济。在公元1世纪，罗马出现了"格雷吉亚"组织，最初仅为宗教团体，后来开始征收一定数额的会费，会员死亡时由其遗属领受一定金额的丧葬费。在当时的罗马军队中也有类似组织。这些都可以说是人身保险的萌芽。

在我国，古代保险思想由来已久。早在夏商后期，人们就认识到自然灾害何时发生难以预料，须随时储备粮食以济灾荒。《夏箴》记载："天地四殃，水旱饥荒，其至无时，非务积聚，何以备之？"到周朝后，人们对救济保障的认识有了进一步发展，大思想家孔子主张"故人不独亲其亲，不独子其子；使老有所终，壮有所用，幼有所长，鳏寡孤独废疾

者皆有所养"，而墨子、荀子都有关于后备方面的论述，如荀子提出"节用裕民，而善藏其余"，"岁虽凶败水坏，使百姓无冻馁之患"。把剩余粮食储备起来以备荒年及对鳏寡孤独和废疾者给予扶助都可视为社会保障思想的先导。此外，在我国漫长的封建社会里，民间曾流传着名目繁多的丧葬互助组织，如长生会、长寿会、老人会等，入会者相互约定，如入会者本人或其亲人死亡，其他入会者要各出一定的金钱作为丧葬费用。

由此可见，保险思想及保险雏形在古代社会出现绝非偶然，而是当时社会发展的必然产物。

二、现代保险的形成与发展

虽然保险的雏形可追溯到古代社会，但现代意义的保险却是近代资本主义商品经济发展的产物，最初产生于中世纪的欧洲，财产保险先于人身保险，海上保险先于陆上保险。随着各种保险的产生和发展，逐步形成了完整的保险制度。

（一）海上保险

现代保险是随海上贸易和航运的发展，从海上保险开始发展起来的。关于海上保险的产生，保险理论界有四种不同的观点，即共同海损说、合伙经营说、家庭团体说和海上借贷说，其中，大多数学者认为海上借贷是海上保险的前身。

早在公元前 2000 年，地中海沿岸有广泛的海上贸易活动，但当时航海的风险很大，弃货以减轻载重量是船舶在海上遭遇风浪时最有效的抢救办法，而被弃的货物损失的补偿是船方和其他有关方十分关注的问题。当时在航海商人中有一条共同遵循的原则："一人为众，众人为一"。这一原则后被公元前 916 年在罗得岛上制定的《罗地安海商法》所采用，规定："为了全体利益，减轻船只的载重而抛弃船上的货物，其损失由受益方来分摊。"《罗马法典》中也有相关规定。共同海损失分摊原则可以说是海上保险的萌芽，但它是船主与货主分担损失的方法，而不是保险补偿。

海上贸易的发达，促进了海上借贷的发展。早期的海上借贷即船东或货主在出航前，向资本商人通融资金，若船舶、货物在航海中遭受海难，依受损程度，可免除部分或全部债务；若安全到达目的地，则应偿还本金和利息。当然，这种抵押借款的利息高于当时一般借款的法定利息，利息溢额相当于保险费，借款相当于预付赔款。在海上借贷的基础上，冒险借贷开始出现，它与海上借贷的区别是：无论船、货是否遭受损失，利息仍应照付，而且利息极高，约为本金的四分之一到三分之一。冒险借贷在公元 1100 年左右盛行于意大利，但由于条件苛刻，一度被教会所禁止，后来演变为无偿借贷，并进一步演变为空买卖契约，契约中无利息规定，但船东或货主要向资本商人交付一笔危险负担费，其中的资本商人相当于保险人，船东或货主相当于被保险人，危险负担费相当于保费，借款相当于保险金额，在形式上与现代保险更为接近。到了 14 世纪时，贷款与保险成为两个独立的行业，有关国家也开始制定与保险相关的法规。如 15 世纪的威尼斯法令和西班牙巴塞罗那法令都对海上保险作了规定。意大利的伦巴第省经营保险的商人将保险契约称为"波力什"，传入英国后被称为"波力息"，直到现在仍叫这个名字（Policy），我国将其译为"保险单"。

　　15 世纪后，欧洲一些国家海上贸易迅速发展，并不断地掠夺殖民地，进一步刺激了贸易和航运的发展，从而也促进了海上保险业务的不断发展。16 世纪时，英国商人从外国商人那里夺回了海上贸易权，积极发展贸易、兑换和保险业务。到 16 世纪下半叶，经英国女王特许，在伦敦皇家交易所内建立了保险商会，专门办理一切保险单的登记事宜。1720 年，经女王批准，英国的皇家交易和伦敦两家保险公司正式成为经营海上保险的专业公司，而其他公司不得经营海上保险业务，且一直垄断英国保险市场达一个世纪之久，直至 1824 年经英国国会认定，才打破这种垄断局面。

　　英国民间的保险交易中心的形成对海上保险的完善起到了很大的促进作用。在英国乃至世界海上保险中占有特殊地位的劳合社始于 1688 年，爱德华·劳埃德在泰晤士河畔开设了一家咖啡馆，因其附近都是些与航海贸易有关的单位，如海关、海军部等，因此，这家咖啡馆成为经营远洋航运的船东、船长、商人、经纪人以及银行高利贷者经常会晤的场所。由于当时通信落后，准确、及时的航海消息对商人尤为重要，该咖啡馆抓住时机，于 1696 年开始出版一周三次的单张小报《劳埃德新闻》，报导海事航运消息，并登载在咖啡馆内进行拍卖的船舶广告，1734 年又出版了《劳合动态》。从此以后，劳埃德咖啡馆成为海上保险承保人和经纪人经营保险业务的中心，随着业务的日益发展，在劳埃德咖啡馆接受保险业务的商人组织起来，另觅新址专门经营海上保险，从此成为一个专营海上保险的保险人组织，其规模和影响不断扩大，1871 年议会通过法案，劳合社取得了法人资格。劳合社由许多会员（Members）组成，或被广泛地称为"资本供给者"。劳合社的会员们通过辛迪加（Syndicates）在独立的基础上接受保险和再保险业务并自负盈亏，而每一个辛迪加本身又是由管理中介（Managing Agents）运作的。管理中介是为了管理辛迪加而成立的特殊公司，它可以服务于多个辛迪加组织。到 2012 年底，劳合社有 57 个管理中介和 87 个辛迪加组织。劳合社是当今世界上唯一以自然人身份作为保险人的保险组织，对世界海上保险业务发挥着巨大的影响，当然，目前它的经营范围早已超出海上保险业务，广泛地开展了非水险业务和意外保险业务。

　　此外，保险法规的建立与完善对英国保险中心的形成也有很大影响。著名的英国第一部海上保险法案制定于 1601 年，使海上保险作为独立的经济部门得以形成。1906 年英国制定了《海上保险法》，总结历史上海上保险遵循的做法、惯例、案例和解释规则等，用成文法的形式固定下来，成为海上保险法的典范，标志着海上保险业发展的日臻完善。在其附件中规定了标准的劳合社 S. G. 保险单，对各国海上保险有很大影响，或被其他国家直接采用，或被其他国家作为制定海上保险条款的范本。

　　（二）火灾保险

　　火灾保险的起源可追溯到 12 世纪初冰岛成立的互助社，该互助社对火灾及家畜的死亡所致的损失承担赔偿责任，但不久即告失效。现在的火灾保险是在 17 世纪中叶以后逐渐发展起来的。中世纪，手工业者按各自行业组成的行会对其会员遭受的火灾损失予以补助，可以说是相互保险的开始。现在各国办理的火灾保险业务，都起源于英国的火灾保险制度。1666 年 9 月 2 日，伦敦皇家面包店的一场大火，成为英国火灾保险的发展动力，这场大火持续了 5 天 5 夜，伦敦城的五分之四被毁，二十万居民无家可归，损

失惨重，使人们开始考虑如何解决火灾损失问题。1667 年巴蓬博士开设了第一家专门承保房屋火灾保险的商行，并于 1681 年改组，正式设立火灾保险公司，开始按照房屋危险等级收取差别保费，这也是现代火灾保险差别费率的起源。

18 世纪到 19 世纪中期，工业革命后的英、法、德、美等国资本主义经济得到了较大发展，对火灾保险的需求十分迫切，促进了火灾保险的迅速发展。1710 年英国创办的太阳保险公司是最早的股份公司形式的保险组织，它开始承保不动产以外的动产险，是英国现存的最古老的保险公司之一，但由于是以统一的保险费率对动产和不动产收取保费，计算基础不合理。1714 年在英国出现了联合火灾保险公司，这家相互保险组织首先使用分类法计算费率，除了考虑建筑物结构外，还考虑建筑物的场所、用途和财产种类。1721 年至 1722 年，伦敦保险公司和皇家交易保险公司经批准先后开始经营火灾保险业务，激烈的同业竞争刺激了保险业务的完善，保险合同的内容与保险费率的计算日趋完善。1752 年，美国的本杰明·富兰克林在费城创办了第一家火灾保险社，还在 1736 年组织了美国第一家消防组织。同时，火灾保险的规章制度也在实践中不断得到完善。承保范围从过去的建筑物损失扩大到其他财产，所承保的风险也日益扩大，如地震、风暴、暴动等风险可作为附加险承保。灾后损失险在 19 世纪也开始出现。为限制同业间恶性竞争，统一承保方法，保险同业公会相继成立，制定火灾保险统一费率，在美国还开始使用标准火险单。为消化吸收巨额火灾保险风险，再保险也开始发展。

（三）人身保险

人身保险的产生，也可以追溯到早期的海上保险。在 15 世纪海上贸易发展过程中，作为商品的奴隶在海上贩运过程中，被作为保险标的投保，形成了早期的人身保险，其后发展到以陆上奴隶生命为对象的人身保险，后来，以自由人（船长、船员、旅客等）为对象的人身保险也开始出现。但近代人身保险是由基尔特（Guild）、公典（Mount of Piety）、年金（Annuity）等各种制度汇集而成的。

1. 基尔特（Guild）制度。早期的人寿保险起源于中世纪欧洲的基尔特制度。基尔特制度是相同职业者基于相互扶助的精神所组成的团体。13 世纪、14 世纪，乃至 16 世纪，是欧洲基尔特的全盛时期。当时的基尔特分商人基尔特与工人（手工）基尔特两种，其目的除保护职业利益外，对其会员的死亡、火灾、疾病、窃盗等，也通过共同出资进行救济。其后，基尔特的相互救济职能发生变化，专门以保护救济为目的，产生所谓保护基尔特（Protective Guild），并形成接近保险的运作模式。如英国的友爱社（Friendly Society）、德国的扶助金库（Hilfskasse）及火灾互助会（Brandgilde）等。其中友爱社与火灾互助会，对于人寿保险与火灾保险的发展起到了较大的作用。

2. 公典（Mount of piety）制度。15 世纪后半期，意大利北部及中部城市出现一种慈善性质的金融机构，该机构为对抗当时犹太人的高利贷，对一般平民提供低利率贷款。其资金来源是接受捐赠，后来因经营陷于困难，也开始吸收资金，存款者在最初一定期间内不计利息，经过一定时期后，可获得数倍于存入资金的本利。例如在女儿出生之际，以一定金额缴存公典，到女儿结婚时（18 年以后），即可收取 10 倍于当初缴存的金额。若该女未达 18 岁而死亡，或没有配偶，缴存的金额归公典所有。这种制度，对于人寿保险的发展有相当大的影响。16 世纪时,纽伦堡(Nuremberg)及斯特拉斯堡(Strassburg)等地,也曾实施这种公典制度。

3. 年金(Annuity)制度。年金买卖在中世纪开始实行。16、17 世纪在英国、荷兰最为盛行。1689 年法国实行一种特殊的年金制度,即所谓联合养老制(Tontine Annuity)。意大利那不勒斯(NaPles)的汤吉(LorenzoTonti)氏,在路易十四(LouisXIV)时代,针对当时法国财政面临的困难,提出实行一种募集公债的方法。为使公债募集容易计算,规定公债本金每年的利息,分配给该年的生存者。按照这种方法,政府支付每年同额的公债利息,而公债持有人中,生存者收取的利息每年增加,到最后一人死亡时,利息停止支付,公债本金并不偿还,归政府所有。在 18 世纪中期,许多国家为增加财政收入,纷纷采用这种制度。该制度虽与人寿保险不同,但资本与人寿可互相结合的观念以及利息计算与寿命等问题,对人寿保险思想的发展和人寿保险技术的提高,有较深的影响。

由于现代人寿保险的发展对计算技术要求较高,1671 年,荷兰政治家维德(Jan de Witt)倡导终身年金现值的计算,为国家的年金公债作出了一大贡献,但其计算方法并不十分完善。到 17 世纪末,英国著名天文学家哈雷(Edmund Halley)研究人的死亡率,制成了生命表(Mortality Table),使年金价值的计算更加精确。直到 18 世纪的四五十年代,辛普森(Thomas Simpson)根据哈雷的生命表,制定了按照死亡率增加而递增的费率表。此后,陶德森(James Dodson)又按照年龄差等因素计算保险费,并于 1756 年发表其计划,1762 年成立的伦敦公平保险社(The Society for the Equitable Assurance of Lives and Survivorship)应用了该计划,成为真正以保险技术为基础而设立的人寿保险组织。其后,采用公平保险社计算办法的现代人寿保险公司不断增加。此外,工业革命的到来,机器的使用,特别是火车的发明,使人身意外伤亡事故增多,促使了人身意外保险的发展,为保险人开辟了人身保险业务的新市场。

(四)责任保险

责任保险是对无辜受害者的一种经济保障,相对于其他保险业务而言,其发展历史较短,只有近百年。替肇事者赔偿受害者的财产或人身伤亡损失,曾被认为是违反公共道德标准的,这种观点直到 19 世纪中叶,在工人为获得自身保障而进行斗争,迫使统治者制定保护劳工的法律后才有所改变。1855 年,英国铁路乘客保险公司首次向铁路部门提供铁路承运人责任保险,开辟了责任保险的先河。进入 20 世纪以后,责任保险发展迅速,目前,大部分西方国家对多种公共责任规定了强制性投保,如机动车第三者责任险、雇主责任险等。

第二次世界大战以后,责任保险的种类越来越多,如产品责任险及各种职业过失责任险在发达国家已成为制造商和自由职业者不可缺少的保险。经营责任的公司,随着经济发展、经济赔偿关系的日益复杂,承保范围也越来越广泛。目前,责任保险正朝着险别日益细化,业务量稳步上升的趋势发展。

(五)信用保证保险

信用保证保险是随着资本主义商业信用风险和道德危险的频繁发生而发展起来的。1702 年英国开设"主人损失保险公司",承办诚实保险。1842 年英国保证公司成立,美

国则于 1876 年在纽约开办了"确实保证业务",1893 年,美国成立了专门经营商业信用保险的保险公司（American Credit Insurance）。信用保证保险合同建立在信用的基础之上,即由保险人作为信用保证方,为权利人承担由于被保证人的不诚实或不守契约而受到的损失。信用保证保险严格地说可以区分为保证保险和信用保险两类,前者是由债务人投保,以保护债权人为目的保险;后者是债权人为保护自己的债权利益而自己投保。

第一次世界大战爆发后,引发了空前的信用危机,各国的信用保险业务受到了致命的打击,一些信用保证保险公司纷纷破产。1934 年,各国私营和国营出口信用保险机构在瑞士成立国际信用保险协会,标志着国际信用保险的成熟和完善。现在,信用保证保险承保范围已相当广泛,保险公司对货币、租赁、借贷、工程承包等各类合同都可提供信用保证保险服务,而且还在不断开拓市场。

现代保险业从其初步形成到发展至今,已经历了数百年的历程,保险的经营已日趋完善,现代科技的发展不仅使保险技术更为先进,而且为保险范围的扩展创造了条件。

【专栏 2-5】

2002—2012 年中国保险业实现历史性发展

从保费收入来看,2002 年全国保费收入仅为 3053 亿元,2011 年已经达到 1.43 万亿元,是 2002 年的 4.8 倍,年均增长 18.7%。2011 年,我国保费收入世界排名从第 15 位跃居第 6 位,比 2002 年上升了 9 位。

从市场体系来看,2002 年,全国只有 57 家保险公司;2011 年,保险公司数量达到 158 家。其中,保险集团和控股公司 10 家,非寿险公司 63 家,人身险公司 66 家,专业再保险公司 8 家,保险资产管理公司 11 家。从保险公司资本国别属性来看,中资保险公司 98 家,外资保险公司 60 家。2002 年,全国专业保险中介机构 262 家,2011 年达到 2554 家,其中,保险专业代理机构 1823 家,保险经纪机构 416 家,保险公司机构 315 家。

至此,我国保险市场已基本形成了多种组织形式、多种所有制并存,综合性公司与专业性公司、中资与外资保险公司共同发展、公平竞争的市场格局。

从资产规模来看,2002 年,我国保险业总资产仅为 6494.03 亿元,2004 年 4 月末,我国保险业总资产首次突破 1 万亿元。截至 2011 年底,保险行业总资产达到 6 万亿元,是 2002 年的 9.25 倍,已经成为我国金融市场的重要组成部分。

初步统计,仅在 2002—2011 年,保险业累计赔款和给付支出近 2 万亿元,平均每年赔付 2000 多亿元。截至 2011 年,全国农业保险农作物承保面积从 2003 年的不足 1 亿亩增加到 17 亿亩。保险业受托管理各类医保基金 105.5 亿元,覆盖 2475 万人口,5 家养老保险公司受托管理资产 1376 亿元,占企业年金法人受托业务的 70%。目前,保险业共为全社会未来养老和健康积累准备金超过 3.4 万亿元。

　　截至 2012 年 7 月底，保险业资金运用余额 6.1 万亿元，其中债券投资 2.7 万亿元，证券投资基金和股票投资 7444 亿元。保险机构已成为债券市场第二大机构投资者和股票市场的重要机构投资者，为资本市场的发展改革提供了长期、稳定的资金支持，促进了货币市场、资本市场和保险市场协调发展。

（资料来源：仝春建：《这是成为世界保险大国的 10 年》，载《中国保险报》，2012 年 9 月 24 日。）

【本章小结】

　　现代社会的经济补偿方式可以分为三种类型：一是以国家为主体的补偿方式，即通过建立集中型的国家后备基金进行补偿；二是以经济单位为主体的补偿方式，即通过建立自保型的后备基金进行补偿；三是以保险公司为主体的补偿方式，即通过建立集中于保险公司的保险基金进行补偿。

　　保险是在一定的社会经济条件下产生的，并伴随着社会经济的发展而发展。保险经营有着特定的自然基础、经济基础、技术基础、法律制度以及制度基础，保险与社会经济的发展、人口、家庭以及社会文化环境有密切联系。

　　由于海上风险较大，随着海上贸易的发展，海上保险相应产生，并成为各类保险中产生最早的险种。随后，火灾保险、人寿保险相继产生。19 世纪后半期，随着法律制度的完善，责任保险也开始出现，进入 20 世纪后，责任保险才得到迅速发展。信用保证保险也是在 20 世纪后才得以发展的。

【关键术语】

保险深度　insurance penetration　　保费收入弹性　insurance premium elasticity

保险密度　insurance density　　基尔特制度　guild system

公典制度　mount of piety　　劳合社　Lloyd's

【复习思考题】

1. 简述各种经济补偿方式的特点。

2. 简述保险经营的基础。

3. 简述保险与经济发展的关系。

4. 简述保险发展与人口、家庭的关系。

5. 简述各类保险产生与发展的历程。

6. 为什么保险没有在我国近代发展起来？

第三章

保险的性质、职能与作用

【本章提示】

本章首先通过对各种保险学说的评述，揭示保险的性质，区分保险与类似经济行为，然后讨论保险的职能与作用。通过本章的学习，读者将对保险理论有一定深度的认识。

第一节　保险的性质

关于保险的性质，保险理论界众说纷纭，因研究的角度不同而有不同的观点、看法和流派，从而形成了保险理论研究的多元化。纵观各家学说，主要分歧在于财产保险与人身保险是否具有共同性质，为了准确把握保险的本质，我们把各流派的主要观点大致分为损失说、非损失说和二元说。

一、损失说

保险产生的最初目的，是要解决物质损害的补偿问题，它是以海上保险为渊源的。从损害补偿这个角度来研究保险补偿机制，有如下几个代表学说。

（一）损失赔偿说

损失赔偿说又称损害赔偿说。该学说支持者认为，保险是一种损失赔偿说合同。认为当保险方收取了约定金额的保险费后，承担保障（赔偿）投保方由于受到约定的保险事故所引起的损失。该学说的核心在于说明保险的目的是补偿人们在日常生活中由于偶然事件（包括自然灾害和意外事故）的发生所造成的经济损失。英国学者马歇尔（S. Marshall）和德国学者马修斯（E. A. Masius）是该学说的倡导者。马歇尔认为："保险是当事人的一方收受商定的金额，对于对方的损失或发生的危害予以补偿的合同。"马修斯说："保险是当事人的一方根据等价支付或商定承保标的物发生危害，当该危害发生时，负责补偿对方损失的合同。"

损失赔偿说影响力颇大，美国1906年颁布的海上保险法就采纳了该观点。这部法律的第一条就开宗明义的指出"海上保险契约，系保险人向被保险人允诺，于被保险人遭受海上损害时，即因海事冒险而发生的损害时，应依约定条款负责赔偿的契约。"

但损失赔偿说强调损失的概念以及受损后的经济赔偿问题，而且从狭义的角度认为保险的本质就是保险人与被保险人之间的合同关系。这是以财产保险为中心的概念。如以损失来说明有关人身保险则值得商榷、推敲。同时，这种观点把保险等同于保险合同，事实上保险与合同是两个不同的概念，把保险等同于合同，显然不妥。

（二）损失分担说

此学说的倡导者德国的华格纳（A. Wager）认为："从经济意义上说，保险是把个人由于未来特定的，偶然的，不可预测的事故在财产上所受的不利结果，由处于同一危险之中，但未遭遇事故的多数人予以分担以排除或减轻灾害的一种经济补偿制度。"又说："这个定义既能使用于任何组织，任何险种，任何部门的保险，同时也可使用于财产保险，人身保险，甚至还可使用于自保。"并强调，"所有的保险都是损害保险"。

损失分担说强调在损失赔偿中多数人的互相合作的因素。损失分担说将保险做广义解释，把人寿保险包括在内，认为保险在经济上的意义就是将少数不幸者的损失由处于同样危险中的多数人来分摊；人寿保险也属于损失保险，这种损失被看做是精神或主观的损失。认为保险的本质在于分摊损失，以财务上的确定性来代替现实中的不确定性。

该学说从经济学的角度阐明保险的本质，这是一大进步。但华格纳把"自保"也纳入保险范畴，这是显然错误的。因为"自保"在风险准备金上的摊提与单独储蓄无异。

（三）风险转嫁说

风险转嫁说是从风险处理的角度来研究保险性质的。认为保险是一种风险转嫁机制，个人和企业可以通过保险以支付一定的保险费为代价，将现实生活中的各种风险转嫁给保险公司，然后由保险公司通过积聚多数人来分摊风险损失，或转嫁给其他人或多数人的团体。

据此美国学者魏兰脱（A. H. Willet）认为："保险是为了补偿资本的不确定损失而积聚资金的一种社会制度，它是依靠把多数的个人风险转嫁给他人或团体来进行的。"换言之，在风险转嫁说看来，保险是风险转移的一种方法。美国另一学者克劳斯塔（B. Krosta）则是从保险人集散风险的功能角度指出："被保险人转嫁给保险人的仅仅是风险，也就是损失发生的可能性，所以是可以承保的。保险人把这种共同性质的风险大量汇集起来，就能将风险进行分摊。"因此，克劳斯塔给保险下的定义是："保险是以收受等价、实现均摊为目的而进行的风险汇集。"

风险转嫁说的观点至今仍广泛运用于风险管理与保险领域，由于新的危险单位随着科学技术的发展而不断涌现，它可能带来十分巨大的损失，使个别单位或个人根本无法独自承担这种损失，只能将这种风险转嫁出去，以减少对危险单位损失的负担。就连保险人为了经营财物的稳定，也需要将承保的巨额危险用分保的形式转嫁出去。

（四）人格保险说

人格保险说倡导者柯勒认为，人身保险之所以是保险，一是其能补偿人身事故所至的损失，二是还能补偿道德精神方面的损失，也就是说人格保险说认为人的生命与财产

价值一样可以用货币来衡量。认为人所具有的精神和力量可以产生金钱价值，如健康、技能、经验、判断力、创造力等。因此，保险不仅可以赔偿由于人身上的事故而引起的经济损失，而且可以赔偿道德和精神上的损失。认为人身保险既然以保障生命价值的丧失为目的，当然它就可以与财产保险相提并论。人身保险就是人格的保险。

总而言之，损失补偿说、损失分担说、风险转嫁说和人格保险说都是以损失补偿的概念来阐明保险的性质。相比较之下损失分担说是比较严谨的经济学上的保险定义。

二、非损失说

该说认为：保险应该有一个统一的性质，既然损失保险说不能涵盖人身保险，那么就在损失概念以外另寻解释，因此，就产生了非损失说的流派。非损失说主要有以下观点。

（一）技术说

技术说立足于保险的数理基础，对财产保险和人寿保险作统一解释，认为保险是将处于同等可能发生的机会的同类风险下的多数个人和单位集中起来，测算出事故发生的概率，根据概率计算保险费率，当偶然事件发生时，支付一定的保险金额。因此保险的实质是依据概率论求得保险费与保险补偿金额平衡。这种学说带有显著的精算的特征，可以摆脱损失说不能解释人身保险的缺陷。

主张技术说的费芳德（C. Vivanta）认为，保险不能没有保险基金，在计算这种保险基金时，须使保险人实际支出的总额等于全部被保险人交纳净保险费的总额。概率论是研究普遍存在的随机现象的一门学科，是计算保险费率和责任准备金的一门特殊的技术。这一学说将保险中采用的特殊技术看成为保险的特性，显然是不合理的。

（二）欲望满足说

与技术说相反，欲望满足说以保险能满足人们的经济需要或金钱欲望来解释保险，认为保险是满足在保险责任范围内的风险事故而引起的金钱欲望的机制，如果发生保险责任范围内的风险事故必然引起金钱欲望。保险人按照一定的概率测算将来可能发生的欲望，并收取保费，当意外事故发生时，提供满足该偶发欲望所需的资金，并予以充分可靠的经济保障，这种欲望包括对直接损失、利益损失、储蓄能力停止、经济防止损失费用以及其他不能以货币估计的一切损失予以弥补。

该学说倡导人为拉扎路斯，他说："保险是以赔偿和满足经济需要为其性质的，是当意外事故发生时，以最少的费用满足该偶发欲望所需要的资金，并予以充分可靠的经济保障。"

该学说受到不少学者的支持，威尔纳（G. Worner）说："保险是处于同样经济不稳定条件下，许多企业经营单位把偶发的且能计算出来的财产上的欲望，根据互助原则予以保障的手段。"后来他又把"财产上的欲望"改成了"金钱上的欲望"，并作了最广义的解释，包括直接损失、利益丧失、储蓄能力停止、防止紧急损失费用以及其他不得已的开支等，存在于与货币价值有关的一切场合。

（三）财产共同准备说

财产共同准备说认为保险是保障社会经济生活安定的手段，要实现这种保障目标，就必须要按照大数法则建立共同财产准备制度。该学说将保险分为静态和动态的两种观念。保险的静态观认为，保险是为了安定经济生活，将多数经营单位组织起来，按照大数法则积聚经济上的财富并留为共同基金。保险的动态观认为，保险是人们社会生活中根据交换原则，在未来发生意外事故时，能够确定地获得和使用所需的财物。

财产共同准备说实际上从保险基金机能上来解释保险性质。保险事故的发生是偶然的，而不是必然的，要化偶然为必然，必须按大数法则积蓄货币，即作为财产准备不是单独的，而是多数人经济结合的集体，向各成员收取分担金，积聚为财产共同准备，委托保险人管理经营。

（四）相互金融说

相互金融说建立在现代经济是信用货币经济的前提下。该学说认为，保险作为保障社会经济生活安定的一种有力手段，其最终目的是为了调整人们的货币收支，现代保险业务反映了货币的供求关系，因此，保险就是资金相互融通的机制。积累保险费在经济上是被保险人的共同资金，其性质不在于财产准备，而在于集体成员为相互融通资金而结成多数人的联系，保险是真正的金融机制。

该学说的倡导者米谷隆三认为保险费的积累，在经济上是投保人的共同基金，保险的性质不在于财产的准备，而在于集体成员为相互通融资金而结成多数人的联系，进而强调保险不止是准金融机关和辅助金融机关，而是真正的金融机关。

由于在货币经济条件下，所有的经济活动都是用货币的收支来实现的。因此，保险作为应对经济不安定的善后措施，需要以调整货币的收支为目的，所以，保险公司是金融机关，是以发生偶然性事实为条件的相互金融机构。但是保险公司虽然是金融机构，保险公司也是经济法人，而保险是经济范畴，把两者等同起来是错误的，此其一。其二，金融，即资金的融通。它是以给付利息为返还条件的货币所有权的暂时让渡。而在保险行为中的保险费支出和保险金的给付均不含有金融的特性，所以，保险与金融应为两个不同的概念，不能把保险等同于金融。

三、二元说

二元说可分为否定人身保险说和择一说。"二元说"论者认为：财产保险与人寿保险不可能统一在一个单独的定义中，保险合同或者是损失补偿合同，或者是以给予一定金额为目的的合同，二者只能择一或只坚持前者而否定后者。因此，将财产保险和人寿保险分别定义，认为保险合同是当事人一方约定当偶然事件发生时对于对方承担损害补偿义务或给付保险金或年金义务的合同。前者为损害保险，后者为人寿保险，或以损失概念定保险，只承认有损害保险，而没有人身保险。

（一）否定人身保险说

该学说认为，无论是狭义的损失概念，还是包括精神损失在内的广义损失概念，都不能合理说明人身保险的性质。如果一定坚持以损失概念认识保险，那么，必然的结论是人身保险不是保险。因此，该说否定人身保险为保险，并指出，人身保险合同是与保险合同性质完全不同的另一类性质的合同，似乎是与投资、储蓄等性质更加接近的合同，是一种单纯货币支付合同，或者是以现在的支付购买未来某种金额的合同。

持上述观点的代表科恩（G. Cohn）认为："因为在人身保险中，损失补偿的性质很少，它不是真正的保险而是混合性质的保险。"埃斯特（L. Elster）更明确指出："在人身保险中完全没有损失补偿的性质，从国民经济来看，人身保险不过是储蓄而已。"而威特（Johan. De. Witt）说："人身保险不是保险而是投资。"显然，断然否认人身保险不是保险的观点值得商榷。

（二）择一说

既然从人身保险与财产保险之间找不出共同的，为大家都能接受的保险概念，因此，择一说主张分别界定人身保险和财产保险。德国学者爱伦堡认为，既不能以损失概念说明人身保险，也不能使用诸如给付条件之类的语言来说明保险合同。他对保险合同的认识是："保险合同不是损失补偿合同，就是以给付金额为目的的合同"，二者只能择其一。

该学说的缺陷是显而易见的，既然财产保险和人身保险均冠以保险字样而不是其他，显然它们之间有共同之处，有共性可言。因此，否认二者存在的共同性是不可取的。

"无风险，无保险"，风险即损失的可能性，那么也就是"无损失的可能性就无保险"。我们在前面分析可保险风险要素中，就已经明确，按照这个逻辑，本书对保险下定义时倾向于"损失说"。

四、保险的本质

保险的本质是指保险的社会属性，它与保险的自然属性不同。

保险的自然属性是指保险区别于其他事物的质的规定性。我们可以从下述六个方面来考察保险经济现象的质的规定性。

第一，保险是对国民收入中的一部分后备基金的分配和再分配活动，属于分配环节。

第二，没有风险就没有保险。自然灾害和意外事故的存在是保险成立的条件。

第三，保险分配是价值形式的分配。

第四，保险分配不同于分配环节的其他分配形式，它是一种对经济损失的部分或全部的平均分摊，体现公平合理原则。

第五，保险是以善后处理经济损失为目的的联合行为，必须有多数人参加才可能有保险行为。

第六，保险是一个属概念，其内涵量的规定性必须使其外延量能够概括所有的保险经济现象。例如，财产保险和人身保险是保险的两大类型，具有不同的特征，但两者又具有保险共同的属性，即具有共同的质的规定性。

根据上述保险经济现象的质的规定性，可以把保险的定义概括为："保险是集合具有同类风险的众多单位或个人，以合理计算分担金的形式，实现对少数成员因自然灾害或意外事故所致经济损失的补偿行为。"

研究保险的自然属性，把握它的质的规定性，从而给保险概念下定义，其任务是认识保险经济现象自身的同一性和与其他经济现象的相异性，这是从静态上认识保险，是认识保险经济现象的基本前提。而研究保险的社会属性，是要把握保险经济现象内在矛盾的特殊性（内在的同一性和相异性的对立统一），从而把握保险经济现象发生、发展和变化的规律，这是从动态上深化对保险经济现象的认识。

在阐述保险的定义时，我们已经明确保险是一种平均分担经济损失补偿的活动，那么，很显然在分担主体之间必然形成一种再分配关系，保险作为经济范畴，是这种分配关系的理论表现。所以，我们就把保险的本质表述如下：

保险从本质上看，是一种经济补偿机制，它是根据投保方和保险方的合同关系，投保方缴纳一定的保险费，建立保险基金，又称风险准备金，保险方对在合同有效期限内发生的保险事故予以赔偿或给付，即对财产或利益损失进行经济补偿或对人身伤害按约定的金额给付保险金。这种经济补偿机制是按照商业化原则进行经营管理的。保险将不确定的未来损失化为确定的保费支出。

保险最根本的目的是应付自然灾害和意外事故所造成的经济损失。它是通过签署经济合同，收取保险费建立保险基金来实现的。

在市场经济体制下，保险经济补偿制度对市场经济的成长与发展更具有不可替代的保障作用。保险是一种制度，这种制度是人类社会向前发展所必不可少的，缺了它，社会经济发展的进程就会减慢甚至倒退。

从近现代保险经济的主要形式看，其内部关系的对立统一有：被保险人之间的分配关系，这是整个保险分配关系的表现形式；保险人与再保险人之间的分配关系，这是保险分配关系的发展。其外部关系的对立统一有：保险分配关系与财政、企业财务、信贷、工资、价格等分配关系的关系。

五、保险与类似经济行为的区别[①]

在社会经济生活中，有些行为看起来与保险行为类似，但实际上与保险有很大差别。

（一）保险与储蓄

保险与储蓄都是以现有的剩余资金作将来的准备。所以，在现实经济生活中，人们往往将保险（特别是人寿保险）的好处与银行储蓄的好处进行比较，然后决定是否购买保险。但保险与储蓄的差异性是很大的，具体表现在：

1. 需求动机不同。储蓄的需求动机一般是基于购买准备、支付准备和预防准备，这些需求一般在时间上和数量上均可确定。而对保险的需求则是基于特定事故发生与否的不确定性、发生时间和损失程度的不确定性。

---

① 实际上，"类似"的说法在理论上并不准确，只是在保险经济实践中，经常被人们认为是类似的。

2. 权利主张不同。储蓄是以存款自愿、取款自由为原则，存款人对自己的存款有完全的随时主张权，支取未到期存款虽然将损失部分利息收入，但本利和一定大于本金。保险贯彻投保自愿、退保自由原则，但中途退保所领回的退保金在扣除保险公司管理费、手续费等费用后一般小于所缴保险费总和；如果不退保，被保险人的主张权要受保险合同条件的约束。

3. 运行机制不同。储蓄行为主要受利率水平与结构、物价水平与结构、收入水平以及流动性偏好等因素的影响，而且无须特殊的技术进行计算。保险行为主要受未来损失的不确定性的影响，而且需要特殊的技术基础。

4. 行为后果不同。在一定的期限内，存款人获得的是确定的本利和，即在本金的基础上获得了利息收入。在保险期限内，保险事故发生后，被保险人或者受益人可获得保险赔款，其数额可能是其所缴保险费的几倍、几十倍乃至几百倍；如果在保险期限内没有保险事故，则被保险人得不到赔款。

（二）保险与救济

保险事业与慈善救济事业都是对社会经济的一种救助活动，其目标都是促进社会经济稳定运行，但两者之间差别巨大：

1. 救助方式不同。保险是自助和他助相结合的行为，且以自助为基础和出发点，并依据保险合同进行；慈善救济是单方面的他助行为，无偿受领他人的救济，无合同依据。

2. 权利义务不同。救济是一种基于人道主义的单方施舍行为，没有对应的权利义务关系，救济方没有义务一定要对受灾者或贫困者实施救济。由于救济是一种无偿救助，所以接受救济者也无须向救济方履行任何义务。

3. 行为对象不同。救济的对象往往事先不能确定，且相当广泛，包括国内外受灾者或生活贫困者。保险的对象是事先确定的。

4. 主张权利不同。救济的数量可多可少，形式多种多样，金钱、实物均可，接受救济者无权提出自己的主张。而保险金的赔付或给付则必须严格按照合同履约，被保险人可按合同约定主张保险金的请求权，如有异议还可以向法院提出诉讼，或要求仲裁，以实现请求权。

（三）保险与赌博

保险与赌博同属于因偶然事件所引起的经济行为，似乎都有获得超过支出的收入的可能。但保险与赌博之间存在本质差别：

1. 目的不同。参加保险的目的是以小额的保费支出将不确定的损失转嫁给保险人，获得经济生活安定的保障，体现的是互助共济的精神，而赌博则是以小博大，以损人利己图谋暴利为目的。

2. 条件不同。参加保险不仅要支付保险费，而且必须对保险对象具有可保利益。而参加赌博，只要拿得出约定的赌注即可。

3. 机制不同。保险的风险是客观存在的，保险将化风险的不确定性为一定程度的确定性，以达到风险分散的目的，而赌博的风险是人为风险，是变安全为风险。

4. 后果不同。保险是受国家鼓励、法律保护的事业，保险的发达将为社会经济的发展起十分重要的作用。而赌博则会带来家庭和社会经济生活的不安定，甚至引发犯罪，因而赌博属于不法行为，不受法律保护，甚至受到法律的制裁。

第二节　保险的职能

保险的性质决定保险的职能。保险的职能说明或表现保险的性质，是保险性质的客观要求。从理论上认识、抽象和概括保险的职能，有利于不断完善保险内部的传导机制，有利于适时调整保险分配的内外部关系，有利于充分发挥保险的职能作用，为国民经济的安定和发展服务。因此，研究保险的职能不单是理论问题，而且具有重要的实践价值。我国保险界对保险的职能持有不同的认识，有单一职能说、双重职能说、多重职能说和基本职能说。本书坚持基本职能说的观点将保险的职能分为基本职能和派生职能。

一、保险的基本职能

保险的基本职能包括分散风险职能和经济补偿职能。

（一）分散风险职能

分散风险职能是指保险将在一定时期内可能发生的自然灾害和意外事故所导致的经济损失的总额，在有共同风险的投保人之间平均化了，使少数人的经济损失，由所有的投保人平均分担，从而使个人难以承受的损失，变成多数人可以承担的损失。通过分散风险职能的作用，风险不仅在空间上得以分散，而且在时间上也可以得以分散。

（二）经济补偿职能

经济补偿职能是指保险所具有的补偿能力，即参加保险的全体成员建立起来的保险基金用于少数成员因遭遇自然灾害或意外事故所受损失的经济补偿。通过保险的补偿职能，人们可以抵抗灾害、保障经济活动的顺利进行以及在受难时得到经济帮助。

经济补偿职能的行使在不同的险种中有不同的形式：（1）在财产保险中体现为补偿被保险人因灾害事故造成的经济损失；（2）在责任保险中体现为补偿被保险人依法应负担的对第三方的经济赔偿；（3）在人身保险中体现为对被保险人或其指定的受益人支付约定的保险金。

分散风险和经济补偿是手段和目的的统一，是保险本质特征的最基本反映，最能表现和说明保险分配关系的内涵。因此，它们是保险的两个基本职能。分散风险是经济补偿的前提和手段，补偿损失是分散风险的目的。

二、保险的派生职能

保险的派生职能是在保险固有的基本职能基础上发展的，归根到底，是伴随着保险分配关系的发展而发展的。

（一）融资职能

保险机构通过收取保险费聚集起规模庞大的保险基金，保险基金是为了在保险事故发生时实现补偿被保险人的经济损失或向被保险人提供给付。一方面，保险补偿与给付的发生与收取保险费建立保险基金具有一定的时差；另一方面，保险事故不可能都同时发生，保险基金因此也不可能一次全部赔偿出去。因此，相当数额的保险基金处于闲置状态。

保险的融资职能指将形成的保险基金中闲置的部分，重新投入到社会再生产过程中。保险人为了使保险经营稳定，必须保证保险基金保值增值，所以，保险资金运用是必须的。另外，保险公司作为商业机构，以营利为目的，从自身经济利益出发，也愿意通过保险基金的投资获得更高收益。从国际经验来看，投资是保险公司收益的重要来源。

由于保险基金首先要负担经济补偿职能，所以保险资金运用要以保证保险赔偿为前提，因此，必须坚持合法性、安全性、盈利性、流动性、分散性等原则。

（1）合法性。由于我国金融市场处于发展阶段，投资环境、法规建设和监管都不完善，保险市场的管理也有待进一步加强，因此，1995年颁布《保险法》时我国对保险资金的运用持慎重态度，严格限制保险资金运用的渠道，规定保险公司的资金运用，限于在银行存款、买卖政府债券、金融债券和国务院规定的其他资金运用形式。2009年修订的《保险法》依据发展变化的市场环境，放宽了保险资金的运用范围。

（2）安全性。可运用的保险资金包括资本金、各种准备金和公积金等。其中，大部分可运用资金即各种准备金，是资产负债表上的负债项目，特别是人寿保险保险金给付的责任是以固定金额表示的，到期以后保险公司必须有足够的支付能力，因此，保险公司的资金运用首先要坚持安全性原则。这就要求保险投资在选择投资种类或项目时要优先考虑到安全性。《保险法》第一百零六条明确规定："保险公司的资金运用必须稳健，遵循安全性原则。"

（3）盈利性。投资的主要目的是为了使保险资产保值增值，提高自身的经济效益，以增强赔付能力，降低费率和扩大业务规模。显而易见，投资在改善保险经营和加强在同业中的竞争地位具有重大意义。但是，收益与风险往往成正比，收益率高，风险也大，这要求保险投资把风险限制在一定程度内来实现收益最大化。投资是要计算成本的，投资收益不仅要高于银行存款的利息收入，而且还要弥补投资管理费用，对所承担的投资风险也要有一定报酬。

（4）流动性。流动性是指在不损失价值的前提下把资产立即变为现金的能力，又称变现性。财产和责任保险合同一般是短期合同，而且理赔较为迅速，赔付率变动也大，应特别强调流动性原则。因此，国外财产和责任保险投资的相当部分是商业票据、短期国库券和其他货币市场短期票据。人寿保险一般是长期合同而且保险金给付金额比较固定，投资在时间上的间隔和源源不断的保险费和投资收入能提供一定的流动性，因此国外人寿保险投资的相当部分是长期的不动产抵押贷款。

（5）分散性。投资总要承担一定的风险，根据投资原理，要达到安全的目的，必须分散投资，即"不要把鸡蛋放在一个篮子里"。这是减少投资风险的有效方法之一。在金融保险业发达的国家，保险资金的运用相当广泛，通常投资于以下项目：债券和贷款、抵押贷款、股票、房地产。寿险公司的投资也有别于非寿险公司的投资：人寿保险公司投资的基本原则是资金的安全性，由于负债是长期的，宜作长期投资，相对来说，寿险投资的流动性不是很重要，寿险投资的对象大多是长期债券和不动产抵押贷款；财产和责任保险投资的基本原则是流动性购买政府债券和其他短期票据符合流动性原则，因为它们容易在债券二级市场上转让。随着我国可运用的保险资金的增加，应该增加保险资金运用的品种还要区别财产保险与人身保险投资，以达到提高保险业的效益和保持高水平赔付能力的目标。

（二）防灾防损职能

从某种意义上来说，人类的发展史就是与各种自然灾害事故作斗争的历史。尤其是随着社会化大发展和科学技术的迅速发展，各种巨灾事故时有发生。例如，1984 年在印度中部博帕尔市近郊的美国联合碳化物公司的印度子公司，因毒气泄漏而发生的"博帕尔惨案"造成 2000 余人死亡，10 多万人受伤；各种交通事故更是频繁发生。新中国成立以来，各种自然灾害造成的经济损失达数千亿元。1987 年 5 月，东北大兴安岭特大火灾造成的直接经济损失达 5 亿元左右，保险赔款 1.2 亿元；20 世纪 90 年代的历次洪灾也给我国造成重大的财产损失。

正如前述，保险是对风险的承担和分散。作为保险经营者，为了稳定经营，有必要对风险进行分析、预测、评估，哪些风险可作为承保风险，哪些风险可进行时空上的分散，哪些风险不可作为承保风险。而人为的因素与风险转化为现实损失的发生率具有较强的相关性，通过人为的事前预防，可以减少损失的产生。由此，保险又派生了防灾防损的职能。在发达国家，保险公司的经营活动，通常是以提供损失管理服务来实现防灾防损职能的。损失管理服务的内容主要是分析潜在的损失风险、评价保险标的的风险管理计划、提出费用合理的替代方案和损失管理措施等。如美国的一些保险公司在 1893 年芝加哥大火之后聘请了一个专家调查火灾的原因，结果发现是电器毛病造成了火灾，并提出了纠正的措施。于是这些保险公司继续请他研究与电有关的火灾，并提供设施成立"承保人实验"。现在，这个组织是美国检验电器和其他产品符合安全标准的几个权威机关之一，它的缩写 UL 已成为美国公认的安全标记。UL 公司在世界许多国家和地区设有代理检验机构，在我国的北京、上海、深圳、大连等城市也设有 UL 的海外检验中心。在保险业发达的国家里，目前保险公司的防损活动已扩大到向企业提供收费的风险管理服务领域。

我国一直把维护生命和财产的安全，减少社会的财富损失作为保险经营的基本目标和提高保险社会效益和经济效益的重要途径。现在，我国保险防损工作正在实行"五个转变"，即从兼职防灾转向专职防灾，从检查型转向服务型，从完全的专家指导型转向专家指导与自身技术相结合的综合型，从被动分散应付转向主动集中管理，从单一原因分析转向项目风险管理。各家保险公司陆续设立防灾机构，配备专职防灾干部，如中国人民保险公司总公司和太平洋保险公司总公司曾设立防灾防损部，省市分公司设立了相

应的机构，专门负责规划和部署防损工作，并加强同社会各防损工作部门的横向协作。同时，通过岗位技术培训，编写各种防灾实务手册，提高防灾干部的业务素质。近年来，各家保险公司的防灾重点放在交通事故、火灾和水灾的预防工作上，积极配合公安部门认真贯彻道路交通管理条例，减少交通事故的发生率，大力推广防火安全承包责任制，使火灾损失得到有效控制，并继续加强防洪防汛工作，减轻水灾损失。

以上两种职能虽然只是保险的派生职能，但它们在保险经营中已显示出越来越重要的作用。在保险业发达的国家，投资收益已成为保险公司主要的利润来源。保险资金的运用渠道也相当广泛：可用于买卖股票、基金、房地产投资、发放贷款等多种形式。正因为如此，保险本身业务的利润可以很低甚至亏损，从而可以降低保险产品的价格即保险费率。同理，保险的防灾防损的职能在现代保险业也发挥越来越重要的作用，各保险公司的竞争将主要是防灾防损服务的竞争，只有防灾技术先进、服务质量好的企业才会被保险人接受，因此许多保险公司设立了有关部门专门从事防灾防损的研究与管理，尤其是一些跨国保险集团的管理技术达到了世界先进水平。

【专栏 3 –1】

忠诚无私的"保险防损卫士"

"商业至上"的西方世界，忠诚无私的朋友是非常难得的。但一些西方保险公司却拥有许多其貌不扬，而又忠诚无私、身怀绝技的朋友。它们以自己的勤劳敬业、恪尽职守，使其主人避免了许多经济损失，赢得了保险人和被保险人的无比信赖，被称为无须付薪的"保险防损卫士"。下面就让我们领略一下它们的风采吧。

艺高胆大的鸵鸟看护员

在美国的一些大型租车场，当他们为停在其场内的汽车投保了巨额盗窃保险之后，保险公司还要求其加强警卫力量，同时也会为其租用一批训练有素的鸵鸟担任车场看护员。由于鸵鸟生性敏捷，一旦发现形迹可疑的人就会奋勇上前、怒目直视，直到吓跑他们。窃贼若不识趣、继续胆大妄为，鸵鸟看护员就会毫不客气地狂奔而来，用强健有力的长腿猛踢、用长嘴乱啄，直到把他们赶跑。由于鸵鸟看护员勤劳敬业，被保管的汽车很少丢失，保险人自然也不用赔偿了。

恪尽职守的鹅卫士

在苏格兰的格拉斯哥市，有一家英国最大的威士忌酒厂，厂内储藏着10多亿夸脱的名酒。其中的一些陈年老酒已储存了七八十年，真可谓"滴酒成金"、价值连城。该酒厂向当地保险公司投保了相关保险后，为了防止名酒被盗，承保公司专门系统检查了酒厂的安全防卫设施，包括电脑监控系统和警卫力量的配备。

然而，警卫人员总有疏忽打盹的时候，就是电脑监控系统，在科技高度发达的今天，犯罪分子也可以利用多种手段令它们暂时失灵。为此，保险公司经过调研论证后，作了第三种准备：在酒厂周围的围墙内放养了一群训练有素的鹅。这些鹅，每只都是称职而机灵的"专业警卫员"，被人们称为"苏格兰的蓝天卫士"。它们不怕风霜雪雨、日夜巡逻放哨，忠实地守卫着酒厂。一旦发现生人，它们就会紧盯不放，进行尖厉的轮番攻击，直到叫来保安人员。

自从鹅群担任酒厂警卫之后，偷窃案件明显下降，窃贼几乎不敢再贸然行事了。实践也证明，使用鹅卫士比使用狗等动物更合算、更有效率。因为鹅的听力异常灵敏，一旦有动静，整个鹅群都会惊动起来，发出"咯咯咯"的呼叫声，从而呼唤保安人员的到来，以便赶跑或抓住偷窃者。

勇猛奇特的蝎子护宝队

盗窃事件是珠宝店最为头疼的老大难问题。但在德国南部的兰茨胡特市，有一家购买了保险的著名珠宝店却从没丢过东西。原来该店的承保公司为了减少客户的盗窃事件，特地赠送了一支勇猛奇特的蝎子护宝队。它由数十只以凶猛歹毒著称的泰国蝎子组成，每只长约三英寸，牙床能分泌剧毒液体，极为凶猛。谁若被其咬上一口，如不及时抢救，很可能命归西天。

这种蝎子经过专业训练以后，非常勤劳敬业，总是日夜巡视在贵重珠宝的周围，忠实地守卫着这些珠宝。它不仅有效地预防了妄想染指珠宝的歹徒，而且队员们个个张牙舞爪、相貌奇特，成为该店独有的一种景观，招徕了无数顾客。为此，该店经理非常高兴，逢人便夸保险公司：自从参加了保险，引进蝎子护宝队后，我的生意越做越火，这保险费再贵也是值得的。

（资料来源：唐金成：《国外保险防灾防损的奇思妙招》，载《中国保险报》，2009（8）。）

第三节　保险的作用

职能与作用是两个既有联系又有区别的概念。职能是事物的本质，作用是职能发挥过程中表现出来的具体效果。因此保险的作用可以从不同角度、不同方面予以考察。一般多从经济和社会角度来说明保险在社会经济中的作用，也可以从微观和宏观两个层面考察保险的作用。

一、保险在微观经济中的作用

保险在微观经济中的作用，主要是指保险作为经济单位或个人风险管理的财务处理手段所产生的经济效应。

1. 有利于受灾企业及时恢复生产。自然灾害和意外事故是不可避免的，这是自然规律。但是自然灾害和意外事故何时、何地发生，波及面有多广，财产受损程度如何，都是偶然的，事前难以预测。企业参加保险后，一旦遭遇灾害事故损失，就能按照合同约定的条件及时得到保险赔偿，获得资金，重新购置资产，恢复生产经营。同时，由于恢

复生产及时，还可减少受灾企业的间接经营损失。

2. 有利于企业加强经济核算。保险作为企业风险管理的财务手段，能够把企业不确定的巨额灾害损失，化为固定的、少量的保险费支出，并摊入企业的经营成本或流通费用。企业通过交付保险费，把风险转嫁给保险公司，不仅不会因灾损而影响企业生产成本的均衡，而且也保证了企业财务成果的稳定，增强了市场竞争能力，有利于企业发展。特别是有效的保险方案，会带来更好的风险评级，可大大降低风险融资的成本。总之，保险有利于减少企业由于风险损失带来的财务波动，降低成本，加强经济核算，增强市场竞争能力。

3. 促进企业加强风险管理。保险补偿固然可以在短时间内迅速消除灾害事故的影响因素，但是就物质净损失而言，仍旧是一种损失。而且被保险企业也不可能从风险损失中获得额外的利益。因此，防患于未然是企业和保险公司利益一致的行为。保险公司常年与各种灾害事故打交道，积累了丰富的风险管理经验，可以帮助投保企业尽可能地消除风险的潜在因素，达到防灾防损的目的。此外，保险公司还可以通过保险费率——价格杠杆调动企业防灾防损的积极性，共同搞好风险管理工作。

4. 有利于安定人民生活。家庭是劳动力再生产的基本单位，家庭生活的安定是人们从事生产劳动、学习、休息和社会活动的基本保证。但是，自然灾害和意外事故对于家庭来说同样是不可避免的。参加保险也是家庭风险管理的有效手段。家庭财产可以使受灾家庭恢复原有的物质生活条件。当家庭成员，尤其是工资收入者，遭遇生老病死残等意外的或必然的事件时，人身保险作为社会保险和社会福利的补充，对家庭的正常经济生活起保障作用。

5. 有利于民事赔偿责任的履行。人们在日常生产活动和社会活动中不可能完全排除民事侵权或其他侵权而发生的民事赔偿责任或民事索赔事件。具有民事赔偿责任风险的单位或个人可以通过交保险费的办法将此风险转嫁给保险公司，为维护被侵权人的合法权益顺利获得民事赔偿。有些民事赔偿责任由政府采取立法的形式强制实施，比如雇主责任险、机动车第三者责任险等。

6. 有利于提高企业和个人信用。在市场经济条件下，每个企业或个人均有遭受责任风险和信用风险的可能，被保险人通过购买责任保险便可为在保险责任范围内的损失取得经济保障，通过保证保险，则为义务人的信用风险提供了经济保障。因此企业和个人信用因购买保险提高了偿付能力，也就提高了自身的信用。

二、保险在宏观经济中的作用

1. 有助于保障社会再生产的正常进行。社会再生产过程由生产、分配、交换和消费四个环节组成，它们在时间上是连续的，在空间上是均衡的。也就是说，社会总产品的物流系统和价值流系统在这四个环节中的运动在时间上是连续的，在空间上的分布是均衡的。但是，再生产过程的这种连续性和均衡性会因遭遇各种灾害事故而被迫中断或失衡。一个企业的受灾，还将影响社会再生产过程的均衡发展。保险经济补偿职能及时和迅速地对这种中断或失衡发挥修补作用，从而保证了社会再生产的连续性和稳定性。

2. 保险极大地减少了经济个体的不确定性，促进资源合理配置。保险作为风险管理的重要方式，使社会的不稳定性随之降低。各个行业，风险不同，特别是那些高风险行业，由于其不稳定性，资源流入受阻。社会总资源的配置因此呈现不合理的状态。通过保险，各行业的风险可以较少的代价转移给保险机构，由此，在更多的被保险人之间进行分散。如果企业不参加保险，为了不因自然灾害和意外事故而使生产经营中断或萎缩，就需另外准备一笔风险准备金。这种完全自保型的风险处理手段，对单个企业来说既不经济也不可能。因此，通过保险，有限的资源得以按照社会的需要作出合理的配置，从而创造更多的社会财富。

3. 有助于财政收支计划和信贷收支计划的顺利实现。财政和信贷所支配的资金运动首先决定于生产、流通和消费。自然灾害和意外事故发生的每一次破坏，都将或多或少地造成财政收入的减少和银行贷款归流的中断，同时还要增加财政和信贷的支出，从而给国家宏观经济调控带来困难。如果企业参加了保险，财产损失得到保险赔偿，恢复生产经营就有了资金保障。生产经营一旦恢复正常，就保证了财政收入的基本稳定，银行贷款也能得到及时的清偿或者重新获得物资保证。同时，受灾企业由于得到了保险经济补偿，也就减轻甚至无须要求财政和银行信贷支持。由此可见，保险确实对财政收支平衡和信贷收支平衡发挥着保障作用。

4. 增加社会可投资资金，为社会提供长期资本来源。保险机构收取的保险费，在保险事故发生之前，累积形成基金。这是一笔巨额的社会资产，对金融市场的发展有着举足轻重的影响。特别是寿险公司所提的责任准备金，其绝大部分要投资于金融市场，常常是投资于有价证券或不动产抵押贷款，形成长期资本的重要来源，由此极大地促进着经济的发展。而且，由于保险机构为社会提供了专业的保险服务，能够源源不断地获得新的保费资金以保持稳定、连续的运营。于是，因为新资金的不断流入使它们一般不必变现现有资产就可以实现赔偿或给付，这更加强了其可投资资本的长期性。

5. 减少人们对未来的顾虑，由此刺激消费和促进投资。人们通过购买保险的方式，以确定的保费成本换取对未来的保障。人们在免除了对未来的担忧之后，可以大大减少个人对未来的这些不确定事件而做的储备。由此可以极大地刺激消费者购买商品的愿望，特别是促进社会资金进入充满风险的投资领域。于是，社会经济的稳定发展因之而得到促进。

6. 推动贸易和商务的发展。许多产品和服务的生产和销售必须承担与产品质量或服务质量相关的责任，当质量发生问题或给消费者带来损失时予以一定的赔偿。保险为这些相关的责任风险提供了便利。比如出口信用保险为出口商提供了债权损失的经济补偿责任；履约保证保险为债权人提供了履约担保；产品质量保证保险为消费者提供了产品质量问题上的经济补偿承诺。可见，保险能够推动贸易和商务的发展。

7. 增加外汇收入、增强国际支付能力。保险在对外经济贸易和国际经济交往中，是必不可少的环节。按照国际惯例，进出口贸易都必须办理保险。保险费与商品的成本价和运费构成进出口商品价格的三要素。一国出口商品时争取到岸价格，即由卖方在本国保险公司投保，就可以赚取到保险外汇收入。相反，在进口商品时争取离岸价格，即由

买方负责保险，则可以减少保险外汇支出。保险外汇收入是一种无形贸易收入，对于增强国家的国际支付能力起着积极的作用，历来为世界各国所重视。

8. 有利于科学技术向现实生产力的转化。社会发展离不开科技，尤其是随着全球经济的日益一体化，采用高新技术比采用落后的技术显然具有更高的劳动生产率，高新技术的竞争就是商品和市场的竞争。但高新科技常常伴随着巨大的风险。一般的企业或其他经济单位无法独立承担其可能发生的巨大损失。保险则可以对采用的新技术风险提供保障，为企业开发新技术、新产品以及使用专利解除后顾之忧，由此促进了新技术的推广应用。

【本章小结】

关于保险的性质，各流派的主要观点大致分为损失说、非损失说和二元说。

损失说认为保险产生的最初目的，是要解决物质损害的补偿问题，它是以海上保险为渊源的。从损害补偿这个角度来研究保险补偿机制，有损失赔偿说、损失分担说、风险转嫁说以及人格保险说。

非损失说认为：保险应该有一个统一的性质，既然损失保险说不能涵盖人身保险，那么就在损失概念以外另寻解释，因此，就产生了非损失说的流派。

二元说可分为否定人身保险说和择一说。"二元说"论者认为：财产保险与人寿保险不可能统一在一个单独的定义中，保险合同或者是损失补偿合同，或者是以给予一定金额为目的的合同，二者只能择一或只坚持前者而否定后者。因此，将财产保险和人寿保险分别定义，认为保险合同是当事人一方约定当偶然事件发生时对于对方承担损害补偿义务或给付保险金或年金义务的合同。前者为损害保险，后者为人寿保险，或以损失概念定保险，只承认有损害保险，而没有人身保险。

保险的本质是指保险的社会属性，它与保险的自然属性不同。根据保险经济现象的质的规定性，可以把保险的定义概括为："保险是集合具有同类风险的众多单位或个人，以合理计算分担金的形式，实现对少数成员因自然灾害或意外事故所致经济损失的补偿行为。"

对保险的职能有不同的认识，有单一职能说、双重职能说、多重职能说和基本职能说。基本职能说的观点将保险的职能分为基本职能和派生职能。保险的基本职能包括分散风险职能和经济补偿职能。它们是保险的两个基本职能。分散风险是经济补偿的前提和手段，补偿损失是分散风险的目的。保险的派生职能是在保险固有的基本职能基础上发展的，归根到底，是伴随着保险分配关系的发展而发展的。

一般多从经济和社会角度来说明保险在社会经济中的作用，也可以从微观和宏观两个层面考察保险的作用。

【关键术语】

损失说　　非损失说　　二元说　　保险　　保险本质　　风险分散职能

经济补偿职能　　融资职能　　防灾防损职能

【复习思考题】

1. 比较并评论"损失说"、"非损失说"、"二元说"。
2. 分析保险的基本职能。
3. 简述保险的派生职能。
4. 分析保险的宏观作用。
5. 简述保险的微观作用。
6. 比较保险和银行的性质和职能差异。

第四章

保 险 合 同

【本章提示】

保险合同是保险经济关系建立的法律协议。本章是《保险学》原理部分重要组成部分，对保险法律性特征进行详细阐释。本章中心内容：保险合同概念及其特征；保险合同要素及基本内容；伴随保险经济关系变化，保险合同所发生的订立、生效、履行、变更与终止等法律关系变化；保险合同争议处理。保险合同是保险交易双方确定保险经济关系的重要法律文件，它维护了保险经济行为的法律严肃性、公正性和科学性，对双方均有约束力。通过本章的学习，读者可掌握与保险经济行为相关的法律知识，同时也了解保险合同具体操作内容，为以后的学习铺垫必要的基础知识。本章末尾罗列了两个险种的完整条款，以利读者理解保险合同的内容。

第一节　保险合同及其特征

一、保险合同的概念

合同是平等主体的自然人、法人、其他组织之间设立、变更、终止民事权利义务关系的协议。①这种协议通过法律确认的方式，使现实经济生活中的某些社会关系成为民事权利义务的法律关系，由国家法律的强制力保证其实现。

保险合同又称保险契约，是指保险关系双方当事人之间订立的在法律上具有约束力的一种协议。《中华人民共和国保险法》第十条中定义："保险合同是投保人与保险人约定保险权利义务关系的协议。"根据保险双方当事人的约定，投保人负有支付保险费的义务；保险人在保险标的发生约定事故时，承担经济损失补偿责任，或者当约定事件发生时，承担履行给付保险金义务。保险合同定义明确了合同的性质是协商产生的协议；明确了当事人主体是投保人和保险人；明确了合同内容是保险权利义务关系。

---

① 《中华人民共和国合同法》第二条。

二、保险合同的特征

保险合同是合同的一种形式，适用《中华人民共和国合同法》和《中华人民共和国保险法》的有关规定。其应遵循一般合同的平等、自愿、公平、诚实信用、公共利益和协商一致的原则。同时必须具备一般合同的法律条件。第一，保险合同的当事人必须具有民事行为能力。第二，保险合同的订立是双方当事人意思表示一致的法律行为，而不是单方面的行为。任何一方都不能把自己的意志强加给另一方；任何单位或个人对当事人的意思表示不能进行干预。第三，保险合同必须合法。其合法性包括主体合法、客体合法、内容合法、订立程序合法。任何自然人、法人、其他组织不能利用合同进行违法活动，损害他人或社会公共利益。不合法的合同，即使订立，在法律上也是无效的。保险合同只有具备合法性，才能得到法律的保护。

保险合同除具有合同的一般性质以外，还具有其自身的法律特征，主要表现如下：

（一）保险合同是双务性合同①

根据当事人的权利义务，合同分为双务合同和单务合同。当事人一方发生义务，另一方只享有权利的合同为单务合同。赠与合同是典型的单务合同。捐赠方只有捐赠的义务，而受赠方只享有权利。与单务合同相对应的是双务合同。双方当事人都享有权利和承担义务的合同为双务合同。双务合同中，一方的权利即一方的义务。保险合同是双务性合同。因为，保险双方均享有相应的权利和承担义务。保险人收取投保人交付的保险费，在约定保险事故发生时承担经济赔偿或给付保险金义务；投保人履行支付确定的保险费的义务，享有当不确定的风险事故损失时的经济补偿权利。

（二）保险合同是射幸性合同

"射幸"一词是传统民法的术语，就是偶然、不确定的意思。射幸合同是指当事人在签订合同时不能确定各自的利益或结果的协议。保险合同在订立时，投保方交付保险费是确定的，而保险人是否履行赔偿或给付保险金的责任取决于偶然的、不确定的自然灾害、意外事故的发生。这是保险风险的不确定性在合同中的体现。在保险实践中我们会看到这样的事实：在保险合同期限内，就被保险人而言，如果保险标的发生损失，并属于保险责任，则可从保险人处取得可能远远超出其所支付保险费的保险赔偿金；如果没发生保险损失，则被保险人的财务体现为只支出了保险费而没有得到经济补偿，其实质的经济含义是得到了经济补偿承诺。就保险人而言，情况相反。当保险事故发生时，则保险人履行赔偿保险金的义务；当保险事故没发生时，则保险人只享有收取保险费的权利，而无赔偿的责任。这里需要指出的是，这是就观察单一保险合同而言，具有射幸性质。但是保险合同的射幸性与其他的射幸合同是截然不同的。这是基于保险的目的，在于社会互助，运用风险分散原理，得到经济补偿以解除后顾之忧。在保险运行中有保险利益、最大诚信、损失补偿方式的限制，以保证社会经济秩序和公众利益这点显然不

---

① 关于这一点，学术界有不同看法。例如，有人认为，在保险合同中，只有保险人向被保险人作出法律上要强制执行的许诺，因而保险合同是单务合同。

同于其他射幸合同。但是对全部保险合同而言，收取保险费与保险赔偿金，原则上收支平衡，建立在精确的数理计算基础，而不存在射幸性。

保险合同射幸性特征是由于保险风险的偶然性特点决定的，在财产保险合同中体现得尤为突出。在人寿保险合同方面，由于大部分寿险合同具有两全保险性质，加之寿险的储蓄性，因此射幸性特征不明显。保险人给付赔偿金的义务基本是确定的，只是在一个相对较长的时期内兑现。

（三）保险合同是一种附和性合同

附和合同是与协商合同相对应的概念。协商合同是双方当事人在意愿一致的基础上形成的，而附和合同是由一方当事人拟订合同的主要内容，另一方当事人只能对合同作出取舍的选择，无权修改合同的内容或条款。保险合同是附和性质的合同。投保人在投保时，按照保险人已经拟定好的统一保险单和保险条款及相关规定，与保险人签订保险合同。保险合同中的具体保险条款都是保险人根据以往的经验和统计资料，经过综合分析而制定的，投保人要么同意接受，要么不同意投保，一般没有修改某项条款的权利。如果有必要修改或变更保单的某项内容，通常也只能采用保险人事先准备的附加条款或附属保单，而不能完全依照投保人的意思改变条款。

当然，并不是所有的保险合同都是附和合同。有些特殊险种的合同也采取双方协商的办法来签订。所以，保险合同不是典型的附和合同，而是具有附和合同的性质。保险合同具有附和合同的性质的原因在于：保险人掌握保险技术和业务经验，投保人往往不熟悉保险业务，因而很难对条款提出异议。

（四）保险合同是对价有偿合同

根据当事人是否因给付而取得利益，将合同分为有偿合同与无偿合同。享有合同权利而必须付出对价的合同为有偿合同。反之为无偿合同。保险合同是有偿合同。保险合同双方当事人在合同中享有的权利，是基于付出一定的代价为条件。投保方支付保险费予保险方，保险方承诺约定保险事故发生时承担相应的补偿或给付责任。有偿合同分为等价有偿合同和对价有偿合同。等价有偿合同是指合同当事人所获得的利益与付出的代价完全相等。购物合同是等价合同。对价有偿合同是指合同当事人所得的利益与其付出的代价并不完全相等。在保险合同中，投保人的代价是支付保险费，保险人的代价是承担约定的风险。具体到某一保险合同，保险费与保险赔偿、给付金额不是等价的。未发生保险事故的合同，只支付保险费未得到赔偿，其所获得的是安全保障对价；发生保险事故的合同，所获得的赔偿或给付金额远远大于其支付的保险费。全部保险合同，由于保险风险的价值是建立在过去以往一定时间，风险发生和损失规模的规律，科学地计算出来的，相对合理。因此，同质风险的保险合同总体的保险费收入与保险金支出，在一定时期内是大致相等的。由此显然证明，保险合同是对价有偿合同。

（五）保险合同是属人性合同

保险合同的属人性主要体现在财产保险合同中，其含义是：保险合同所保障的并不是财产本身，而是承保财产所有人的损失。由于个人的禀性、行为将极大地影响到保险标的发生损失的可能性和严重性，因此，保险人必须根据不同投保人的条件以及投保财产状况来决定是否承保或调整承保条件。正因为财产保险合同是属人性合同，所以，未经保险人同意，投保人在转让自己财产的同时，不能同时转让其保险合同。

【专栏4-1】

世界保险契约溯源

1. 世界上迄今发现的最古老的保险契约，是1347年10月23日，由意大利商人乔治·勒克维伦出立的一张船舶航程保险单。承保"圣·克勒拉"号商船从热那亚到马乔卡的保险。

2. 世界上最早和具有典型现代意义的保险契约，是1384年由意大利商人签订的一份比萨保险单。承保了从法国阿尔兹到意大利的一批比萨运输保险。

3. 世界上迄今发现的最古老的再保险契约，是1370年由意大利海上保险人签发的转嫁风险的保险合同。

4. 世界上最早的人身保险契约，是1583年由伦敦皇家交易所、属于保险行会的16名保险商共同签发的一份人身保险合同。

5. 世界上最早的种植业保险契约，是1797年由英国克伦堡雹灾保险协会首次签发的。

6. 世界上最早的商业分保契约，是1821年由巴黎国民保险公司和布鲁塞尔业主联合保险公司签订的。

7. 世界上第一张盗窃保险契约，是1887年由英国的劳合社设计并签发的。

8. 世界上第一张正规的汽车保险契约，是1901年由英国的劳合社设计并签发的。

9. 世界上最早的飞机保险契约，是1910年由英国的白十字协会设计并签发的。

10. 世界上第一份航天保险契约，是1965年由美国航空保险商联合签发的。承保了美国"晨鸟号"卫星及其发射工具的保险。

11. 世界上保险金额最大的人寿保险契约，是1982年2月由美国加州的"横贯美洲西方人寿保险公司"为一名叫维克多·尤易的土地开发商签发的保险单，其保险金额高达4400万美元。

12. 世界上第一张人道主义保险契约，是2006年3月由法国安盟保险公司向联合国世界粮食署签发的。该保单专门为东非国家的旱情提供保险保障，如在2006年3—10月埃塞俄比亚农作物发生大旱，保险公司向旱区提供700万美元的应急赔偿费用。

（资料来源：唐金成：《世界保险契约溯源》，载《中国保险报》，2007年8月13日。）

第二节 保险合同的分类

依据不同的标准，可对保险合同作不同的分类。

一、财产保险合同与人身保险合同

根据保险标的的不同，可将保险合同分为财产保险合同与人身保险合同。财产保险合同是指以财产及其有关利益为保险标的的保险合同，而人身保险合同是指以人的生命、身体和健康作为保险标的的合同。

财产保险合同与人身保险合同的主要区别体现在二者的理论基础不同。财产保险合同以损失补偿作为理论基础。财产和利益的价值可以用货币来衡量，财产保险的目的就是在人们遭受到财产和利益损失之后，通过保险补偿，使其恢复到损失发生之前的状态。因此，财产保险合同属于"补偿性合同"，适用"损失补偿原则"以及由此派生的代位追偿原则和重复保险分摊原则。然而，人身保险合同无法以损失补偿作为理论基础，因为人的生命、身体和健康的价值是无法用货币来衡量的。通常而言，人身保险合同的保险金额是以被保险人的人身保障需要、投保人的缴费能力等而确定的。当被保险人发生约定的保险事故时，保险人将按照约定对被保险人或受益人进行一定的给付，这种给付在性质上并不是对物质损失的一种经济补偿，而是一种定额给付，因此也不能适用"损失补偿原则"及其派生原则[1]。

二、定值保险合同与不定值保险合同

根据保险标的的价值是否确定为标准，可将保险合同分为定值保险合同和不定值保险合同。

定值保险合同是指保险合同双方当事人事先确定保险标的的保险价值，并在合同中载明，以确定保险金最高限额的保险合同。定值保险合同成立后，如果发生全部损失，则无论保险标的的实际损失如何，保险人均应按照此前所约定的保险金额进行全部赔付，而不必重新估价；如果发生部分损失，则需以约定的保险金额为基础，按照损失的比例进行相应赔付。定值保险合同具有手续简便、理赔方便的优点，多适用于以艺术品、古董、矿物标本等不易确定价值的财产作为保险标的的情形。另外，在货物运输中，由于货物在不同时间和地点的价值存在差异，为避免由此产生的争议，货物运输保险也经常采用定值保险合同。

不定值保险合同是指保险双方当事人对保险标的不预先确定其价值，而在保险事故发生后再估算价值、确定损失的保险合同。在不定值保险合同成立后，当事人双方需将保险标的出险时的实际价值与约定的保险金额进行对比，然后根据足额保险、不足额保险、超额保险的情形进行赔偿。一般财产保险，比如火灾保险，都采用不定值保险合同的形式。

定值保险合同和不定值保险合同是针对财产保险合同而言的。在人身保险中，保险标的的价值是由当事人双方共同约定的，属于定额保险。

---

① 人身保险中的一些健康保险产品，比如报销型医疗费用保险可以适用"损失补偿原则"。

三、足额保险合同、不足额保险合同与超额保险合同

在财产保险合同中，根据保险金额和保险价值的关系，可将保险合同分为足额保险合同、不足额保险合同与超额保险合同。

足额保险合同是指保险金额与保险价值相等的保险合同。在足额保险合同成立后，当保险标的发生全部损失时，保险人应依据保险价值进行全部赔偿；当保险标的发生部分损失时，保险人按照实际损失金额进行赔付。

不足额保险合同是指保险金额小于保险价值的保险合同。对于不足额保险合同，如果被保险人遭受保险责任范围内的损失，是不会获得充分补偿的。一般来说，在不足额保险合同中，保险人的赔偿方式有两种：一是比例赔偿方式，即按照保险金额与财产实际价值的比例计算赔偿方式，也即赔偿金额 = 保险金额与保险价值的比例 × 损失金额。二是第一危险赔偿方式，也即在保险金额的限度内，按照损失多少，赔偿多少的原则进行；而对于超过保险金额的部分，则保险人不负赔偿责任。

超额保险合同是指保险金额超过保险标的价值的保险合同。对于超额保险合同，由于被保险人所获得的赔偿金额可能超过实际损失，容易诱发道德风险，因此各国保险立法均对其加以严格限制。对于恶意超额保险合同，各国法律一般规定，凡投保人企图以此来获得不法利益的，保险合同全部无效；如果由此造成了保险人的损失，投保人应负损害赔偿责任。

四、单个保险合同与团体保险合同

根据保险标的的数量不同，可以将保险合同分为单个保险合同和团体保险合同。

单个保险合同，是指以一人或一物为保险标的的保险合同，又称单独保险合同。大多数保险合同都是单个保险合同。

团体保险合同，是集合多数性质相似的保险标的，而每一保险标的分别定有各自的保险金额的保险合同。例如，在财产保险中，投保人以寄存于仓库的许多货物为保险标的而订立的火灾保险合同属于团体保险合同。在人身保险中，以同一雇主或团体的全部或部分受雇人作为被保险人签订的保险合同也属于团体保险合同。

五、指定险保险合同与一切险保险合同

根据保险人所承保风险的范围不同，可将保险合同分为指定险保险合同和一切险保险合同。

指定险保险合同是指保险人承保一种或几种风险的保险合同。在指定险保险合同中，保险人一般在保险条款中都明确列举所承保的风险。保险人仅承保一种风险的保险合同，称为单一风险保险合同；承保数种风险的保险合同，称为多种风险保险合同。在实践中，多重风险保险合同越来越普遍，而单一风险保险合同越来越少。比如火灾保险，已经不再单纯以火灾为承保风险，还拓展到雷电、洪水、暴雨、爆炸等风险。

一切险保险合同是指保险人承保除"除外责任"以外的一切风险的保险合同。任何

未列入"除外责任"条款中的风险，都属于承保风险。一切险保险合同所承保的风险具有广泛性，其主要优点在于责任明确、易于理赔，因此得到了广泛的发展。

六、原保险合同与再保险合同

根据保险人所负保险责任的次序为标准，可将保险合同分为原保险合同和再保险合同。

原保险合同是指保险人与投保人之间订立的保险合同。原保险合同是相对于再保险合同而言的，如无再保险合同，也就无原保险合同之称。为了区分方便，也可以将原保险合同称为第一次保险合同，而将再保险合同称为第二次保险合同。

再保险合同是指保险人在原保险合同的基础上，通过签订协议，将其所承担的部分风险和责任转移给其他保险人而订立的保险合同。合同双方分别称为原保险人（或分出人）和再保险人（或分入人）。

七、为自己利益订立的保险合同与为他人利益订立的保险合同

根据订立保险合同是为谁的利益为标准，可将保险合同分为为自己利益订立的保险合同和为他人利益订立的保险合同。

为自己利益订立的保险合同，是指投保人为自己设立权利和义务，从而享有赔偿请求权的保险合同。一般包括两种情形：一是投保人自己为被保险人，而未另行指定受益人；二是投保人以他人为被保险人，而指定自己为受益人。

为他人利益订立的保险合同，是指投保人不自行享有赔偿请求权的保险合同。一般有三种情形：一是投保人自己为被保险人，而指定他人为受益人；二是投保人以他人为被保险人，而又另行指定受益人；三是投保人以他人为被保险人，而未另行指定受益人。

第三节　保险合同的要素

任何合同法律关系都包括主体、客体和内容三个不可缺少的要素。保险合同同样是由这三个要素组成的。保险合同的主体包括当事人和关系人。保险合同的客体是保险利益。保险合同的内容是合同中具体的当事人双方的权利义务事项，是合同主体之间享有权利、承担义务的基础。

一、保险合同的主体

合同的主体是指在合同中享有权利、承担义务的人。保险合同主体中的当事人为保险人和投保人；关系人为被保险人、受益人和保单所有人。

（一）保险合同的当事人

1. 保险人。保险人又称承保人，即保险业务的经营人，是保险合同的一方当事人。

保险人作为保险合同的一方主体，在保险合同中享有收取保险费的权利，同时约定当发生保险事故时，承担损失赔偿或给付保险金的责任。保险人必须是法人，各国法律一般都有此规定，自然人不能从事保险经营。这就从准入条件上把握住了合同主体的法律合格。我国《保险法》第十条指出："保险人是指与投保人订立保险合同，并按照合同约定承担赔偿或者给付保险金责任的保险公司。"由此表明在我国经营保险业务的只能是保险公司。我国《保险法》第六条规定："保险业务由依照本法设立的保险公司以及法律、行政法规规定的其他保险组织经营，其他单位和个人不得经营保险业务。"各国政府对保险公司的设立都有相应的法律规定，以确保保险经营的稳定性，保证社会公众的利益。世界上各国的保险人均是法人资格，我国也不例外，只有英国的劳埃德保险社团（劳合社），既有独立的自然人作为它的承保人，又有法人承保人。

依据我国《保险法》规定，财产保险与人身保险分业经营，各保险公司必须在规定的业务范围内经营。同一保险人不得同时兼营财产保险业务和人身保险业务①。保险公司的业务范围由金融监督管理部门核定。保险公司只能在被核定的业务范围内从事保险经营活动。

2. 投保人。投保人又称要保人，是指对保险人订立保险合同，并按照保险合同负有支付保险费义务的人，对保险标的具有保险利益，是保险合同的一方当事人。自然人和法人均可以作为投保人。在保险实践中，投保人通常应具备一定的条件。

（1）应当具有完全的民事权利能力和行为能力。保险合同关系是一种民事法律关系，与一般合同法律行为一样，要求当事人具有完全的民事权利能力和行为能力。这是主体合格的法律要件，不论法人和自然人均必须具备。民事权利是指民事主体依法享有民事权利和承担民事义务的资格；民事行为能力是指民事主体通过自己的行为行使民事权利或者履行民事义务的能力。民事权利能力是民事行为能力的前提。民事主体包括自然人、法人和其他组织。自然人的权利能力自出生就开始具有，但行为能力则根据不同的情况有所不同。我国《民法通则》规定，年满 18 周岁且不属于不能辨认自己行为的精神病人，都是具有完全行为能力的自然人；10 周岁以上未成年人和不能完全辨认自己行为的精神病人，属于限制行为能力人；10 周岁以下未成年人和不能辨认自己行为的精神病人属于无行为能力人。具有完全行为能力的自然人可以订立一切法律允许自然人作为合同主体的合同。限制行为能力的自然人，只能订立一些与自己的年龄、智力、精神状态相适应的合同，其他的合同只能由其监护人代为订立。无行为能力人的自然人不能作为合同主体，如果需要订立合同，只能由其法定代理人代为订立。但是，对于那些纯获法律上的利益而不承担任何义务的合同，限制行为能力的自然人和无行为能力的自然人则可以作为合同主体。因为他们得到的只是利益，而不会遭受损害。投保人在合同中承担支付保险费义务，因此法律要求其是具有完全行为能力的自然人。限制行为能力和无行为能力的人不能作为投保人签订保险合同。

法人的民事权利能力和民事行为能力与法人同时产生，当法人消失时同时消失。其

---

① 在保险集团的经营模式下，严格的分业经营事实上已经被突破。

民事权利能力与民事行为能力完全一致。因此，法人、其他组织均可以其名义订立保险合同，成为投保人。

投保人法律资格的规定，保证了合同双方都能对签订的合同达到充分的理解和意思表示一致，保证了合同的有效性。

（2）投保人必须对保险标的具有保险利益。保险利益是指投保人对保险标的具有的法律上承认的利益。这是《保险法》对投保人的特殊法律要求。投保人如果不具有保险利益，则不能与保险人订立保险合同；即使订立保险合同也是无效合同，不产生法律效力。各国保险实践均对此作出明确的法律规定。投保人既可以为自己的利益投保也可以为他人利益投保。投保人为他人利益投保时必须征得他人同意，才能确定保险利益的存在。

（3）投保人必须承担支付保险费的义务。缴纳保险费是投保人的主要义务，不论投保人是为自己利益还是他人利益订立保险合同，投保人都要承担支付保险费的义务。在保险实务中，保险合同的关系人有时代为缴纳保险费，这只是代付保险费的性质，并不表明保险合同的关系人有缴纳保险费的义务。投保人作为保险合同的一方当事人订立保险合同，其主要目的是，当保险事故发生时，享有保险金请求权。投保人的经济动机有下列几种情况。

第一，为自己的利益投保。投保人以自己的名义，为自己的不确定的损失能够得到经济补偿而订立保险合同。保险合同一经订立所产生的权利义务，归投保人自己享有与承担。投保人一方面负有交付保险费的义务，另一方面则享有保险金请求权。在财产保险合同中，投保人是保险标的所有人、保管人、承包人、经营人和抵押权人时而订立的保险合同，就会产生这种权利义务同归投保人的情况。

第二，为他人的利益投保。投保人以自己的名义，为他人的利益与保险人订立保险合同。此时保险合同所产生的权利，应属于财产利益的所有人即被保险人，投保人仅负有缴纳保险费的义务。企业工会为其职工投保家庭财产保险，企业工会承担缴纳保险费的义务，是投保人；职工是家庭财产的主体，在合同中属于被保险人，享有保险金请求权。此时权利与义务分属于投保人和被保险人两个主体。在人寿保险合同中，投保人以他人的生命为保险标的，作为被保险人，必须经被保险人同意，特别是以死亡为给付保险金条件的合同，必须经被保险人同意，否则保险合同无效。对此各国立法不同，大陆法系国家主张同意主义，英美法系国家主张利益主义。我国《保险法》第三十四条规定："以死亡为给付保险金条件的合同，未经被保险人同意并认可保险金额的，合同无效。"依照以死亡为给付保险金条件的合同所签发的保险单，未经被保险人书面同意，不得转让或者质押。

第三，兼为他人与自己的利益投保。投保人既为自己利益也为他人利益，与保险人订立保险合同。保险财产属于几个合伙人共有，其中一人与保险人订立保险合同。作为投保人其承担缴纳保险费的义务，同时，其又作为被保险人享有保险金请求权。此时权利义务属于同一主体，其他财产合伙人均属于被保险人，同样享有保险金的请求权。

（二）保险合同的关系人

1. 被保险人。被保险人是指其财产或人身受保险合同保障，享有保险金请求权的人。法律对被保险人的资格没有严格限定。一般而言，在财产保险中，被保险人可以是自然人，也可以是法人。在人身保险中，被保险人只能是有生命的自然人。已经死亡的人、法人或其他民事法律主体不能成为人身保险的被保险人。在自然人中，无民事行为能力与限制民事行为能力的人可以作为被保险人。对此我国《保险法》第三十三条、第三十四条有明确规定：在以死亡为保险金给付条件的保险合同中，除父母为其未成年子女投保人身保险外，不得以无民事行为能力的人为被保险人，投保人不得为其投保，保险人也不得承保。这种以法律条款进行限制，就是对无民事行为能力人的特别保护。因为无民事行为能力人不能以自己的名义或行为从事民事活动，只能由其法定代理人代为从事民事活动，如果不加以法律限制就容易诱发道德风险。

被保险人应具备的条件包括：

（1）被保险人必须是保险合同保障的人。保险合同订立的经济目的就是当保险事故发生能够得到保险保障。只有与保险标的有经济利益的人才具有资格取得保险保障。保险标的只是风险损失的载体，被保险人才是经济损失的主体，是受保险保障的主体。

在保险实务中，财产保险中的被保险人是财产标的的经济利益主体。当财产完好时，被保险人的利益可以正常实现。当财产损失时，被保险人的正当利益受到影响，通过保险合同的保障，可以使损失的经济利益得到补偿。在人身保险中，被保险人是以自己的生命或身体作为保障的对象，当发生约定的死亡、伤残、疾病或达到约定年龄、期限时，可以从保险合同中获得相应给付保险金的保障。在责任保险中，被保险人由于违约或侵权的责任产生经济上的额外支出，保险合同可以补偿相应的经济赔偿，使被保险人得到经济保障。在信用保险中，被保险人可以将债务人的违约风险转嫁给保险人，由保险合同来保障被保险人的债权利益。在保证保险中，被保险人作为债务人，将自己的履约信用，由保险合同作担保，从而提高被保险人的商务信用。

（2）被保险人是保险事故发生时遭受损害的人。保险事故一旦发生，被保险人的利益必然受到损害。这一点在财产保险与人身保险中体现的不相同。在财产保险中，被保险人应是财产的所有人或相关的权利人，在保险合同中体现为与保险标的有关的所有人或经济权利人。因此当保险标的发生损失时，必然遭受损害。而人身保险中，被保险人是以自己的生命或身体为保险标的的人，因此当保险标的发生损失，必然遭受伤害。

（3）被保险人是享有保险金请求权的人。被保险人因保险事故发生，遭受经济损失，自应享有赔偿请求权，以弥补经济损失。在财产保险与人身保险实务中两者体现的不同。在财产保险中，保险事故发生往往只是损害财产，被保险人常常安然无恙，被保险人自己行使保险金请求权；若被保险人不幸在保险事故中遇难，保险金请求权由其法律继承人继承。在人身保险中，生存保险的保险金请求权属于被保险人自己；死亡保险的保险金请求权由其受益人行使，未指定受益人的，由被保险人的法定继承人行使。

被保险人与投保人可以为同一人，也可以分属两人。当投保人为自己利益订立保险合同，保险合同一经订立，投保人即转换为被保险人。当投保人为他人利益订立保险合同，投保人和被保险人分属两人。保险标的的所有人是被保险人，自然由被保险人享有领取保险金的请求权。在人身保险中亦然。

2. 受益人。受益人是指人寿保险合同中由被保险人或投保人指定的享有保险金请求权的人，也即指定领受保险金的人，故又称保险金受领人。受益人应具备两个条件：一是受益人享有保险金请求权；二是受益人由投保人或被保险人所指定或约定并在合同中注明的人。

在保险实务中，就财产保险合同而言，被保险人是财产损失的主体，被保险人自己领取保险赔偿金，一般不规定受益人。人寿保险合同中一般有受益人规定，受益人是寿险合同的特有主体，其地位特殊。受益人有如下特征：

（1）受益人的法律资格。受益人可以是任何人，法律上没有资格限制。自然人、法人及其他合法的经济组织可作为受益人。自然人中无民事行为能力人、限制民事行为能力人，甚至未出生的胎儿等均可被指定为受益人。受益人必须在请求保险金时生存，无生命的人不能指定为受益人。投保人、被保险人都可以作为受益人。

（2）受益人的产生。受益人产生于由被保险人或投保人约定、指定或法定的法律程序。约定即受益人由被保险人或投保人约定。指定即保险合同未约定受益人或约定但未确定，均由投保人指定。法定即合同如未约定，也未指定受益人，此时，其法定继承人为受益人。被保险人或投保人确定受益人只要符合法律程序，不受其他任何人的干涉。但是，投保人确定或变更受益人需经被保险人同意，并书面通知保险人。当被保险人为无民事行为能力或限制民事行为能力的人时，可以由其法定监护人指定受益人。如果没有指定受益人，在被保险人死亡时，由其继承人领受保险金。

（3）受益人的人数。受益人可以是一人或数人。受益人为数人时，被保险人或者投保人可以确定受益顺序和受益份额；未确定受益份额的，受益人按照相等份额享有受益权。

（4）受益人的权利。受益人的权利是指受益权。受益权是一种期待权，而不是现实的债。只有在被保险人死亡后才能享受。受益人不能支配受益权。受益权的权限只是领受保险金。对于保险费返还、责任准备金返还和利益分配的请求权属于投保人，受益人无权。受益权的取得属于原始取得权，而不是继承取得权。虽然从时间看，两者均是在他人死后受益，但是两者的经济性质不同。受益权具有排他性，其他人都无权干预。受益人领取的保险金不是遗产，不用偿还被保险人生前债务。继承权则为继承遗产，具有在继承财产范围内为被继承人偿还债务的义务。受益人无权擅自转让受益权。如欲转让他人需满足下列条件：一是保险合同中注明允许转让；二是经投保人和被保险人同意。否则不能转让。之所以加以限制，原因是人寿保险合同的受益人如自由转让其权利于他人，容易诱发道德风险，也不能达到投保人使受益人受益的初衷，所以不得不加以限制。如果受益人故意造成被保险人死亡、伤残或者疾病的，或者故意杀害被保险人未遂的，丧失受益权；受益人先于被保险人死亡的，受益权消失；受益人与被保险人在同一事件中死亡，且不能确定死亡先后顺序的，推定受益人死亡在先，受益权也丧失；受益人依法丧失受益权的，受益权消失；受益人放弃受益权的，受益权消失。

（5）受益人的变更。受益人变更是投保人或者被保险人在保险合同期内，变更受益人。在人寿保险合同中，受益人的指定分为"固定的指定"和"不定的指定"两种。"固定的指定"是指受益人经指定后为固定的，不得变更，投保人对其保险利益放弃处分权。"不定的指定"是指受益人经指定后，投保人主张其对保险利益的处分权，可以变更受益人。在法律上以"不定的指定"为原则，以"固定的指定"为例外。由于人寿保险多为长期性合同，时过境迁之事常有，应允许投保人对其保险利益的主张权，变更受益人。投保人行使保险利益的处分权，变更受益人，是投保人对于受益人的变更权，变更权属于形成权。投保人变更受益人虽然无须保险人同意，但应书面通知保险人，以保证变更后的受益人的权益。

（6）受益人的义务。受益人在人寿保险合同中唯一的义务就是，当保险合同约定的事故发生时，及时通知保险人，不承担任何其他的义务。这也说明受益人在人寿保险合同中的独特法律地位。

【案例 4 – 1】

受益人指定不明的，出险后保险金如何给付？

2005 年，尚处于单身期的朱先生以自己为被保险人投保了某保险公司的两全保险，保险期限为 20 年，保险金额为 40 万元。在身故受益人一栏中，填写为"法定"。2008 年 9 月，朱先生结婚。2008 年 11 月，朱先生因意外身故。在保险公司赔付 40 万元时，朱先生的母亲认为该笔保险金应当属于自己，而朱先生的新婚妻子认为自己作为朱先生的继承人也应享有保险金。二人遂起争议。

法院审理后认为，在人身保险合同中，如果受益人栏只填写"法定"字样或者不填写的，视为受益人指定不明而无法确定，保险金作为被保险人的遗产，由其继承人继承。根据《继承法》第十条的规定，遗产按照下列顺序继承：第一顺序：配偶、子女、父母。第二顺序：兄弟姐妹、祖父母、外祖父母。继承开始后，由第一顺序继承人继承，第二顺序继承人不继承。没有第一顺序继承人继承的，由第二顺序继承人继承。在本案中，朱先生的妻子和母亲都是朱先生遗产第一顺序的继承人，如果没有其他第一顺序继承人的，由其妻子与母亲依照《继承法》的相关规定共同分配保险金。

3. 保单持有人。保单持有人又称保单所有人，是拥有保单各种权利的人。保单持有人的保单权利一般包括：变更受益人的权利；保单转让权；保单质押权；保险费返还请求权；责任准备金返还请求权；保单利益分配请求权；保险合同解约权；指定新的所有人的权利等。保单持有人在订立保险合同时产生，他可以是个人，也可以是一个组织机构。

保单持有人的概念主要适用于人寿保险合同。人寿保险合同具有期限长和储蓄性的重要特征。寿险保单的现金价值随着时间的推移不断增值，保险合同的利益涉及投保人、被保险人和受益人各方，在经济利益驱动下，谁拥有保单的处置权的意义就显得十

分重要。因此明确保单持有人非常重要，有利于协调保险合同主体之间的利益，保证各方的权益。

财产保险合同一般为一年期，保单不具有现金价值性质。保险合同的投保人与被保险人往往是同一个人，形成了权利与义务的一致性，无须保单持有人的概念。

我国人寿保险合同中没有明确的保单持有人的概念。在我国保险实务中，人寿保单的各种权利大多归投保人所有并行使。为了维护被保险人的利益，我国《保险法》有相应的法律规定。投保人拥有解约权、保险费返还权。以死亡为给付保险金的合同，投保人欲对保单进行转让与质押，应有被保险人的书面同意，否则不得行使；投保人指定受益人时需经被保险人同意。被保险人拥有分红保单的红利领取权。

二、保险合同的客体

保险合同的客体是保险利益。保险利益是指投保人或被保险人对保险标的所具有的法律上承认的利益。保险合同的客体是保险合同重要组成要素。在民法中对客体的定义是指合同双方权利义务所指向的对象。保险合同双方权利义务所指向的是附在保险标的上的经济利益，即保险利益，而不是保险标的本身。

保险标的是投保人经济利益的物质承担体。由于它的安然无恙，投保人的经济利益可以顺利实现，保持经济生活安定而继续享用；由于它的荡然无存，投保人的经济利益无法实现，经济生活受损失而失去安定。这表明投保人对保险标的存在经济利益。如保险标的发生危险事故，投保人的经济利益不受影响，表明其对保险标的不存在经济利益。投保人转嫁风险的目的就是基于这种经济利益——保险利益。保险合同双方的权利义务体现为：投保人的义务是按转嫁风险的保险金额缴纳保险费，其对应的权利是当保险标的发生保险损失时，依照保险合同向保险人请求损失赔偿。保险人的权利是收取保险费作为其承担保险赔偿的对价，其义务是在保险标的发生保险损失时履行赔偿或给付保险金。保险人对受损标的履行赔偿义务的法律前提是保险合同的有效性即投保人对保险标的具有保险利益。因此，投保人之所以能够获得保险保障是基于其对保险标的所拥有的合法经济利益，保险人保障的也是投保人对保险标的所具有的经济利益，而不是保险标的本身。显而易见，风险是客观存在的，并不因为保险合同的存在，保险标的不发生损失。但正是由于有了保险合同，保险人保障了投保人因保险标的的损失而损失的经济利益。因此，保险合同中的权利义务是基于投保人对保险标的所具有的经济利益即保险利益。所以，保险合同的客体是基于保险标的而产生的经济利益——保险利益。

我国《保险法》第十二条明确规定："人身保险的投保人在保险合同订立时，对被保险人应当具有保险利益；财产保险的被保险人在保险事故发生时，对保险标的应当具有保险利益。"这表明保险利益存在与否决定了保险合同的有效性。法律之所以规定保险合同必须有保险利益存在，其意义在于：避免赌博行为发生，防止道德危险发生，限制了保险补偿的额度。保险利益在合同中的重要性可以从质与量两方面体现：质的规定性方面，保险利益决定了保险合同的有效性，是保险合同有效的必要条件；量的规定性方面，保险利益限定了保险合同经济补偿价值额度。

三、保险合同的内容

保险合同的内容是建立保险合同关系必不可少的要素之一。保险合同内容有广义和狭义之分：广义的保险合同内容是指保险合同记载的全部事项，包括合同主体、权利义务和具体事项。狭义的保险合同的内容，仅仅包括双方的权利义务。在这里我们讨论广义保险合同内容。

（一）保险合同的基本事项

保险合同的基本事项是指保险合同中应包括的基本内容，是保险合同内容中的主要组成部分，是保险合同主体之间享有权利、承担义务的基础。保险合同的基本事项构成保险合同内容的形式要件，是制定保险合同条款及安排保险合同格式的重要法律依据。法律规定了下述保险合同不可缺少的基本内容。

1. 当事人的名称和住所。明确当事人的名称和住所是为保险合同的履行提供一个前提。因为在保险合同订立后，保费的缴纳、保险金的赔偿均与当事人及其住所有关。由于保险公司的名称及住所已经列明，保险单上需要填写的是投保人的名称和住所。如果被保险人不止一个人，则需要在保险合同中列明。

2. 保险标的。保险标的是保险保障的对象。保险标的是保险利益的物质承载体。保险标的是合同的重要内容，任何一个险种都是以相应的保险标的作为其名称的。例如机动车辆保险就是以机动车为保险标的。保险标的在合同中具有两方面的作用：一方面保险标的可以明确风险的内涵；另一方面保险标的可以明确风险的价值规模。

3. 保险价值。保险价值是指保险标的在某一特定时期内以金钱估计的价值总额，即保险标的的经济价值。保险价值的概念属于财产保险。因为财产保险标的的价值是可以用金钱衡量的。人身保险的保险标的是人的生命和身体，无法用金钱衡量，在保险合同中只约定保险价值，当约定的保险事故发生时，保险人以保险合同约定的金额给付。

4. 保险金额。保险金额简称"保额"，是指保险人承担赔偿或者给付保险金的最高限额。保险金额是投保人转嫁风险的资产规模，是计算保险费的基础，直接关系到合同双方主体的权利义务。保险金额确定的基础是保险价值。保险金额一旦确定，保险人以此额度作为计算保险费的基础，同时作为补偿给付的最高限额；投保人、被保险人和受益人以此缴纳保险费，同时作为保险索赔和获得保险经济保障的最高额度。保险金额对于正确计算保险费、进行保险偿付、稳定合同关系，都具有十分重要的意义。

保险金额的确定应当既考虑保险人的利益，也考虑被保险人的保障程度和合理负担。保险利益、保险价值、支付能力、费率水平和保障程度都会影响保险金额确定。投保人的风险偏好程度也会影响保险金额确定。我国《保险法》和保险实践遵循以下原则。

（1）保险金额不得超过保险价值。在财产保险中，以保险财产标的的估价核定保险金额。保险金额与保险价值两者之间会产生如下关系：保险金额与保险价值相等时，是足额保险，表明保险标的的估价适当，保险保障充分。保险金额小于保险价值时，是低值保险，表明保险标的的估价低或者投保人自留一部分风险，节省保费支出，但保障的程度也欠充分，从而使被保险人在保险财产遭受损失时不能得到充分保障。在保险实务中，保险金额低于保险价值的，除合同另有约定外，保险人按照保险金额与保险价值的比例承担赔偿责任。保险金额大于保险价值时，是超额保险。超额保险只会多缴保险费，而不会扩大保障程度。因为实务中，超过保险价值的，超过的部分无效。当保险标的遭受损失时，保险人只按照实际损失承担赔偿责任。因此，超过保险价值部分的保险金额得不到赔偿，对投保人而言无任何保险意义。在人身保险合同中，不存在保险价值概念。保险金额是在订保险合同时，由投保人和保险人双方协商确定，一般依据投保人的保险需要、被保险人的年龄、健康、最重要的是支付保险费的经济能力等因素确定。

（2）保险金额不能超过保险利益。保险赔偿以被保险人所具有的保险利益为前提条件。被保险人索赔时，对损失的标的具有保险利益，索赔金额以其对损失财产所具有的保险利益为限。若发生保险事故时，被保险人对保险标的已不具有保险利益，保险人则不予赔偿。从价值量看，当保险标的属于投保人全部所有时，投保人对保险标的拥有完全的保险利益。若投保人只拥有部分保险标的的所有权，与之对应的只拥有部分保险利益。保险人依据部分保险利益确定赔款金额。保险利益是决定保险金额的基础。

5. 保险费率与保险费。保险费率是保险商品的价格，一般以单位保险金额所收取的保险费比例为标准。通常以 1000 元保险金额为单位所收保险费表示，2‰即 1000 元保险金额收取 2 元保险费。保险费率作为保险商品的价格不同于一般的商品价格。一般商品依据已发生成本，再匡算价格。保险费率不是基于该保险标的的已经发生损失的资料匡算的，而是依据过去的损失统计与费用记录为基础计算的。以过去的损失资料作为今后成本的根据，考虑大数法则原理加以平衡及特大危险发生的因素，确定保险费率水平。保险费率由两部分组成：纯费率和附加费率。纯费率是用来支付赔款部分的费率。附加费率是业务开支，用来供保险人在经营业务时所开支的费用部分的费率。两者合计为总保险费率即毛保险费率。

保险费是指投保人为取得保险保障而交付给保险人的费用。保险费是保险基金的主要来源，是建立保险基金的基础。保险费包括两部分，纯保险费和附加保险费。纯保险费是保险人为了履行赔偿或给付保险金义务而收取的费用。附加保险费是保险人的营业费用、管理费用等费用。保险费与保险费率的一般关系为

$$保险费 = 保险金额 \times 保险费率$$

保险金额大小、保险费率高低两个因素决定保险费的水平。保险人所收保险费应能满足其赔偿或给付保险金的需要。投保人缴纳保险费是保险合同生效的条件。保险合同均规定缴纳保险费的方式和期限，以明确投保人的义务。一般而言，财产保险合同采用一次性缴纳保险费方式，人寿保险采用年均衡分期缴纳保险费方式。

6. 保险期限和保险责任开始时间。保险期限是指保险合同所确定双方权利义务的法律有效性的时间界限。保险期限明确了保险人承担保险责任的起讫时间，是计算保险费的依据。保险期间的确定通常有两种方式：

（1）按时间确定。根据保险标的保障的时间确定，以年为计算单位，一年期满后续订新约。企业财产保险一般为一年期。人寿保险合同存续时间长，一般为 5 年、10 年、

15 年、20 年甚至终身期间。

（2）按事物的流程确定。货物运输保险采用航程时间作为保险期间，保险条款规定：按保险单订明的航次为准。建筑工程保险采用建筑工期为保险期限。

保险责任开始时间是保险责任期限的起始时间。一般由合同双方约定，以年、月、日、时在合同中注明。在我国保险实务中，采用"零时起保"制，即开始承担保险责任之日的零时为具体开始时间。如家庭财产保险规定：保险期限为一年，保险责任从起保当日零时起，到保险期满日的 24 时止。

保险期限和保险责任开始时间的规定明确了保险合同开始与终止的具体时间，限制了合同双方享有权利和履行义务的法律主张有效的时间界定。

7. 保险责任和责任免除。保险责任是指保险合同中载明的保险事故发生后保险人所应承担的经济赔偿或给付保险金的责任。保险责任也称风险责任条款，具体规定了保险人所承担的风险范围。保险人并不是承担保险标的的所有风险，只是对于投保人约定的特定风险承担责任。保险责任因保险标的的不同而不同，每个险种都有特定的风险责任范围，保险条款中予以列明。

责任免除又称除外责任，是对保险责任风险的限制。除外责任的明示，使投保人明确保险责任风险范围。一般而言，责任免除可以分为三个层次：一是不保风险，即除外的损失原因，道德风险、战争风险、核辐射风险等属于不保风险；二是不赔损失，即除外的损失，正常磨损，自然消耗、间接损失等属于不赔损失；三是不保标的，即除外的标的，价值难以确定的，易丢失、风险责任大、无法鉴定的标的，如古玩、字画、珍宝等属于不保标的。

8. 赔偿处理。赔偿处理是当保险标的发生保险损失后保险人承担保险责任履行赔偿或给付保险金的处理过程。保险赔偿是实现保险经济补偿和保障职能的最终体现，采用货币形式。因险种不同，保险金赔偿或给付方法不同。财产保险合同属于补偿性合同，保险金的赔付依据规定的方式计算赔偿金额。人寿保险合同属于给付性合同，保险金的给付依据约定的保险金额。

9. 违约责任和争议处理。违约责任是合同当事人未履行合同义务所应当承担的法律后果。有关违约责任的内容，当事人可以自行约定，也可以直接载明按照法律的有关规定处理。保险合同订立后即产生相应的法律效力，双方当事人应按照合同规定的内容，完全的地履行合同。否则，违约方将承担相应的法律后果和违约责任。明确违约责任，在一定程度上可以防止违约行为的发生。

争议处理是发生保险合同处理时产生争议时约定所采用的方式。一般保险合同均有争议处理条款，规定争议时的处理方式。保险合同发生争议时，应首先通过友好协商解决。协商不成时，采用仲裁和诉讼的方式解决。

10. 订立合同的年、月、日。通常是指合同的订约时间。订约时间对于核实保险利益的存在与否，双方当事人的权利义务法律主张时间效力等具有重要意义。

（二）保险合同的主要条款

保险合同条款是规定保险人与被保险人之间的基本权利和义务的合同条文，是保险

公司履行保险责任的依据。保险条款内容应具体，文字应准确。

保险合同条款形式多样，主要包括以下几种：

1. 基本条款。基本条款又称法定条款，是标准保险单的背面印就的保险合同文本的基本内容，即保险合同法定记载事项，明确规定了保险人和被保险人的基本权利和义务，以及依据有关法规规定的保险行为成立所必需的各种事项和要求。基本条款直接印在保险单上，不能随投保人的意愿而变更。

2. 附加条款。附加条款又称任选条款，是指保险人根据投保人的特殊保险风险的需求，增加保障风险的条款。附加条款是对基本条款补充性的条款，是对基本责任范围内不予承保的风险，经过约定在承保基本责任范围的基础上予以扩展的责任条款。附加条款效力优于基本条款。通常采用在保险单上加批注或批单的方式使之成为保险合同的一部分。

3. 保证条款。保证条款是指保险合同中要求投保人和被保险人就特定事项保证作为或不作为的条款。如根据我国《保险法》第二十七条的规定，被保险人、受益人不得谎称发生了保险事故、不得故意制造保险事故、不得编造证据。这些属于不作为保证。我国《保险法》第五十一条规定："被保险人应当遵守国家有关消防、安全、生产操作、劳动保护等方面的规定，维护保险标的的安全。"这些属于应作为的保证。该条款因其内容具有保证性质而得名。保证条款通常由法律规定，是投保人、被保险人必须遵守的条款；否则，保险人有权解除合同。

4. 协会条款。协会条款是保险同业协会根据需要协商约定的条款。英国伦敦保险人协会编制的船舶和货物保险条款就是协会条款。该协会条款附在保险合同上。协会条款是当今国际保险水险市场的通用特约条款，具有相当的影响力。

保险合同的内容即保险合同条款的内容，基本条款是由法律规定的条款，其他条款是由当事人因需要而约定的条款，属于特约条款。世界保险市场上，保险条款繁多，多数国家都有本国的保险条款。我国保险实务中使用"中国保险条款"。英国的"伦敦协会条款"在世界水险市场中具有权威性。美国通用"美国协会条款"。

（三）保险合同的形式

保险合同依照其订立的程序，大致可分为四种书面形式。

1. 投保单。投保单是投保人向保险人申请订立保险合同的书面要约，是保险合同的重要组成部分。投保单由保险人准备，通常有统一的格式。投保人依照保险人所列项目逐一填写。不论是出于投保人的自动，还是保险人（代理人或经纪人）的邀请，投保单的填写均不改变其要约性质。

2. 暂保单。又称临时保单，是正式保单发出前的临时合同。暂保单一般适用于财产保险，人身保险一般不使用。订立暂保单不是订立保险合同的必经程序。一般来说，使用暂保单有下列三种情况：

（1）保险代理人在争取到业务但尚未向保险人办妥保险单之前，对被保险人临时开出的证明。

（2）保险公司的分支机构在接受投保时，需要请示总公司审批；或者还有一些条件尚未全部谈妥。在这种情况下，保险公司的分支机构向投保人开出暂保单。

（3）正式保单需由微机统一处理，而投保人又急需保险凭证。在这种情况下，保险人先签发暂保单，作为保险合同的凭证。例如，出口贸易结汇，保险单是必备的文件之一，在保险人尚未保险单或保险凭证之前，先出立暂保单，以资证明出口货物已经办理保险。

暂保单的法律效力与正式保单完全相同，但有效期较短，大多由保险人具体规定。当正式保单交付后，暂保单即自动失效。保险人也可在正式保单发出前终止暂保单效力，但必须提前通知投保人。

3. 保险单。简称保单，是投保人与保险人之间保险合同行为的一种正式书面形式。保险单必须明确、完整地记载有关保险当事人双方的权利和义务，它所记载的内容是双方履约的依据。

4. 保险凭证。也称"小保单"，是保险人向投保人签发的证明保险合同已经成立的书面凭证，是一种简化了的保险单。保险凭证的法律效力与保险单相同，只是内容较为简单。实践中，保险凭证没有列明的内容，以同一险种的正式保单为准；保险凭证与正式保单内容相抵触的，以保险凭证的特约条款为准。

5. 批单。批单是保险合同双方就保险单内容进行修改和变更的证明文件。批单实际上是对已签订的保险合同进行修改、补充或增减内容的批注，一般由保险人出具。在保险合同签订后，在保险有效期内，当事人可以有权就合同内容进行修改。批单是保险合同的重要组成部分。批单的内容与原保险单上的内容发生冲突的，以批单为准；后签发的批单与先签发的批单冲突的，以后签发的批单为准。

第四节 保险合同的订立、生效与履行

一、保险合同的订立

保险合同订立是投保人与保险人之间基于意思表示一致而产生的法律行为。订立合同需要经过一定的法律程序。保险合同订立需经过投保人提出保险申请和保险人同意承保两个阶段，即合同实践中的要约和承诺。

（一）要约

要约又称"订约提议"，是一方当事人向另一方当事人提出订立合同建议的法律行为。提出要约的人为要约人。法律规定一个有效的要约应具备三个条件：（1）要约需明确表示订约愿望；（2）要约必须具备合同的主要内容；（3）要约在其有效期内对要约人具有约束力。

保险合同的要约又称要保，其具体内容如下：

首先，投保人一般是保险合同的要保人。通常保险合同的要约由投保人提出。在保险实务中，保险公司和代理人积极主动开展业务，希望潜在客户订立合同，这仅是要约

邀请，不是法律上主张的要约。只有投保人提出投保申请，将填写好的投保单交与保险公司或其代理人时，才是要约行为。

其次，保险合同的要约内容更加具体和明确。由于保险风险的不确定性和保险功能的保障性，使保险合同的内容关系到当事人的保险经济利益。因此，保险合同的要约内容必须较一般合同要约更为具体和明确。

最后，保险合同要约一般为投保单的书面形式或其他形式。在我国要求要约必须是书面形式。保险合同要约具有较强的专业性。在保险实务中，要约申请多采用保险公司已经印就的投保单的形式，提供给投保人，由投保人填写。投保人有特殊要求，经与保险人协商，约定特约条款。由于业务的需要，有些国家也允许采用口头形式的要约投保。在美国大多数的州法律认可财产保险的口头投保要约，事后还是要求尽快补填书面要约，以明确双方的权利义务，避免争议。

（二）承诺

承诺，又称"接受订约提议"，是当事人另一方就要约方的提议表示同意与其订立合同的意思表示。作出接受在法律上是承诺，这一方称为承诺方即承诺人或受约人。法律规定有效的承诺应具备如下条件：（1）承诺不能附带任何条件，是对要约的完全接受；（2）承诺需由受约本人或其合法代理人作出；（3）承诺需在要约的有效期间内作出。

承诺人对要约人提出的合同内容表示完全同意后，合同即告成立，并开始履行合同的义务。承诺通常采用书面形式。若对要约有修改建议，是部分接受或附有条件接受，这种情况是拒绝原要约，不是承诺。承诺超过要约期限，要约人可以拒绝，超过期限的承诺对要约人不具约束力。

关于承诺时间各国法律有不同的规定，合同成立的时间，则随承诺时间的不同而有所差异。英、美法系采用投邮主义，以承诺人发出承诺时邮局签发的邮戳时间为合同成立的时间。大陆法系采用到达主义，以要约人收到承诺时为合同成立的时间。我国是以要约人收到承诺时为合同成立的时间。

在合同订立过程中，要约可以反复多次，而承诺只有一次。当一方提出要约，对方只要作出修改，提出建议，则就是新的要约。所以订约过程应是要约—新要约—新要约—新要约—承诺。要约主体在不断地变换，一经承诺合同即成立。

保险合同的承诺即是保险人承保。一般情况下，保险人会对投保人所填写的保单进行审核，必要时还会检验保险标的或者要求被保险人进行体检，以确定是否承保以及以何种条件承保，这一过程通常被称为"核保"。保险人经核保后同意承保，则保险合同随之成立。保险人对投保人要约的承诺，既可以由保险人作出，也可以经由其代理人作出。

二、保险合同的生效

（一）保险合同的成立与生效

保险合同的成立是指投保人与保险人就合同的条款达成协议。保险合同成立不一定表明合同生效。保险合同生效是指保险合同对当事人双方具有约束力，即合同条款产生法律效力。保险人只承担保险合同生效后，保险人约定的保险责任。这意味着在保险合同成立后，尚未生效前的期间，发生的保险事故，保险人不承担保险责任。

保险合同的成立和生效在性质上是完全不同的法律概念，二者的区别主要体现在如下方面：第一，二者处于不同的阶段。保险合同的成立是指当事人经过要约、承诺的过程对合同内容达成一致意见，而保险合同的生效是保险合同成立后才进行的法律判断。第二，二者的要件不同。保险合同成立的要件包括存在双方或多方当事人、当事人意思表示一致两个方面，而保险合同生效的要件包括主体合格、意思表示真实、内容合法三个方面。第三，二者属于不同范畴的判断。保险合同的成立解决的是存不存在保险合同的问题，属于客观的事实判断，而保险合同的生效解决的是法律对保险合同肯定或否定的评价，属于法律的价值判断。

我国《保险法》第十三条规定："投保人提出保险要求，经保险人同意承保，保险合同成立……依法成立的保险合同，自成立时生效。投保人和保险人可以对合同的效力约定附条件或者附期限。"《保险法》第十四条规定："保险合同成立后，投保人按照约定交付保险费，保险人按照约定的时间开始承担保险责任。"

在保险实务中，保险合同通常约定在其成立后的某一时期内生效。因此，保险合同成立并不意味着马上生效。比如，某投保人于当年5月1日16时与保险公司订立保险合同，双方约定，于5月2日零时起合同开始生效，为期一年，保险公司允许投保人在合同开始日之后15天内交付保险费。如果该投保人于5月5日发生保险事故，那么由于保险合同已经生效，保险事故发生在保险有效期限内，保险人应承担赔偿责任。

当然，投保人与保险人也可在保险合同中约定，合同一经成立即产生法律效力。此时，保险合同成立即生效。

（二）保险合同的有效

1. 有效保险合同。保险合同有效是指保险合同由当事人双方依法订立，并受国家法律保护、具有法律效力。保险合同有效应具备以下条件：

首先，保险合同主体必须具备合同资格。保险合同主体包括投保方和保险方都必须具备法律所规定的主体资格。否则会导致保险合同全部无效或部分无效。

其次，当事人意思表示一致。我国《保险法》第十一条规定："订立保险合同，应当协商一致，遵循公平原则确定各方的权利和义务。"因此，要求当事人意思表示真实，能够明确自己行为的后果，有能力承担相应的法律后果。反之订立合同不是当事人出于自愿而是受到胁迫或受到欺骗，这样的保险合同是无效的。

最后，合同内容合法。我国《保险法》第四条规定："从事保险活动必须遵守法律、行政法规。"保险合同的内容应符合法律规定，遵守法律、维护社会公共利益。只有合法的保险合同才能受到法律的保护，同时受到法律的约束。

2. 无效保险合同。无效保险合同是指当事人虽然订立合同，但不具有法律效力，国家不予保护的合同。保险合同无效由人民法院或仲裁机构进行确认。

保险合同作为合同的一种，《合同法》规定的合同无效的原因，同样适用于保险合

同。根据我国《合同法》，保险合同无效的原因一般有如下情形：

第一，保险合同主体资格不符合法律规定。例如，投保人不具有民事行为能力，保险人超越经营范围经营保险业务等。

第二，保险合同的内容不合法，即保险合同的条款内容违反国家法律、行政法规。如投保人对保险标的不存在保险利益、违反法律的合同。

第三，保险合同当事人意思表示不真实，即保险合同不能反映当事人的真实意志。如采取欺骗胁迫等手段订立的合同、重大误解的合同、无效代理的合同等。

第四，保险合同违反国家利益和社会公共利益。

第五，保险合同的形式不合法。任何保险合同的订立形式应当符合法律规定，即应当以书面形式而不是口头形式，否则，导致合同无效。

除了以上原因之外，保险合同作为一种特殊的合同，还有其他特殊的原因致使合同无效，这些原因包括：

第一，投保人对被保险人不具有保险利益的人身保险合同无效。我国《保险法》第三十一条规定："人身保险合同中，订立合同时，投保人对被保险人不具有保险利益的，合同无效。"

第二，超额保险合同部分或全部无效。我国《保险法》第五十六条规定："重复保险的各保险人赔偿保险金的总和不得超过保险价值。除合同另有约定外，各保险人按照其保险金额与保险金额总和的比例承担赔偿保险金的责任。"

第三，死亡保险合同不满足法定条件无效。我国《保险法》第三十三条规定："投保人不得为无民事行为能力人投保以死亡为给付保险金条件的人身保险，保险人也不得承保。父母为其未成年子女投保的人身保险，不受前款规定限制。但是，因被保险人死亡给付的保险金总和不得超过国务院保险监督管理机构规定的限额。"第三十四条规定："以死亡为给付保险金条件的合同，未经被保险人同意并认可保险金额的，合同无效。"

保险合同无效的法律后果是导致合同不具有法律约束力。保险合同的无效有两种情况：一种全部无效，一种部分无效。全部无效合同，其约定的全部权利义务自始全部不产生法律效力。如投保人对保险标的不具有保险利益。部分无效合同，依据我国有关法律规定，部分无效的，其余部分依然有效。如善意重复保险中的超额部分等。

三、保险合同的履行

保险合同的履行是指双方当事人依法全面执行合同约定的权利义务的过程。保险合同是双务合同，双方享有的权利以各自履行其义务为条件。

（一）投保方的权利与义务

在保险合同订立和履行过程中投保方先履行义务，然后享有权利。

1. 投保方应该履行的基本义务包括缴纳保险费、如实告知等义务。

（1）缴纳保险费义务。缴纳保险费是投保人最基本的义务，也是被保险人和受益人取得保险合同权利的对价。投保人必须按合同规定的时间、地点、方式及数额缴纳保险费。投保人负责缴纳保险费而不是被保险人。投保人未依照合同规定履行缴纳保险费的义务，将会产生以下法律后果：第一，在保险合同规定以按时缴纳保险费为生效条件时，保险合同不生效；第二，在财产保险合同中，保险人有权请求投保人缴纳保险费及相应的利息，或者合同终止；第三，在人身保险合同中，投保人未能按期缴纳保险费，将会使合同处于中止期，保险人可进行催告，投保人应在一定期限内缴纳保险费，否则保险合同自动终止。

（2）如实告知义务。由于保险标的具有广泛性和复杂性的特点，投保人对保险标的的危险情况最为了解，因此，保险人通常需要根据投保人的介绍和描述来确定是否承保及确定保险费率。投保人应该本着诚实守信的态度向保险人进行如实告知。如果投保人在告知的过程中因为故意或者过失而没有履行如实告知的义务，则保险人可以不承担赔偿或者给付保险金的责任，甚至可以解除合同。在财产保险中，如实告知的内容主要是财产等保险标的的有关情况。在人身保险中，如实告知的内容是被保险人身体与生命的有关情况。

（3）及时通知义务。投保人的通知义务体现在两种情况，危险增加和保险事故发生。

第一，危险增加的通知义务。保险实务中，危险增加的特定含义是指保险合同期间内保险事故危险因素变化增大，一般适用于财产保险。保险危险增加源于主动性和被动性两方面。主动性是投保人或被保险人自己行为所致。例如，投保人的汽车在投保时是自用，保险期限内，改为经营用；投保的房屋原来用做居住，保险期限内，改用经营。这种用途的改变，增加了保险标的的危险性。此时投保人应及时通知保险人。被动性是保险标的危险性的增加不是被保险人自己所为，而是由于外来原因所致。例如，保险标的周围的环境变化，导致保险危险增加。即使这样，投保人也应及时通知保险人。保险人得知保险标的的变化后，往往调整费率和承保条件。投保人将会面临接受变动的承保条件或解除合同的选择。如果保险人接到通知后，在一定时期内，没有作出相应的调整措施的意思表示，可视为默许，即最大诚信原则中的弃权行为，日后保险人不得再主张其已放弃的权利，即最大诚信原则中的禁止反言。投保人履行危险增加通知义务，对于保险人正确估计保险风险具有重要意义。因此，各国的保险立法对此均作出明确规定。我国《保险法》第五十二条规定："在合同有效期内，保险标的的危险程度显著增加的，被保险人应当按照合同约定及时通知保险人，保险人可以按照合同约定增加保险费或者解除合同……被保险人未履行前款规定的通知义务的，因保险标的危险程度显著增加而发生的保险事故，保险人不承担赔偿保险金的责任。"

【案例 4－2】

擅自改装的车辆发生交通事故，是否可以获得保险赔偿？

2010 年 4 月，高某向某保险公司投保了机动车辆保险。投保的范围包括车辆损失险、第三者责任险、车上人员责任险等。保险期间自 2010 年 4 月至 2011 年 4 月。保险合同对被保险车辆的车牌号码、发动机号、车架号、使用性质等进行了约定。在《车辆损失保险条款》第15条第2款中约定:"投保人在保险期间内,保险车辆改装、加装等,导致保险车辆危险程度增加的,应当及时书面通知保险人。否则,因保险车辆危险程度增加而发生的保险事故,保险人不承担赔偿责任。"投保当天,高某即按照合同约定交付了相应的保险费用。

2010年7月,高某为了提高货车的速度与性能,更换了所投保货车的发动机及车架,但是,一直没有书面通知保险公司。2010年8月,高某驾驶这辆货车时发生了交通事故。经交通管理部门认定,事故发生时车辆超速,应该由高某对事故负全责。高某要求保险公司理赔,保险公司以投保人改装车辆导致危险程度增加且未书面通知保险人为由拒赔。高某向法院提起诉讼。

法院在审理后认为,原告高某在保险合同履行期间,对投保车辆的发动机及车架进行了改装,导致保险车辆危险程度增加,却未能履行书面通知被告保险公司的义务,保险公司不承担赔偿责任。据此,法院判决驳回高某的诉讼请求。

第二,保险事故发生通知义务。保险事故发生后,投保人、被保险人或受益人应及时通知保险人。其意义在于:对投保人而言,是索赔的开始,以实现保险经济补偿权利。对保险人而言,是理赔的开始,以履行保险赔偿义务。保险人接到通知后,一方面立即采取适当的抢救措施防止损失扩大,另一方面及时赶到现场,以便得到损失情况的第一手资料,为确定损失程度,明确损失原因,提供可靠的依据。

(4)提供有关证明和资料义务。保险事故发生后,依照保险合同请求保险人赔偿或者给付保险金时,投保人、被保险人或者受益人应当向保险人提供与确认保险事故的性质、原因、损失程度等有关的证明和资料,包括保险单、批单、损失检验报告和第三者责任证明。这些证明和资料是保险人判断保险责任和赔偿金额的重要依据。

(5)防灾防损义务。防灾防损是保险经营过程中的重要工作,以利于保险标的安全防范,保证社会财产的安全。一般适用于财产保险。我国《保险法》第五十一条规定:"被保险人应当遵守国家有关消防、安全、生产操作、劳动保护等方面的规定,维护保险标的的安全。"投保人将保险危险转嫁给保险人,保险人并不能保证危险事故不发生,而只是承诺保险经济赔偿。保险事故发生必然造成社会财产的损失。因此,投保人只有切实做到防灾防损,才能尽可能减少社会财产的损失。投保人签订合同后,容易产生依赖保险的思想,对保险标的的安全管理掉以轻心,忽视保险标的的防灾防损工作,甚至在保险事故发生时也不积极采取抢救措施,从而造成不必要的损失。因此,我国《保险法》第五十一条还规定:"保险人可以按照合同约定对保险标的的安全状况进行检查,及时向投保人、被保险人提出消除不安全因素和隐患的书面建议。投保人、被保险人未按照约定履行其对保险标的的安全应尽责任的,保险人有权要求增加保险费或者解除合同。"

(6)施救义务。在保险事故发生后,投保人应当积极采取各种抢救措施,进行施救,以防止损失程度的扩大。一般适用于财产保险。我国《保险法》第五十七条明确规定："保险事故发生时，被保险人应当尽力采取必要的措施，防止或者减少损失；保险事故发生后，被保险人为防止或者减少保险标的的损失所支付的必要的、合理的费用，由保险人承担；保险人所承担的费用数额在保险标的损失赔偿金额以外另行计算，最高不超过保险金额的数额。"

2. 投保方享有的基本权利包括保险条款知晓权、保险金请求权和解约权。

（1）保险条款知晓权。是在投保时，投保人为了弄清楚保险商品的含义，要求保险人或者代理人说明保险责任和免除责任条款内容的权利。保险商品是无形商品，保险消费属于隐性消费，其价值和使用价值难以直观感受。唯一能体现保险商品形态的是保险单，保险条款是其核心部分，而保险条款具有较强的专业性、技术性和法律性，仅凭投保人自我理解保险条款的含义是有难度的。因此，投保人具有了解保险条款的知晓权，是维护投保方权益的需要，是明白消费保险商品的需要，是投保人的权益。我国《保险法》第十七条规定："订立保险合同，采用保险人提供的格式条款的，保险人向投保人提供的投保单应当附格式条款，保险人应当向投保人说明合同的内容。对保险合同中免除保险人责任的条款，保险人在订立合同时应当在投保单、保险单或者其他保险凭证上作出足以引起投保人注意的提示，并对该条款的内容以书面或者口头形式向投保人作出明确说明；未作提示或者明确说明的，该条款不产生效力。"

（2）保险金请求权。是指财产保险发生保险事故时，被保险人可以要求保险人赔偿保险金，或者人身保险合同中，当被保险人发生合同约定的死亡、伤残、疾病或者达到合同约定的年龄、期限时，被保险人或受益人可以要求保险人给付保险金的权利。保险金请求权是投保人、被保险人或受益人保险经济补偿的基本权利，也是最终权利，是保险经济补偿功能的最终体现。被保险人对保险金的请求权具有时间限制，人寿保险的保险金请求权，自被保险人或受益人知道或应当知道保险事故发生之日起五年内行使有效，超过期限权利消失；人寿保险以外的保险金请求权，自其知道或应当知道保险事故发生之日起二年内行使有效，超过期限则权利消失。

（3）解约权。是指投保方在签订保险合同后可以中途解除保险合同的权利，提前终止合同效力的法律行为。解约权由合同一方当事人的意思表示即可行使，行使解约权应当符合法律规定条件。这些条件是：必须在可以解除的范围内行使解约权；必须存在解除的事由；必须以法律规定的方式解除；必须在有效期间内行使解约权。

投保方解约就是解除保险合同，提前终止保险合同效力，也称退保。我国《保险法》第五十条规定："货物运输保险合同和运输工具航程保险合同，保险责任开始后，合同当事人不得解除合同。"

（二）保险人的权利与义务的履行

保险人的基本权利对应投保方的义务，只有投保方履行义务，保险人的权利才能实现。因此，保险人的权利主要是收取保险费权、解约权、增加保费权和不承担赔偿给付责任权。保险人的义务主要有五项：

1. 说明义务。说明义务是指保险人在保险合同订立时，有义务向投保人说明保险合同条款内容。保险合同是附和合同，保险条款由保险人制定，投保人对保险条款不了

解，特别是不清楚保险责任范围和免除责任范围，因此，保险人在订立合同时，应向投保人说明保险合同的条款内容，使投保人能客观的理解保险条款内容。说明义务是保险人的义务，我国《保险法》对此有明确规定。

2. 及时签单义务。保险合同必须是以书面形式存在的法律协议。投保人提出投保要求，经保险人同意承保，并就合同的条款达成协议，保险合同即告成立。保险人应当及时向投保人签发保险单或者其他保险凭证，以作为书面合同的证明。

3. 保密义务。在订立保险合同时，双方依据最大诚信原则，投保人向保险人询问的重要事项，履行如实告知义务。在订立再保险合同时，原保险人应将投保人的有关情况如实告知再保险人。为了保护被保险人的利益，《保险法》第一百一十五条规定：保险公司及其工作人员不得泄露在业务活动中知悉的投保人、被保险人的商业秘密。金融信用服务保密是其业务性质的需要，保险风险服务是信用服务，因此保险人应尽保密义务。

4. 赔偿或给付保险金义务。保险在经济中的基本职能就是对保险标的损失补偿或者给付保险金。这是保险人义务中最重要、最基本的义务。保险人应严格遵照有关法律、法规及合同约定，及时充分地履行承担损失补偿或者给付保险金义务。保险人在接到投保方保险索赔之后，应当及时作出核定，对属于保险责任的，在与被保险人或者受益人达成有关赔偿或者给付保险金金额的协议后十日内，履行赔偿或者给付保险金义务。保险合同另有约定应按合同约定履行。保险人对于不属于保险责任的，保险人应当向被保险人或者受益人发出拒绝赔偿或者拒绝给付保险金通知书。

5. 支付其他必要特殊费用的义务。当保险标的发生损失，被保险方积极采取抢救措施，而产生的合理的必要的施救费用，保险人应予承担。保险人还应承担其他一些必要费用，如救助费用、查勘检验费用及依法规定的仲裁或诉讼费用等。一般适用于财产保险。

四、保险合同中止

保险合同中止是指在保险合同存续期间内，由于某种原因使保险合同的效力暂时失去效力。在保险合同中止期间，发生的保险事故，保险人不承担赔付责任。保险合同中止在寿险合同中经常出现。人寿保险合同是长期合同，一般在十年、二十年期限内，采用年均衡缴纳、期首付保险费方式。当投保人在约定的保险费缴付期限内不能缴付保费以及在保险宽限期内仍未能缴付保费时，保险合同中止。保险合同中止期限为两年，在这两年内，投保人可以申请保险合同复效。同时，补缴保费及相应的利息。复效后的合同与原保险合同具有同等的法律效力。

第五节　保险合同的变更与终止

一、保险合同的变更

保险合同的变更是指在保险合同有效期间当事人由于情况变化，依据法律规定的条件和程序，对原保险合同内容进行修改或补充。保险合同依法成立，具有法律约束力，当事人双方都必须全面履行合同规定的义务。在保险合同的期限内，保险合同的主体和内容会发生变动，需要进行变更。我国《保险法》第二十条规定："投保人和保险人可以协商变更合同内容。变更保险合同的，应当由保险人在保险单或者其他保险凭证上批注或者附贴批单，或者由投保人和保险人订立变更的书面协议。"

（一）保险合同主体变更

保险合同主体变更是保险人、投保人、被保险人和受益人的变更。

一般而言，保险合同中保险人不会变更。只有当保险公司破产、解散、合并和分立等原因，才会导致保险人所承担的全部保险合同责任转移给其他保险人。在保险实务中，主要是投保人、被保险人和受益人等投保方的变动。

保险合同主体变更又称保险合同的转让。保险单是保险合同的主要形式，因此，保险合同的转让就是保险单转让。

1. 财产保险合同主体的变更。在财产保险中，由于保险标的所有权转让而产生保险单的转让，因保险标的不同其处理的方法也不一样。

在一般财产保险中，保险单随保险标的所有权转让而转让时，被保险人或者受让人应当通知保险人。因保险标的转让导致危险程度显著增加的，保险人可以按照合同约定增加保险费或者解除合同。保险人解除合同的，应当将已收取的保险费，按照合同约定扣除自保险责任开始之日起至合同解除之日止应收的部分后，退还投保人。被保险人、受让人未履行通知义务的，因转让导致保险标的的危险程度显著增加而发生的保险事故，保险人不承担赔偿保险金的责任。这是因为保险合同是属人合同，保险标的始终在投保方的控制下，被保险人的经营管理水平、经营风格、资产状况等因素都会影响保险标的安全。被保险人变更，承保条件也会随之变动。保险标的转让与保险合同转让是两种不同的转让。在法律上，保险标的所有权转让是物权转让；保险合同转让是债权债务关系的转让。前者转移取决于买卖双方的意志，后者取决于投保人、被保险人与合同受让人和保险人的意志。因此，保险单不能随保险标的的转让而转让，保险单不是保险标的的附属物。

在货物运输保险实务中，由于保险标的具有流动性，运输过程中标的物需要几经易手，保险利益也随之转换，最终才到达买方。如果每次被保险人的变换都须经保险人同意，必然增加手续和影响货物流通。因此，国际惯例规定：货物运输保险单可以随保险标的的转移而转移，不需经保险人同意，只要被保险人背书即可。不影响保险合同的效力。

【案例 4-3】

车辆转让未通知保险公司的，保险合同是否继续有效？

2010 年 9 月，王某以家庭自用轿车向某保险公司投保车辆损失险和第三者责任保险。根据该保险合同，王某为被保险人，保险金额为 5 万元，保险期间自 2010 年 9 月

27 日至 2011 年 9 月 26 日。保险合同第 4 条约定：被保险人或其允许的驾驶人员在使用保险车辆过程中发生意外事故，致使第三者遭受人身伤亡或财产直接损毁，依法应当由被保险人承担的经济赔偿责任，保险人按照本保险合同的约定负责赔偿。

在投保 6 个月后，王某将车辆转让给孙某，双方办理了车辆过户手续，但却未办理保险合同的变更手续。孙某也将车辆用于家庭自用。2011 年 6 月 1 日，孙某驾驶被保险车辆与行人李某相撞，致使李某当场死亡。经交警认定，确定孙某承担事故的全部责任。孙某向保险公司索赔，保险公司以保险标的转让未通知保险人，保险合同已经失效为由拒赔。孙某向法院提起诉讼。

法院在审理后认为，孙某所购车辆的保险合同是原车主王某与保险公司签订的，孙某不是该法律关系的主体。根据《保险法》的相关规定，保险标的转让的，被保险人或者受让人应当及时通知保险人。在本案中，保险标的的转让未通知保险人，在转让后，王某对保险车辆已经不再具有保险利益，保险合同已经失效。据此，判决驳回孙某的诉讼请求。

2. 人身保险合同主体的变更。在人身保险中，保险合同主体变更取决于投保人、被保险人的主观意志。只要符合法律和有关规定，投保人、受益人、保单持有人等主体均可以变更。投保人的变更需经被保险人同意并通知保险人，保险人核准后可以变更。这种规定有利于保护被保险人利益。变更后的投保人仍对被保险人具有保险利益，以利于防范道德风险，投保人仍具有缴费能力，合同依然有效。受益人的变更，由投保人或被保险人决定。但是，投保人变更受益人必须经被保险人同意。变更受益人无须保险人同意，变更后书面通知保险人，保险人在保险单上批注后生效。

人身保险合同中的被保险人确定之后不能变更。因为，被保险人的年龄、健康状况等直接关系到承保条件、缴费水平、保险金额等各方面，当被保险人变更所有的基础不存在，实质是另设一张保单，因此被保险人不能变更。

（二）保险合同内容变更

保险合同内容变更是指在主体不变时，改变合同中约定的事项，主要是权利义务的变更，即合同条款、标的数量、品种、价值、存放地点、保险期限、保险金额、保险责任范围等变更。保险合同内容变更的情况是保险实务中经常出现的，各国保险立法对此都有规定。保险合同订立后，投保人可以提出变更合同内容的要求，必须经保险人同意，办理变更书面手续，合同仍然有效。保险合同内容变更一般由投保人提出，经保险人同意，在合同中加以变更批注，其法律效力对双方均有约束力。保险合同变更应采用书面形式。批单是变更保险合同时最常用的书面单证。保险合同变更需经保险人签章，并附贴在原保险单或保险凭证上。保险人依据变更后的保单按规定增收或减免保险费。保险合同变更后，国际上形成了对变更事项、变更手段及时间等方面的有效性顺序，其规定如下：（1）所有批单或背书优于附加条款，附加条款优于基本条款；（2）手写变更优于打字变更；（3）旁注变更优于正文变更；（4）对同一事项的变更，后变更的优于先变更的。

二、保险合同的终止

保险合同终止是指保险合同成立后因法定或约定事由发生，使合同确定的权利义务关系不再继续，法律效力完全消失。终止是保险合同发展的最终结果。需注意的是，保险合同的终止只能说明合同自终止之日以后，合同主体之间法律关系消失，不再承担任何责任，而在合同有效期间产生的法律关系，引起的法律责任不会消失。有时在保险合同终止以后很长时间，合同有效期间产生的法律责任或由其引发的法律责任才开始提出或出现，保险人仍然要承担责任，而不得以保险合同终止为由，拒绝履行义务。保险合同终止有以下几种情况。

（一）保险合同期限届满终止

保险合同的期限是保险人提供保险保障的有效期。在保险期限内，有些合同未发生保险合同约定的保险事故，保险人的保险责任一直持续到保险期限满期后终止，保险人不再承担保险责任。这种情况就是保险期限届满终止，这也是保险合同最普遍、最基本的终止情况。特别是一年期合同或航程期限合同这种情况居多。保险合同终止，保险人的保险责任亦终止。一般而言，保险合同到期之后续保，续保是新保险合同成立，是新的债权债务关系建立，不是原保险合同的延续。

（二）保险合同履行终止

保险事故发生后，保险人按照保险合同约定承担了全部的赔偿或给付保险金的责任，保险合同履行终止。如终身人寿保险合同，被保险人死亡，保险人向受益人给付全部保险金额后，合同即终止。如火灾保险合同，保险标的因保险事故全部损毁，保险人支付全部保险金额赔款，合同终止。保险合同约定保险人的赔偿或给付责任，既有时间限定还有金额限制，保险金额是保险人承担赔偿或给付责任的最高限额。在保险实务中，如果一张保单在保险期限内多次发生保险事故，而每次事故的赔偿金额均未达到保险金额，对保险合同效力的影响，因其每次保险金赔偿或给付金额累计和不累计规定不同而有所不同。前者适用于火灾保险合同和人身意外伤害保险合同，后者适用于船舶保险合同和机动车辆保险合同。

（三）保险合同标的全部灭失终止

在保险合同期限内，保险标的可能会由于非保险事故的发生而灭失。这种情况下，保险标的实际已不存在，保险合同也就终止。例如，人身意外伤害保险中，在保险合同期限内，被保险人由于疾病死亡，属于非保险事故，保险合同因保险标的不存在而终止。

（四）保险合同解约终止

保险合同的解约终止是在保险合同期限尚未届满，合同一方当事人依照法律或约定行使解约权，提前终止合同效力的法律行为。解除保险合同的法律行为后果体现为，保险合同法律效力消失，回复到未订立合同以前的原有状态。因此，保险合同的解除具有溯及既往的效力，保险人一般要退还全部或部分保险费，并不承担相应的保险责任。解约权是保险合同解除终止的基础。解约权是法律赋予保险合同的当事人在合同成立之

后，基于法律或者约定事由解除合同的权利。解约权可以由保险人行使，也可以由投保人行使（即退保）。解约权由合同一方当事人的意思表示即可行使。合同当事人行使解约权，应当符合法律规定的条件：必须在可以解约的范围内行使解约权；必须存在解约的事由；必须以法律规定的方式解约；必须在时效期间内行使解约权。

保险合同解约一般分为法定解约和约定解约两种形式。

1. 法定解约。法定解约是指当法律规定的事项出现时，保险合同一方当事人可依法对保险合同行使解约权。法定解约的事项通常在法律中直接明确规定。在保险合同中投保人和保险人的法律定位不同，依据我国《保险法》规定，两者解约终止保险合同事项和法律后果不同。

（1）投保人解约事由和法律后果。投保人解约有两个层次规定。第一层次，投保人有选择投保和退保的自由。对投保人而言，除《保险法》有规定或保险合同另有约定外，投保人有权随时解除保险合同。投保人在保险合同中代表被保险人、受益人的利益，处于受保险合同保障的地位，是否愿意享受保险保障应由自己决定，无论在投保前还是保险合同成立后，投保人均有自由选择的权利，既有投保的自由，也有退保的自由。第二层次，投保人不能解约的保险合同。我国《保险法》规定的投保人不得解除保险合同的情况，主要是指货物运输保险合同和运输工具航程保险合同。这是由于保险标的特殊性质所决定的。保险标的流动性很大，保险风险随着运输行为的进行不确定性逐步增加，风险难以估计，因此，这类险种保险责任开始后保险合同双方当事人均不得解除保险合同，以保障双方的经济利益。

解约终止保险合同的法律后果有两方面：一是体现为在法律上保险合同经济关系终止；一是体现为经济上的补偿。由于合同解约有可能带来一方当事人的损失，除法律或约定外，有责任方应承担相应的经济赔偿责任。

根据我国《保险法》第五十四条规定："保险责任开始前，投保人要求解除合同的，应当按照合同约定向保险人支付手续费，保险人应当退还保险费。保险责任开始后，投保人要求解除合同的，保险人应当将已收取的保险费，按照合同约定扣除自保险责任开始之日起至合同解除之日止应收的部分后，退还投保人。"

根据我国《保险法》第六十八条规定：（人身保险合同）投保人解除合同的，保险人应当自接到合同解除通知之日起三十日内，按照合同约定退还保险单的现金价值。

（2）保险人解约事由和法律后果。法律对保险人解约规定较为严格，除法律另有规定或保险合同另有约定外，保险人不能任意解除合同，与投保人的权利正好相反。这是因为保险人承担着保险合同所规定的分散风险、补偿损失的保险责任，如果保险人可以随意解除合同，保险人将在获悉危险可能发生的情况下，解除保险合同，逃避责任，对被保险人十分不利。

根据我国《保险法》规定，保险人解除保险合同的事由和法律后果如下。

第一，投保人未履行如实告知义务。保险合同是最大诚信合同，保险人完全依据投保人对于保险标的的描述来决定是否承保以及保险费率。因此，如果投保人没有履行如实告知义务，导致合同双方当事人信息不对称时，保险人可以依法解除合同。比如，我国

《保险法》第十六条明确规定："投保人故意或者因重大过失未履行前款规定的如实告知义务，足以影响保险人决定是否同意承保或者提高保险费率的，保险人有权解除合同。"

第二，保险欺诈。根据《保险法》第二十七条，它分为两种情形：第一种是被保险人或者受益人在未发生保险事故的情况下，谎称发生了保险事故，向保险人提出赔偿或者给付保险金的请求的，保险人有权解除保险合同，并不退还保险费；第二种是投保人、被保险人或者受益人故意制造保险事故的，保险人有权解除合同，不承担赔偿或给付保险金的责任。

第三，未履行安全维护义务。根据我国《保险法》第五十一条规定："投保人、被保险人未按照约定履行其对保险标的安全应尽责任的，保险人有权要求增加保险费或者解除合同。"

第四，未履行及时通知义务的。根据《保险法》第五十二条，在财产保险合同有效期内，保险标的危险程度显著增加的，被保险人应当按照合同约定及时通知保险人，保险人有权要求增加保险费或者解除合同。被保险人未履行上述通知义务的，因保险标的危险显著增加而发生的保险事故，保险人不承担赔偿责任。

第五，人身保险合同效力中止后逾期未复效。《保险法》第三十七条规定："合同效力依照本法第三十六条规定中止的，经保险人与投保人协商并达成协议，在投保人补交保险费后，合同效力恢复。但是，自合同效力中止之日起满二年双方未达成协议的，保险人有权解除合同。"

第六，其他合同约定保险人可以解除合同的事由。

2. 约定解约。约定解约又称协议注销终止，是指保险合同双方当事人依合同约定，在合同有效期内发生约定事由时可随时注销保险合同。约定解约要求保险合同双方当事人应当在合同中事先明确解约的条件，一旦约定的条件产生，一方或双方当事人有权行使解约权，使合同效力处于终止状态。

解约终止保险合同是一种较为常见的保险合同终止的情况，解约终止的条件不论法定解约还是约定解约均对保险人限制更为严格，以利于更充分地保障投保方的利益。

【案例 4 - 4】

受益人故意制造保险事故的，其他受益人是否可以获得保险金？

赵某曾做过某保险公司业务员，熟悉保险条款。赵某与妻子杜某育有一个 7 岁的儿子赵乙。2006 年 5 月，杜某购买了以自己为投保人和被保险人的定期寿险，保险金额为 40 万元，指定赵某与赵乙为死亡保险金的受益人。2007 年 3 月，赵某为了骗取保险金，将杜某害死，并伪造了火灾死亡的现场。之后，赵某以受益人和儿子监护人的名义向保险公司请求保险金。

由于杜某死亡存在一些疑点，公安机关立案进行了侦查。面对公安机关收集的证据，赵某无从抵赖，承认了故意杀害杜某骗取保险金的行为。

经法院审理，赵某因谋杀罪名被判处死刑。在刑事审判结束之后，保险公司认为，赵某利用熟悉保险条款的优势，策划了这起骗保案件，杜某的死亡是因赵某的故意行为造成的，保险公司不承担赔偿责任。赵乙的亲属认为，杜某与保险公司签订保险合同，购买保险的行为是其真实意思表示，保险合同合法有效。虽然杜某的死亡是由赵某故意造成的，但是，赵某的行为与赵乙无关，赵乙作为受益人仍然应当享有获得保险金的权利。

法院进一步审理后认为，根据我国《保险法》的相关规定，受益人故意造成被保险人死亡、伤残、疾病的，或者故意杀害被保险人未遂的，该受益人丧失受益权。然而，法律只是规定实施非法行为的受益人丧失受益权，并没有剥夺其他受益人的受益权。所以在本案中，保险公司应该向赵某的儿子赵乙支付保险金。

第六节　保险合同的争议处理

保险合同争议是指在保险合同成立后，合同主体就保险合同内容及履行的具体做法等方面产生不一致甚至相反的理解而导致的分歧或纠纷。由于保险合同比较特殊，主体之间的争议不仅产生于投保人与保险人之间，有时还会产生于投保人与被保险人、被保险人与受益人以及上述主体与第三人之间。加之保险实务的专业性和技术性，表现出的争议问题非常复杂。及时、合理地处理保险合同争议，有利于规范保险活动，保护保险双方当事人的合法权益，促进保险事业的稳定健康发展。

一、保险合同的解释原则和解释效力

保险合同的解释是指保险当事人由于对合同内容的用语文字理解不同发生争议时，依照法律规定的方式或者保险惯例的方式，对保险合同的内容或文字的含义予以确定或说明。

保险合同作为具有法律效力的协议，其所用文字、涉及内容应严谨、合理、科学和准确。然而，由于保险本身的专业性、技术性和复杂性以及合同条款的局限性和文字语言表达方式的多样性，合同双方很难就有关情况进行详尽无遗的约定，加之保险合同直接涉及主体间的经济利益，双方产生争议是不可避免的。因此，当保险合同当事人由于对合同内容产生争议时，适当的、合理的解释是必不可少的，以便合同的继续履行。

保险合同当事人双方就合同理解产生争议，协商解决不成的，仲裁机构或法院对争议条款作出的解释具有约束力。所以，保险合同的解释实质上就是仲裁机构或法院就双方发生争议的合同条款所作出的具有约束力的理解或说明。

（一）保险合同的具体解释原则

1. 文义解释原则。文义解释是指按保险合同条款用语的文字及特定含义或使用方式解释保险合同条款的内容，尊重条款所用词句，不能超出也不能缩小保险合同所用词语的含义。文义解释是解释保险合同条款的最主要的方法。文义解释必须要求被解释的合同字句本身具有单一明确的含义。如果有关术语本来就只具有唯一的一种意思，或者联系上下文只能具有某种特定含义，或者根据商业习惯通常仅指某种意思，那就必须按照文字本意进行解释。例如火灾、暴雨、暴风等。

2. 意图解释原则。意图解释是指在保险合同的条款文义不清或者有歧义时，通过逻辑分析及其背景材料等判断合同当事人订约当时的真实意图来解释保险合同条款的方式。保险合同的真实内容应是当事人协商后形成的意思表示一致。因此，解释时必须要尊重双方的真实意图。意图解释只适用于合同条款文义不清、用词混乱和含糊的情况，当事人对同一条款所表达的实际意思理解有分歧的情况。意图解释是在无法用文义解释方式时的辅助性解释方法，如果文字表达清楚，不存在含糊不清，则必须按照字义解释，而不能运用意图解释方式，任意推测。

3. 有利于被保险人的解释原则。在保险合同条款解释时，另一个重要的原则就是有利于被保险人和受益人的解释原则。我国《保险法》第三十条规定："采用保险人提供的格式条款订立的保险合同，保险人与投保人、被保险人或者受益人对合同条款有争议的，应当按照通常理解予以解释。对合同条款有两种以上解释的，人民法院或者仲裁机构应当作出有利于被保险人和受益人的解释。"这是由于保险合同是附合合同，专业性很强，在订立保险合同时，投保方只能表示接受或不接受已事先拟定好的条款。加之保险合同条款专业性强，有自己独特的专业术语和惯例，一般人不容易完全理解，是否有对投保方不利的意思在争议出现之前很难看出来。为了避免保险人利用有利地位，侵害投保方的利益，要求保险人在拟定合同条款时尽量表达明确而确切，并在订立合同时向投保方明确说明合同的主要内容。如果由于条款文字、语言表达不清引起歧义，根据公平原则其责任应由保险人承担。因此，一旦出现争议，人民法院或仲裁机构应做有利于被保险人和受益人的解释，被保险人和受益人是受保险合同保障及享有最终利益的人。应注意的是，这种解释原则不能随意使用，只能运用于保险合同所用语言文字不清或者在一词多义的情况下，在尊重保险条款的原意的基础上进行解释。

4. 补充解释原则。补充解释是指在保险合同条款约定内容有遗漏或不完整时，借助商业习惯、国际惯例，在公平原则的基础上，对保险合同欠缺的内容进行务实、合理的补充解释，以便合同继续履行。保险业务有其特殊性，专业性强。在长期的业务经营活动中，保险产生了许多专业术语和习惯用语。这些专业术语和习惯用语为世界各国保险经营者所接受和认可，成为国际保险市场上的通行用语。因此，在解释保险合同时，对某些条款所用词语，不仅要考虑该词语的一般含义，而且还要考虑其在保险合同中的特殊含义。在保险合同中除了保险术语、法律术语之外，还会涉及其他专业术语，对于这些具有特定含义的专业术语，应按其所属行业或学科的技术标准或公认的定义解释。如在人身保险合同中对于疾病、伤残程度的解释，应遵照医学界的公认标准解释。

（二）保险合同条款的解释效力

保险合同条款的解释效力是指对于条款的解释所具有的法律所承认的效力。解释的效力应与保险合同条款出处、所拥有的解释权以及相对应的解释等相适应才具有法律效力。依据保险合同条款出处可以分为四类：第一类是根据《保险法》为基准指定的条款；第二类是由国家保险监督管理部门制定的条款；第三类是保险公司自己制定的条款；第四类是保险人与投保人协商制定的条款。不同类型的保险条款法律解释效力不同。第一、第二类条文和条款，其解释效力应按照对国家法律解释的形式进行说明。第三、第四类条文和条款，不属于法律、法规、规章的范畴。因此，其解释权在合同主体双方，只有在合同订立时双方商定承认的解释或产生争议后双方协商一致的解释，才对双方具有约束力，也才具有法律效力。一方面，任何单方面所作的解释都是不具有法律效力的。如保险人对保险合同条款内容的解释，只对保险公司员工具有约束力，而对投保人、被保险人不具有约束力。另一方面，当双方没有共同承认的解释方式或双方协商不能达成一致时，由仲裁机构和人民法院在审理纠纷时根据具体情况作出解释。这种解释只能适用于该案有效，对其他案件不具有解释效力。

第一、第二类条文和条款，其解释效力应按照对国家法律解释的形式进行说明。对法律的解释分为立法解释、司法解释、行政解释和学理解释。立法解释是指国家最高权力机关常设机关——在我国是人大常务委员会对宪法和法律的解释。司法解释是指国家最高司法机关在适用法律过程中，对于具体应用法律问题所作的解释。保险合同条款中有关《中华人民共和国保险法》的内容，在适用法律解释时必须遵循司法解释。行政解释是指国家最高行政机关及其主管部门对自己根据宪法和法律所制定的行政法规及部门规章所进行的解释。在我国最高行政机关是国务院及其主管部门。中国保险监督管理委员会是国务院金融监督管理部门，其指定的保险合同条款应属于规章类或视同规章。因此，中国保险监督管理委员会指定的保险合同条款应由中国保险监督管理委员会负责解释，并具有法律效力。学理解释是指一般社会团体、专家学者等对法律所进行的法理性的解释，但不具有法律效力。专家学者可以在教学或专著或宣传法律过程中对我国宪法、法律、行政法规、地方法规进行法理解释，但一般不能作为实施法律的依据。这些解释在仲裁、审判过程中有一定的参考作用。

二、保险合同争议处理的方法

按照我国法律的有关规定，保险合同争议处理的方法有以下几种。

（一）协商

协商是指合同纠纷发生后，由合同当事人就合同争议的问题进行磋商，双方都作出一定的让步，在彼此都认为可以接受的基础上达成和解协议的方式。协商在合同当事人之间进行，一般没有外界参与，有一定的灵活性，气氛一般比较友好，因此合同双方当事人往往能在友好的气氛中解决合同争议，并且协商成本较低。保险合同主体在自愿诚信互谅的基础上，根据法律规定及合同约定，双方充分交换意见，相互切磋理解，求大同存小异，对所争议的问题达成一致意见，自行协商解决争议，方法简便，使矛盾化解，有利于增进双方的进一步信任与合作，有利于合同的继续执行。

（二）调解

调解是指合同当事人自愿将合同争议提交给第三方，在第三方的主持下进行协商的方式。保险合同争议在第三方主持下，根据自愿、合法的原则，在双方当事人明辨是非、分清责任的基础上，促使双方互谅互让，达成和解协议，使合同得以履行。调解与协商有共同之处，气氛都比较友好，两者主要区别在于调解由第三方主持，而协商则由合同当事人直接进行。由于第三方调解人的身份不同，保险合同的调解可分为行政调解、仲裁调解和法院调解。行政调解是由各级保险监管机构主持的调解，从法律效果而言，行政协调不具有法律强制执行的效力。仲裁协调和法院协调一经形成调解协议，即具有法律强制执行的效力，当事人不得再就同一事件提交仲裁或提交起诉。任何一方当事人不执行仲裁协议或法院调解协议，对方当事人都可申请法院强制执行。我国在处理合同纠纷时，坚持先行调解原则，在调解不成时，再选择仲裁或诉讼方式。

（三）仲裁

仲裁是指保险合同的争议双方依照事先签订好的仲裁协议，自愿将彼此间的争议交由双方共同信任、法律认可的仲裁机构的仲裁员进行调解和裁决。仲裁裁决具有法律效力，当事人必须予以执行。

1. 仲裁的前提条件。保险双方只有事先在自愿的基础上达成仲裁协议后，才可以将他们的争议提交仲裁机构进行仲裁。凡是没有达成仲裁协议或一方申请仲裁，仲裁机构均不予受理。其中，仲裁协议应采用书面形式订立，并应写明仲裁意愿、事项及双方所共同选定的仲裁委员会。仲裁协议可以是订立合同时的仲裁条款，也可以是在争议发生前或发生时或发生后达成的仲裁协议。如果保险双方已达成仲裁协议，则法院不再受理其中任何一方的起诉。

2. 仲裁机构。仲裁机构主要是指依法设立的仲裁委员会，独立于国家行政机关的民间团体。仲裁机构与行政机关不存在隶属关系，仲裁委员会之间也没有隶属关系，也不存在级别管辖和地域管辖，也就是，仲裁委员会由当事人协议选定，不受级别和地域的限制。

一般仲裁委员会是每一个案件设立一个仲裁庭，由一名仲裁员或三名仲裁员组成，当事人有权选择其中的任何一种方式。

仲裁员必须具有法律规定的资格、公道正派。当事人约定一名仲裁员成立仲裁庭时，应在仲裁员名单中共同选定或共同委托仲裁委员会主任指定仲裁员。当事人约定由三位仲裁员组成仲裁庭时，应由当事人各自在仲裁员名单中选择自己信任的一名仲裁员，或者各自委托仲裁委员会主任指定一名仲裁员。首席仲裁员即第三名仲裁员，由当事人共同选定或者共同委托仲裁委员会主任指定。

3. 仲裁的法律效力。仲裁机构作出的仲裁具有很强的法律约束力。仲裁实行一裁终局的制度。裁决书作出之日即发生法律效力，一方不履行仲裁裁决的，另一方当事人可以根据民事诉讼的有关规定向法院申请执行仲裁裁决。当事人就同一纠纷不得向同一仲裁委员会或其他仲裁委员会再次申请仲裁，不得向法院提起诉讼，仲裁委员会和法院也不予受理。在仲裁裁决生效后六个月内，当事人提出有符合法定撤销裁决书的法律证明，可以向仲裁委员会所在地的中级法院申请撤销裁决。

仲裁方式解决争议，手续简便，可以充分发挥当事人双方的自主性，又因为是保险专家裁决，所以很有说服力，是争议处理的重要方式。

在保险实践中，涉及保险人与国内企事业单位的保险合同争议，可以通过仲裁机关裁决。涉及保险人与外资企业的保险合同争议，可以申请由中国国际贸易促进委员会对外经济贸易仲裁委员会仲裁。涉及海上货物运输保险和远洋船舶保险合同的争议，可以申请由中国对外经济贸易促进委员会海事仲裁委员会仲裁。

（四）诉讼

保险诉讼是指保险合同的争议双方当事人依法通过人民法院解决争议，进行裁决的方式。这是解决争议最激烈的方式。保险合同争议诉讼属于民事诉讼。保险合同诉讼体现为合同一方当事人按照民事法律诉讼程序向法院对另一方提出权益主张，并要求法院予以解决和保护的行为。

需要注意的是，与仲裁方式不同，法院在受理案件时，实行级别管辖和地域管辖、专属管辖和选择管辖相结合的方式。依据法律规定，保险合同双方当事人可以约定选择被告所在地、合同履行地、合同签订地、原告住所地、标的物所在地等法院申请起诉。《中华人民共和国民事诉讼法》第二十四条对保险合同纠纷的管辖法院作了明确的规定："因保险合同纠纷提起的诉讼，由被告住所地或者保险标的物所在地人民法院管辖。"《最高人民法院关于适用〈中华人民共和国民事诉讼法〉若干问题的意见》中规定："因保险合同纠纷提起的诉讼，如果保险标的物是运输工具或者运输中的货物，由被告住所地或者运输工具登记注册地、运输目的地、保险事故发生地的人民法院管辖。"保险合同双方当事人只能选择有权受理的法院起诉。

另一方面，我国现行诉讼制度，实行二审终审制度。民事诉讼一般分为起诉、审判和执行三个阶段。人民法院在受理案件时首先进行调解。如果调解成功，要出调解书，由审判员和书记员签名并盖人民法院的印章。如果调解不成功，法院依法判决，并作出判决书。当事人不服一审法院判决的可以在法定的上诉期内向高一级人民法院上诉申请再审。第二审判决为最终判决。当事人对已生效的判决必须执行。一经终审判决，立即发生法律效力，当事人必须执行。否则，法院有权强制执行。当事人对二审判决还不服的，只能通过申诉和抗诉程序。

【专栏 4 -2】

保险条款理解分歧易引发纠纷

近期，上海市第二中级人民法院对该院2003—2010 年审结的人身保险合同纠纷案件进行了统计和分析。统计显示，2003—2010 年，该院共受理人身保险合同纠纷案件159 件，审结154 件。其中一审案件1 件，其余均为二审案件。在审结的154 件案件中，健康保险居于纠纷首位，共87 件，占56%；人寿保险49 件，占32%（其中涉及分红险、投连险、万能险等的案件较少，主要系因投保人认为保险公司的广告宣传所称的红利发放水平与实际相差甚远而引发争议，共有11件）；意外伤害保险18件，占12%。大多数案件仍以传统保险业务为主。

上海市第二中级人民法院对人身保险合同纠纷案件的特点分析指出，首先，对保险条款的理解分歧，是人身保险合同纠纷案件的主要争点。主要情形包括：（1）保险条款自身存在问题。（2）因情势发生变更，导致原保险条款所对应的情形发生变化。（3）用语较为书面，表述不易理解。

其次，投保人未履行如实告知义务，成为保险公司拒赔的主要原因。保险合同被称为最大诚信合同，保险法为此设立了许多与普通民商法不同的特殊规则，投保人的如实告知义务就是其中重要的规则。投保人基于主观原因或客观上保险代理人未明确说明甚至有意误导导致未履行如实告知义务，一旦出险，保险公司即以此为由拒赔。据统计，由投保人是否尽到如实告知义务而引发的案件，占该院受理的人身保险案件的26%，其中保险公司拒赔获法院支持的超过七成。

再次，保险公司未尽明确说明义务，是被保险人对抗保险公司拒赔的主要事由。新保险法进一步规定：对于保险合同中免除保险人责任的条款，订立合同时，保险人应当对投保人进行充分提示，并且进行明确说明，没有进行提示或明确说明的，免责条款无效。实践中，保险代理人在向投保人推销保险产品时，因自身专业水平及趋利因素，未尽说明义务，使得投保人对条款未予注意或产生误解，保险事故发生后理赔被拒，引发诉讼。据统计，有近三成的人身保险合同案件涉及格式条款未尽说明义务，诸如对重大疾病的类型、伤残理赔程度及续保、免缴保费、意外的定义，以及对一些专业术语的解释存在差异等。

最后，团体险案件较易引发群体性事件。团体险引发的案件虽然数量不多，仅占案件总数的10%左右，但因其涉及人数多，而较易引发群体性事件。

（资料来源：《上海二中院统计显示：保险条款理解分歧易引发纠纷》，载《上海金融报》，2011年5月31日。）

【本章小结】

保险合同是指投保人与保险人之间约定保险权利义务关系的协议。保险合同是建立保险经济关系的基础和法律依据。保险合同是一种特殊的经济合同，既具有经济合同的特征又具有自身的特征，体现为双务性、射幸性、有偿性、要式性和属人性等特征。

根据保险标的的不同，可将保险合同分为财产保险合同与人身保险合同。根据保险标的的价值是否确定为标准，可将保险合同分为定值保险合同和不定值保险合同。根据保险金额和保险价值的关系，可将保险合同分为足额保险合同、不足额保险合同与超额保险合同。根据保险标的的数量不同，可以将保险合同分为单个保险合同和团体保险合同。根据保险人所承保风险的范围不同，可将保险合同分为指定险保险合同和一切险保险合同。根据保险人所负保险责任的次序为标准，可将保险合同分为原保险合同和再保

险合同。根据订立保险合同是为谁的利益为标准，可将保险合同分为为自己利益订立的保险合同和为他人利益订立的保险合同。

保险合同要素是本章的核心部分。保险合同要素由主体、客体和内容三部分组成。保险合同主体包括：保险合同当事人，是投保人与保险人；保险合同关系人，是被保险人、保单持有人和受益人；投保方是投保人、被保险人、受益人和保单持有人。保险方是保险人。

保险合同客体是保险利益。保险利益是指投保人对保险标的具有的法律上承认的利益。保险保障的是被保险人对保险标的具有的经济利益而不是标的本身。

保险合同内容是指保险合同记载的全部事项，包括合同主体、权利义务和具体事项，是合同主体之间享有权利、承担义务的基础。保险合同的主要内容包括：主体名称和住所、保险标的、保险价值、保险金额、保险费、保险期限、保险责任与除外责任、保险金赔偿或给付方法、违约责任和争议处理等。保险合同条款分为基本条款、附加条款、法定条款、保证条款和协会条款。

保险合同订立经过要约与承诺两个程序。保险合同成立与生效是两个概念。保险合同成立是指双方就合同内容达成一致。保险合同生效是指保险合同具有法律效力。保险合同一经成立，双方都应履行各自义务。保险合同是双务合同，只有履行义务才能享有权利，权利与义务是对等的。

保险合同的变更与终止。保险合同变更多因在合同期限内由于保险标的的转让而产生的保险单转让；保险标的在合同期限内数量变化、存放地点变化等。无论何种变化均应通知保险人，办理相应手续。货物运输保险合同是特例。保险合同终止是指保险合同成立后，由于法定或约定的事由发生，使合同的权利义务关系不再具有法律效力。保险合同终止有：保险期限届满、保险合同履行、保险标的的全部灭失及解约终止等。

保险合同条款解释原则包括：文义解释原则、意图解释原则、有利于被保险人原则、补充解释原则。保险合同争议处理方法：协商、调解、仲裁和诉讼。

【关键术语】

保险合同　Contract of insurance　　保险人　Insurer；Assurer

投保人　Applicant；Proposer　　被保险人　Insured

保单持有人　Policyholder　　受益人　Beneficiary

保险利益　Insurable interest　　保险标的　subject matter of insurance

保险金额　Amount insured　　保险费　Premium

保险价值　Insurable value　　合同条款　Contracts provisions

【复习思考题】

1. 保险合同的概念及其特征是什么？

2. 保险合同有哪些分类标准？

3. 保险合同的主体包括哪些？各自在合同中的权利义务是什么？

4. 如何理解保险合同的客体？

5. 保险合同包括的主要内容是什么？其核心部分是什么？

6. 保险合同如何变更？

7. 保险合同解释原则有几种？实务中应注意什么问题？

8. 保险合同的争议处理有几种？并进行比较。

9. 了解目前保险市场上的合同纠纷现状，并分析其原因和解决对策。

附录1：某保险公司企业财产综合险条款

总　则

第一条　本保险合同由保险条款、投保单、保险单或其他保险凭证以及批单组成。凡涉及本保险合同的约定，均应采用书面形式。

保险标的

第二条　本保险合同载明地址内的下列财产可作为保险标的：

（一）属于被保险人所有或与他人共有而由被保险人负责的财产；

（二）由被保险人经营管理或替他人保管的财产；

（三）其他具有法律上承认的与被保险人有经济利害关系的财产。

第三条　本保险合同载明地址内的下列财产未经保险合同双方特别约定并在保险合同中载明保险价值的，不属于本保险合同的保险标的：

（一）金银、珠宝、钻石、玉器、首饰、古币、古玩、古书、古画、邮票、字画、艺术品、稀有金属等珍贵财物；

（二）堤堰、水闸、铁路、道路、涵洞、隧道、桥梁、码头；

（三）矿井（坑）内的设备和物资；

（四）便携式通讯装置、便携式计算机设备、便携式照相摄像器材以及其他便携式装置、设备；

（五）尚未交付使用或验收的工程。

第四条　下列财产不属于本保险合同的保险标的：

（一）土地、矿藏、水资源及其他自然资源；

（二）矿井、矿坑；

（三）货币、票证、有价证券以及有现金价值的磁卡、集成电路（IC）卡等卡类；

（四）文件、账册、图表、技术资料、计算机软件、计算机数据资料等无法鉴定价值的财产；

（五）枪支弹药；

（六）违章建筑、危险建筑、非法占用的财产；

（七）领取公共行驶执照的机动车辆；

（八）动物、植物、农作物。

保险责任

第五条 在保险期间内，由于下列原因造成保险标的的损失，保险人按照本保险合同的约定负责赔偿：

（一）火灾、爆炸；

（二）雷击、暴雨、洪水、暴风、龙卷风、冰雹、台风、飓风、暴雪、冰凌、突发性滑坡、崩塌、泥石流、地面突然下陷下沉；

（三）飞行物体及其他空中运行物体坠落。

前款原因造成的保险事故发生时，为抢救保险标的或防止灾害蔓延，采取必要的、合理的措施而造成保险标的的损失，保险人按照本保险合同的约定也负责赔偿。

第六条 被保险人拥有财产所有权的自用的供电、供水、供气设备因保险事故遭受损坏，引起停电、停水、停气以致造成保险标的的直接损失，保险人按照本保险合同的约定也负责赔偿。

第七条 保险事故发生后，被保险人为防止或减少保险标的的损失所支付的必要的、合理的费用，保险人按照本保险合同的约定也负责赔偿。

责任免除

第八条 下列原因造成的损失、费用，保险人不负责赔偿：

（一）投保人、被保险人及其代表的故意或重大过失行为；

（二）行政行为或司法行为；

（三）战争、类似战争行为、敌对行动、军事行动、武装冲突、罢工、骚乱、暴动、政变、谋反、恐怖活动；

（四）地震、海啸及其次生灾害；

（五）核辐射、核裂变、核聚变、核污染及其他放射性污染；

（六）大气污染、土地污染、水污染及其他非放射性污染，但因保险事故造成的非放射性污染不在此限；

（七）保险标的的内在或潜在缺陷、自然磨损、自然损耗，大气（气候或气温）变化、正常水位变化或其他渐变原因，物质本身变化、霉烂、受潮、鼠咬、虫蛀、鸟啄、氧化、锈蚀、渗漏、自燃、烘焙；

（八）水箱、水管爆裂；

（九）盗窃、抢劫。

第九条 下列损失、费用，保险人也不负责赔偿：

（一）保险标的遭受保险事故引起的各种间接损失；

（二）广告牌、天线、霓虹灯、太阳能装置等建筑物外部附属设施，存放于露天或简易建筑物内部的保险标的以及简易建筑本身，由于雷击、暴雨、洪水、暴风、龙卷风、冰雹、台风、飓风、暴雪、冰凌、沙尘暴造成的损失；

（三）锅炉及压力容器爆炸造成其本身的损失；

（四）本保险合同中载明的免赔额或按本保险合同中载明的免赔率计算的免赔额。

第十条 其他不属于本保险合同责任范围内的损失和费用，保险人不负责赔偿。

保险价值、保险金额与免赔额（率）

第十一条 保险标的的保险价值可以为出险时的重置价值、出险时的账面余额、出险时的市场价值或其他价值，由投保人与保险人协商确定，并在本保险合同中载明。

第十二条 保险金额由投保人参照保险价值自行确定，并在保险合同中载明。保险金额不得超过保险价值。超过保险价值的，超过部分无效，保险人应当退还相应的保险费。

第十三条 免赔额（率）由投保人与保险人在订立保险合同时协商确定，并在保险合同中载明。

保险期间

第十四条 除另有约定外，保险期间为一年，以保险单载明的起讫时间为准。

保险人义务

第十五条 订立保险合同时，采用保险人提供的格式条款的，保险人向投保人提供的投保单应当附格式条款，保险人应当向投保人说明保险合同的内容。对保险合同中免除保险人责任的条款，保险人在订立合同时应当在投保单、保险单或者其他保险凭证上作出足以引起投保人注意的提示，并对该条款的内容以书面或者口头形式向投保人作出明确说明；未作提示或者明确说明的，该条款不产生效力。

第十六条 本保险合同成立后，保险人应当及时向投保人签发保险单或其他保险凭证。

第十七条 保险人依据第二十一条所取得的保险合同解除权，自保险人知道有解除事由之日起，超过三十日不行使而消灭。自保险合同成立之日起超过两年的，保险人不得解除合同；发生保险事故的，保险人承担赔偿责任。

保险人在合同订立时已经知道投保人未如实告知的情况的，保险人不得解除合同；发生保险事故的，保险人应当承担赔偿责任。

第十八条 保险人按照第二十七条的约定，认为被保险人提供的有关索赔的证明和资料不完整的，应当及时一次性通知投保人、被保险人补充提供。

第十九条 保险人收到被保险人的赔偿保险金的请求后，应当及时作出是否属于保险责任的核定；情形复杂的，应当在三十日内作出核定，但保险合同另有约定的除外。

保险人应当将核定结果通知被保险人；对属于保险责任的，在与被保险人达成赔偿保险金的协议后十日内，履行赔偿保险金义务。保险合同对赔偿保险金的期限有约定的，保险人应当按照约定履行赔偿保险金的义务。保险人依照前款约定作出核定后，对不属于保险责任的，应当自作出核定之日起三日内向被保险人发出拒绝赔偿保险金通知书，并说明理由。

第二十条 保险人自收到赔偿的请求和有关证明、资料之日起六十日内，对其赔偿保险金的数额不能确定的，应当根据已有证明和资料可以确定的数额先予支付；保险人最终确定赔偿的数额后，应当支付相应的差额。

投保人、被保险人义务

第二十一条 订立保险合同，保险人就保险标的或者被保险人的有关情况提出询问的，投保人应当如实告知，并如实填写投保单。

投保人故意或者因重大过失未履行前款规定的如实告知义务，足以影响保险人决定是否同意承保或者提高保险费率的，保险人有权解除合同。

投保人故意不履行如实告知义务的，保险人对于合同解除前发生的保险事故，不承担赔偿责任，并不退还保险费。

投保人因重大过失未履行如实告知义务，对保险事故的发生有严重影响的，保险人对于合同解除前发生的保险事故，不承担赔偿责任，但应当退还保险费。

第二十二条 投保人应按约定交付保险费。

约定一次性交付保险费的，投保人在约定交费日后交付保险费的，保险人对交费之前发生的保险事故不承担保险责任。

约定分期交付保险费的，保险人按照保险事故发生前保险人实际收取保险费总额与投保人应当交付的保险费的比例承担保险责任，投保人应当交付的保险费是指截至保险事故发生时投保人按约定分期应该缴纳的保费总额。

第二十三条 被保险人应当遵守国家有关消防、安全、生产操作、劳动保护等方面的相关法律、法规及规定，加强管理，采取合理的预防措施，尽力避免或减少责任事故的发生，维护保险标的的安全。

保险人可以对被保险人遵守前款约定的情况进行检查，向投保人、被保险人提出消除不安全因素和隐患的书面建议，投保人、被保险人应该认真付诸实施。

投保人、被保险人未按照约定履行其对保险标的的安全应尽责任的，保险人有权要求增加保险费或者解除合同。

第二十四条 保险标的转让的，被保险人或者受让人应当及时通知保险人。

因保险标的的转让导致危险程度显著增加的，保险人自收到前款规定的通知之日起三十日内，可以按照合同约定增加保险费或者解除合同。保险人解除合同的，应当将已收取的保险费，按照合同约定扣除自保险责任开始之日起至合同解除之日止应收的部分后，退还投保人。

被保险人、受让人未履行本条规定的通知义务的，因转让导致保险标的的危险程度显著增加而发生的保险事故，保险人不承担赔偿责任。

第二十五条 在合同有效期内，如保险标的占用与使用性质、保险标的的地址及其他可能导致保险标的的危险程度显著增加的，或其他足以影响保险人决定是否继续承保或是否增加保险费的保险合同重要事项变更，被保险人应及时书面通知保险人，保险人有权要求增加保险费或者解除合同。

被保险人未履行前款约定的通知义务的，因保险标的的危险程度显著增加而发生的保险事故，保险人不承担赔偿责任。

第二十六条 知道保险事故发生后，被保险人应该：

（一）尽力采取必要、合理的措施，防止或减少损失，否则，对因此扩大的损失，保险人不承担赔偿责任。

（二）立即通知保险人，并书面说明事故发生的原因、经过和损失情况；故意或者因重大过失未及时通知，致使保险事故的性质、原因、损失程度等难以确定的，保险人对无法确定的部分，不承担赔偿责任，但保险人通过其他途径已经及时知道或者应当及时知道保险事故发生的除外。

（三）保护事故现场，允许并且协助保险人进行事故调查；对于拒绝或者妨碍保险人进行事故调查导致无法确定事故原因或核实损失情况的，保险人对无法核实的部分不承担赔偿责任。

第二十七条 被保险人请求赔偿时，应向保险人提供下列证明和资料：

（一）保险单正本、索赔申请、财产损失清单、技术鉴定证明、事故报告书、救护费用发票、必要的账簿、单据和有关部门的证明；

（二）投保人、被保险人所能提供的与确认保险事故的性质、原因、损失程度等有关的其他证明和资料。

投保人、被保险人未履行前款约定的单证提供义务，导致保险人无法核实损失情况的，保险人对无法核实的部分不承担赔偿责任。

赔偿处理

第二十八条 保险事故发生时，被保险人对保险标的不具有保险利益的，不得向保险人请求赔偿保险金。

第二十九条　保险标的发生保险责任范围内的损失，保险人有权选择下列方式赔偿：

（一）货币赔偿：保险人以支付保险金的方式赔偿；

（二）实物赔偿：保险人以实物替换受损标的，该实物应具有保险标的出险前同等的类型、结构、状态和性能；

（三）实际修复：保险人自行或委托他人修理修复受损标的。

对保险标的在修复或替换过程中，被保险人进行的任何变更、性能增加或改进所产生的额外费用，保险人不负责赔偿。

第三十条　保险标的遭受损失后，如果有残余价值，应由双方协商处理。如折归被保险人，由双方协商确定其价值，并在保险赔款中扣除。

第三十一条　保险标的发生保险责任范围内的损失，保险人按以下方式计算赔偿：

（一）保险金额等于或高于保险价值时，按实际损失计算赔偿，最高不超过保险价值；

（二）保险金额低于保险价值时，按保险金额与保险价值的比例乘以实际损失计算赔偿，最高不超过保险金额；

（三）若本保险合同所列标的不止一项时，应分项按照本条约定处理。

第三十二条　保险标的的保险金额大于或等于其保险价值时，被保险人为防止或减少保险标的的损失所支付的必要的、合理的费用，在保险标的的损失赔偿金额之外另行计算，最高不超过被施救保险标的的保险价值。

保险标的的保险金额小于其保险价值时，上述费用按被施救保险标的的保险金额与其保险价值的比例在保险标的的损失赔偿金额之外另行计算，最高不超过被施救保险标的的保险金额。

被施救的财产中，含有本保险合同未承保财产的，按被施救保险标的的保险价值与全部被施救财产价值的比例分摊施救费用。

第三十三条　每次事故保险人的赔偿金额为根据第三十一条、第三十二条约定计算的金额扣除每次事故免赔额后的金额，或者为根据第三十一条、第三十二条约定计算的金额扣除该金额与免赔率乘积后的金额。

第三十四条　保险事故发生时，如果存在重复保险，保险人按照本保险合同的相应保险金额与其他保险合同及本保险合同相应保险金额总和的比例承担赔偿责任。

其他保险人应承担的赔偿金额，本保险人不负责垫付。若被保险人未如实告知导致保险人多支付赔偿金的，保险人有权向被保险人追回多支付的部分。

第三十五条　保险标的发生部分损失，保险人履行赔偿义务后，本保险合同的保险金额自损失发生之日起按保险人的赔偿金额相应减少，保险人不退还保险金额减少部分的保险费。如投保人请求恢复至原保险金额，应按原约定的保险费率另行支付恢复部分从投保人请求的恢复日期起至保险期间届满之日止按日比例计算的保险费。

第三十六条　发生保险责任范围内的损失，应由有关责任方负责赔偿的，保险人自向被保险人赔偿保险金之日起，在赔偿金额范围内代位行使被保险人对有关责任方请求赔偿的权利，被保险人应当向保险人提供必要的文件和所知道的有关情况。

被保险人已经从有关责任方取得赔偿的，保险人赔偿保险金时，可以相应扣减被保险人已从有关责任方取得的赔偿金额。

保险事故发生后，在保险人未赔偿保险金之前，被保险人放弃对有关责任方请求赔偿权利的，保险人不承担赔偿责任；保险人向被保险人赔偿保险金后，被保险人未经保险人同意放弃对有关责任方请求赔偿权利的，该行为无效；由于被保险人故意或者因重大过失致使保险人不能行使代位请求赔偿

的权利的，保险人可以扣减或者要求返还相应的保险金。

第三十七条　被保险人向保险人请求赔偿保险金的诉讼时效期间为二年，自其知道或者应当知道保险事故发生之日起计算。

争议处理和法律适用

第三十八条　因履行本保险合同发生的争议，由当事人协商解决。协商不成的，提交保险单载明的仲裁机构仲裁；保险单未载明仲裁机构且争议发生后未达成仲裁协议的，依法向人民法院起诉。

第三十九条　与本保险合同有关的以及履行本保险合同产生的一切争议，适用中华人民共和国法律（不包括港澳台地区法律）。

其他事项

第四十条　保险标的发生部分损失的，自保险人赔偿之日起三十日内，投保人可以解除合同；除合同另有约定外，保险人也可以解除合同，但应当提前十五日通知投保人。

保险合同依据前款规定解除的，保险人应当将保险标的未受损失部分的保险费，按照合同约定扣除自保险责任开始之日起至合同解除之日止应收的部分后，退还投保人。

第四十一条　保险责任开始前，投保人要求解除保险合同的，应当按本保险合同的约定向保险人支付退保手续费，保险人应当退还剩余部分保险费。

保险责任开始后，投保人要求解除保险合同的，自通知保险人之日起，保险合同解除，保险人按短期费率计收保险责任开始之日起至合同解除之日止期间的保险费，并退还剩余部分保险费。

保险责任开始后，保险人要求解除保险合同的，可提前十五日向投保人发出解约通知书解除本保险合同，保险人按照保险责任开始之日起至合同解除之日止期间与保险期间的日比例计收保险费，并退还剩余部分保险费。

第四十二条　保险标的发生全部损失，属于保险责任的，保险人在履行赔偿义务后，本保险合同终止；不属于保险责任的，本保险合同终止，保险人按短期费率计收自保险责任开始之日起至损失发生之日止期间的保险费，并退还剩余部分保险费。

附录 2：某保险公司个人人身意外伤害保险条款

总　　则

第一条　本保险合同由保险条款、投保单、保险单、保险凭证以及批单等组成。凡涉及本保险合同的约定，均应采用书面形式。

第二条　被保险人应为 16 周岁（含）至 65 周岁（含），身体健康、能正常工作或正常生活的自然人。

第三条　投保人应为具有完全民事行为能力的被保险人本人、对被保险人有保险利益的其他人。

第四条　本保险合同的受益人包括：

（一）身故保险金受益人

订立本保险合同时，被保险人或投保人可指定一人或数人为身故保险金受益人。身故保险金受益人为数人时，应确定其受益顺序和受益份额；未确定受益份额的，各身故保险金受益人按照相等份额享有受益权。投保人指定受益人时须经被保险人同意。

被保险人死亡后，有下列情形之一的，保险金作为被保险人的遗产，由保险人依照《中华人民共和国继承法》的规定履行给付保险金的义务：

（1）没有指定受益人，或者受益人指定不明无法确定的；

（2）受益人先于被保险人死亡，没有其他受益人的；

（3）受益人依法丧失受益权或者放弃受益权，没有其他受益人的。

受益人与被保险人在同一事件中死亡，且不能确定死亡先后顺序的，推定受益人死亡在先。

被保险人或投保人可以变更身故保险金受益人，但需书面通知保险人，由保险人在本保险合同上批注。对因身故保险金受益人变更发生的法律纠纷，保险人不承担任何责任。

投保人指定或变更身故保险金受益人的，应经被保险人书面同意。被保险人为无民事行为能力人或限制民事行为能力人的，应由其监护人指定或变更身故保险金受益人。

（二）残疾保险金受益人

除另有约定外，本保险合同的残疾保险金的受益人为被保险人本人。

保障内容

第五条　在本保险合同的保险期间内，被保险人遭受意外伤害，保险人按以下约定给付保险金：

（一）身故保险责任

在保险期间内，被保险人遭受意外伤害事故，并自事故发生之日起 180 日内以该次意外伤害为直接原因身故的，保险人按保险单所载该被保险人意外伤害保险金额给付身故保险金。对该被保险人的保险责任终止。

被保险人因遭受意外伤害事故且自该事故发生日起下落不明，后经中华人民共和国（不含港、澳、台地区，下同）法院宣告死亡的，保险人按保险金额给付身故保险金。但若被保险人被宣告死亡后生还的，保险金申请人应于知道或应当知道被保险人生还后 30 日内退还保险人给付的身故保险金。

被保险人身故前保险人已给付第五条约定的残疾保险金的，身故保险金应扣除已给付的保险金。

（二）残疾保险责任

在保险期间内，被保险人遭受意外伤害事故，并自该事故发生之日起 180 日内以该次意外伤害为直接原因致本保险合同所附《人身保险残疾程度与保险金给付比例表》（简称《给付表一》）所列残疾之一的，保险人按保险单所载的该被保险人意外伤害保险金额及该项残疾所对应的给付比例给付残疾保险金。如第 180 日治疗仍未结束的，按当日的身体情况进行残疾鉴定，并据此给付残疾保险金。如被保险人的残疾程度不在所附《给付表一》之列，保险人不承担给付残疾保险金责任。

（1）被保险人因同一意外伤害事故导致一项以上残疾时，保险人给付各项残疾保险金之和，但给付总额不超过该被保险人意外伤害保险金额。不同残疾项目属于同一肢时，仅给付其中一项残疾保险金；若属于同一肢的残疾项目所对应的给付比例不同时，保险人给付其中比例较高一项的残疾保险金。

（2）该次意外伤害导致的残疾合并前次残疾可领取较高比例残疾保险金者，按较高比例给付，但前次已给付的残疾保险金（投保前已患或因责任免除事项所致《给付表一》所列的残疾视为已给付残疾保险金）应予以扣除。

（三）保险人对于每一被保险人的身故保险金、残疾保险金的给付总额，以保险单所载明的该被保险人的意外伤害保险金额为限。一次或累计给付的保险金达到意外伤害保险金额时，保险人对该被保险人的上述各项保险责任终止。

责任免除

第六条 因下列原因之一，直接或间接造成被保险人身故、残疾的，保险人不承担给付保险金责任：

（一）投保人的故意行为；

（二）被保险人自致伤害或自杀，但被保险人自杀时为无民事行为能力人的除外；

（三）因被保险人挑衅或故意行为而导致的打斗、被袭击或被谋杀；

（四）被保险人违法、犯罪或者抗拒依法采取的刑事强制措施；

（五）被保险人因疾病、妊娠、流产、分娩导致的伤害，但意外伤害所致的流产或分娩不在此限；

（六）被保险人因药物过敏、整容手术、内外科手术或其他医疗导致的伤害；

（七）被保险人未遵医嘱，私自服用、涂用、注射药物，但按使用说明的规定使用非处方药不在此限；

（八）被保险人因意外伤害、自然灾害事故以外的原因失踪而被法院宣告死亡的；

（九）被保险人进行潜水、跳伞、滑雪、滑冰、滑翔、狩猎、攀岩、探险、武术、摔跤、特技、赛马、赛车、蹦极、卡丁车等高风险运动和活动；

（十）任何生物、化学、原子能武器，原子能或核能装置所造成的爆炸、灼伤、污染或辐射；

（十一）恐怖袭击。

第七条 被保险人在下列期间遭受伤害导致身故、残疾的，保险人也不承担给付保险金责任：

（一）被保险人精神失常或精神错乱期间；

（二）战争、军事行动、暴动或武装叛乱期间；

（三）被保险人醉酒或毒品、管制药物的影响期间；

（四）被保险人酒后驾车、无有效驾驶证驾驶或驾驶无有效行驶证的机动车期间。

保险金额和保险费

第八条 保险金额是保险人承担给付保险金责任的最高限额。

保险金额由投保人、保险人双方约定，并在保险单中载明。保险金额一经确定，中途不得变更。

投保人应该按照合同约定向保险人交纳保险费。

保险期间

第九条 除双方另有约定外，本保险合同保险期间为一年，以保险单载明的起讫时间为准。

保险人义务

第十条 订立保险合同时，采用保险人提供的格式条款的，保险人向投保人提供的投保单应当附格式条款，保险人应当向投保人说明保险合同的内容。对保险合同中免除保险人责任的条款，保险人在订立合同时应当在投保单、保险单或者其他保险凭证上作出足以引起投保人注意的提示，并对该条款的内容以书面或者口头形式向投保人作出明确说明；未作提示或者明确说明的，该条款不产生效力。

第十一条 本保险合同成立后，保险人应当及时向投保人签发保险单或其他保险凭证。

第十二条 保险人依据第十七条所取得的保险合同解除权，自保险人知道有解除事由之日起，超过三十日不行使而消灭。

保险人在合同订立时已经知道投保人未如实告知的情况的，保险人不得解除合同；发生保险事故的，保险人应当承担给付保险金责任。

第十三条 保险人认为被保险人提供的有关索赔的证明和资料不完整的，应当及时一次性通知投保人、被保险人补充提供。

第十四条 保险人收到被保险人的给付保险金的请求后，应当及时作出是否属于保险责任的核定；情形复杂的，应当在三十日内作出核定，但保险合同另有约定的除外。

保险人应当将核定结果通知被保险人；对属于保险责任的，在与被保险人达成给付保险金的协议后十日内，履行赔偿保险金义务。保险合同对给付保险金的期限有约定的，保险人应当按照约定履行给付保险金的义务。保险人依照前款约定作出核定后，对不属于保险责任的，应当自作出核定之日起三日内向被保险人发出拒绝给付保险金通知书，并说明理由。

第十五条 保险人自收到给付保险金的请求和有关证明、资料之日起六十日内，对其给付的数额不能确定的，应当根据已有证明和资料可以确定的数额先予支付；保险人最终确定给付的数额后，应当支付相应的差额。

投保人、被保险人义务

第十六条 除另有约定外，投保人应当在保险合同成立时交清保险费。保险费未交清前，本保险合同不生效，对保险费交清前发生的保险事故，保险人不承担保险责任。

第十七条 订立保险合同，保险人就保险标的或者被保险人的有关情况提出询问的，投保人应当如实告知。

投保人故意或者因重大过失未履行前款规定的义务，足以影响保险人决定是否同意承保或者提高保险费率的，保险人有权解除本保险合同。

投保人故意不履行如实告知义务的，保险人对于合同解除前发生的保险事故，不承担给付保险金责任，并不退还保险费。

投保人因重大过失未履行如实告知义务，对保险事故的发生有严重影响的，保险人对于合同解除前发生的保险事故，不承担给付保险金责任，但应当退还保险费。

第十八条 被保险人变更职业或工种时，投保人或被保险人应在 10 日内以书面形式通知保险人。

被保险人所变更的职业或工种依照保险人职业分类在拒保范围内的，保险人在接到通知后有权解除本保险合同并按照接到通知之日退还原职业或工种所对应的未满期净保险费。被保险人所变更的职

业或工种依照保险人职业分类仍可承保的或在拒保范围内但保险人认定可以继续承保的，保险人按照接到通知之日计算并退还原职业或工种所对应的未满期净保险费，投保人补交按照保险人接到通知之日计算的新职业或工种所对应的未满期净保险费。

被保险人所变更的职业或工种，依照保险人职业分类其危险性增加，且未依本条约定通知保险人而发生保险事故的，保险人按其原交保险费比新职业或工种所对应的保险费率计算并给付保险金。被保险人所变更的职业或工种依照保险人职业分类在拒保范围内，保险人不承担给付保险金的责任。

第十九条　投保人住所或通讯地址变更时，应及时以书面形式通知保险人。投保人未通知的，保险人按本保险合同所载的最后住所或通讯地址发送的有关通知，均视为已发送给投保人。

第二十条　投保人、被保险人或者保险金受益人知道保险事故发生后，应当及时通知保险人。故意或者因重大过失未及时通知，致使保险事故的性质、原因、损失程度等难以确定的，保险人对无法确定的部分，不承担给付保险金责任，但保险人通过其他途径已经及时知道或者应当及时知道保险事故发生的除外。

上述约定，不包括因不可抗力而导致的迟延。

保险金申请与给付

第二十一条　保险金申请人向保险人申请给付保险金时，应提交以下材料。保险金申请人因特殊原因不能提供以下材料的，应提供其他合法有效的材料。保险金申请人未能提供有关材料，导致保险人无法核实该申请的真实性的，保险人对无法核实部分不承担给付保险金的责任。

（一）身故保险金申请

（1）保险金给付申请书；

（2）保险单原件；

（3）保险金申请人的身份证明；

（4）公安部门出具的被保险人户籍注销证明、中华人民共和国境内二级以上（含二级）或保险人认可的医疗机构出具的被保险人身故证明书。若被保险人为宣告死亡，保险金申请人应提供中华人民共和国法院出具的宣告死亡证明文件；

（5）事发当地政府有关部门出具的意外伤害事故证明或者中华人民共和国驻该国的使馆、领馆出具的意外伤害事故证明；

（6）保险金申请人所能提供的与确认保险事故的性质、原因、损失程度等有关的其他证明和资料；

（7）若保险金申请人委托他人申请的，还应提供授权委托书原件、委托人和受托人的身份证明等相关证明文件。受益人为无民事行为能力人或者限制民事行为能力人的，由其监护人代为申领保险金，并需要提供监护人的身份证明等资料。

（二）残疾保险金申请

（1）保险金给付申请书；

（2）保险单原件；

（3）被保险人身份证明；

（4）中华人民共和国境内二级以上（含二级）或保险人认可的医疗机构或司法鉴定机构出具的残疾程度鉴定诊断书；

（5）事发当地政府有关部门出具的意外伤害事故证明或者中华人民共和国驻该国的使、领馆出具的意外伤害事故证明；

（6）保险金申请人所能提供的其他与本项申请相关的材料；

（7）若保险金申请人委托他人申请的，还应提供授权委托书原件、委托人和受托人的身份证明等相关证明文件。受益人为无民事行为能力人或者限制民事行为能力人的，由其监护人代为申领保险金，并需要提供监护人的身份证明等资料。

诉讼时效期间

第二十二条　保险金申请人向保险人请求给付保险金的诉讼时效期间为二年，自其知道或者应当知道保险事故发生之日起计算。

争议处理和法律适用

第二十三条　因履行本保险合同发生的争议，由当事人协商解决。协商不成的，提交保险单载明的仲裁机构仲裁；保险单未载明仲裁机构或者争议发生后未达成仲裁协议的，依法向中华人民共和国法院起诉。

第二十四条　与本保险合同有关的以及履行本保险合同产生的一切争议处理适用中华人民共和国法律（不包括港澳台地区法律）。

其他事项

第二十五条　在本保险合同成立后，投保人可以书面形式通知保险人解除合同，但保险人已根据本保险合同约定给付保险金的除外。

投保人解除本保险合同时，应提供下列证明文件和资料：

（1）保险合同解除申请书；

（2）保险单原件；

（3）保险费交付凭证；

（4）投保人身份证明或投保单位证明。

投保人要求解除本保险合同，自保险人接到保险合同解除申请书之时起，本保险合同的效力终止。保险人收到上述证明文件和资料之日起 30 日内退还保险单的未满期净保险费。

第五章

保险的基本原则

【本章提示】

保险的基本原则是保险学原理的核心内容，这些原则不仅是保险学最重要的内容，也是保险实践中必须遵循的原则，许多合同条款甚至法律、法规遗漏的难题，都要依据这些基本原则来解决。另一方面，这些原则的内容往往在保险法律中都有体现。本章的主要内容包括保险利益原则、最大诚信原则、损失补偿原则以及近因原则。通过本章的学习，读者对保险将会有很深刻的认识。

第一节　保险利益原则

一、保险利益原则的含义及其构成要件

（一）保险利益的含义

保险利益是指投保人或被保险人对保险标的所具有的法律上承认的利益。它体现了投保人或被保险人与保险标的之间所存在的利益关系。

衡量投保人或被保险人对保险标的是否具有保险利益的标志是看投保人或被保险人是否会因该保险标的的损毁或灭失而遭受经济上的损失。即当保险标的安全时，投保人或被保险人利益不受损害，而当保险标的受损时，投保人或被保险人必然会遭受经济损失，则可以认为投保人或被保险人对该保险标的具有保险利益。比如，王某购买了一辆货车跑长途运输，当该货车处于正常运转状态时，王某可以获得稳定的运输收入，然而，当该货车发生严重碰撞事故而不能正常运转时，王某会因为该事故发生一定的修理费用，并会因业务中断而产生收入上的损失，据此可以认为王某对该货车具有保险利益。

（二）保险利益原则的含义

保险利益原则是指在签订和履行保险合同的过程中，投保人或被保险人对保险标的必须具有保险利益。如果投保人或被保险人对保险标的不具有保险利益，签订的保险合

同无效。当保险合同生效后，投保人或被保险人如果失去了对保险标的的保险利益，则保险合同也随之失效。当发生保险责任事故后，被保险人不得因保险而获得保险利益以外的额外利益。

（三）保险利益的构成要件

投保人或被保险人对保险标的所具有的利益并非都可以构成保险利益，保险利益的构成必须符合下列条件：

1. 必须是合法的利益。投保人对保险标的所具有的利益必须是合法的利益，即得到法律认可、符合法律规定并且受到法律保护的利益。必须做到主体合法、标的合法、行为合法。违法行为所产生的利益，不能成为保险利益。对于非法的利益，如以走私、盗窃、抢劫等不当行为占有或获得的利益，因为不受法律保护，当然不能构成保险利益。另外，法律上不予承认的利益也不能构成保险利益。

2. 保险利益必须是可以确定的利益。确定的利益包括已经确定和能够确定的利益。已经确定的利益是指事实上的利益即现有利益，如投保人已经拥有的财产所有权、使用权而享有的利益。能够确定的利益是指客观可以实现的利益即预期利益。预期利益在海洋运输货物保险中是正收益。按照国际保险惯例，海洋运输货物保险的保险金额采用成本、保险费、运费的到岸价格（CIF 价格）另加成 10% 确定，其中 10% 就是预期利益。但是，在责任保险中，投保人的预期利益是一种负收益。这是因为对投保人而言，当其出现过失或侵权行为后，法律体系往往要求其承担相应的民事赔偿责任，这对投保人而言，表现为经济上的额外支出。预期利益是基于现有利益对未来可能产生的利益，必须建立在客观物质基础上，而不是主观臆断，凭空想象可能会得到的利益。没有客观物质基础依托的利益不能作为保险利益。

3. 保险利益必须是经济利益。经济利益是指投保人对保险标的利益价值必须能够用货币计量，又称金钱上的利益。保险在经济运行中的独特功能就是当被保险人的保险标的发生保险事故时遭受经济损失，保险人给予经济补偿。保险经济损失补偿是基于投保人对保险标的所具有的经济上的利益的事实。如果投保人对保险标的不具有经济利益，或者具有的利益不能用货币计量，那么保险赔偿或给付就无法兑现。因此，不能用货币计量其价值的利益也就不能成为保险利益。

需要指出的是，以上三点主要是财产保险中保险利益的构成要件。在人身保险中，保险利益是指投保人对被保险人的生命和身体所具有的利害关系。由于人身保险的标的具有人格化特征，人的生命和身体不能用货币来衡量其价值，因此人身保险的保险利益更多地表现为人与人之间的身份关系和信赖关系。

二、强调保险利益原则的意义

在保险活动中强调保险利益原则的意义在于：

1. 使保险与赌博之间划清了界线。保险和赌博都有不确定性，都会因偶然事件的发生而获得货币收入或遭受货币损失。如果保险关系不是建立在投保人对保险标的所具有的保险利益的基础上，而是投保人可以就任一标的投保，由于保险费与保险金额的巨大

反差，就有可能使投保人获得远高于其保险费支出的赔偿，此种保险行为无异于赌博，与互助共济的保险思想相违背，也不符合社会公共利益。所以，为了使保险区别于赌博，并使其不成为赌博，要求投保人对保险标的必须具有保险利益，被保险人只有在经济利益受损的条件下才能得到保险赔偿，从而实现保险补偿损失的目的。

2. 规定了保险保障的最高限额。保险作为一种经济补偿制度，其宗旨是补偿被保险人在保险标的发生事故时遭受的经济损失，但不允许被保险人通过保险而获得额外的利益。以保险利益作为保险保障的最高限额既能保证被保险人能够得到足够的、充分的补偿，又能满足被保险人不会因保险而获得额外利益的要求。投保人根据保险利益确定保险金额，保险人根据保险利益决定是否承保，并在其额度内支付保险赔付。因此，保险利益原则既为投保人确定保险保障的最高限额，同时又为保险人的保险赔付提供了依据。

3. 防止道德风险的发生。保险赔偿或给付是以保险标的遭受损失或保险事件的发生为前提条件，如果投保人或被保险人对保险标的无保险利益，那么该标的受损，对他来说不仅没有损失，而且还可以获得保险赔偿，这样就可能诱发投保人或被保险人为谋取保险赔款而故意破坏保险标的的道德风险。相反，规定保险利益原则，将投保人的利益与保险标的的安全紧密相连，这种利益因保险标的的安全而继续存在，因保险标的的受损而受损，这样就避免了投保人或被保险人主动去触发保险事故发生的道德风险。另外，即使在发生保险事故后，由于保险利益是保险保障的最高限额，保险人只是在这个限额内根据实际损失进行赔偿，被保险人充其量也只能获得其原有的利益，并不能因保险事故的发生而获得额外的利益，由此，也可以防范道德危险的发生。

三、财产保险的保险利益

这里所说的财产保险是指广义上的财产保险，包括财产保险、责任保险和信用与保证保险等。

（一）狭义财产保险的保险利益

财产保险的保险标的是财产及其有关利益，因此，投保人对其受到法律承认和保护的，拥有所有权、占有权和债权等权利的财产及其有关利益具有保险利益。该保险利益是由于投保人对保险标的具有的某种经济上或法律上的利益关系而产生的，包括现有利益和预期利益。

1. 现有利益。现有利益随物权的存在而产生。现有利益是投保人或被保险人对财产已经享有且可继续享有的利益，如汽车、房屋、船舶、货物或其他财产的利益等。由于财产权分为物权、债权和知识产权中的财产权，所以投保人如现时对财产具有合法的所有权、抵押权、质权、留置权、典权等关系且继续存在者，均具有保险利益。如投保人对于自己拥有所有权的汽车、房屋等，便是依据所有权而享有其所有的利益。但现有利益又并非以所有利益为限，抵押人对于抵押物，质权人对于质押物，债务人对于留置物等，也具有现有利益，从而具有保险利益。

2. 预期利益。预期利益是因财产的现有利益而存在确实可得的、依法律或合同产生的、未来一定时期的利益。预期利益必须是以现有利益为基础，是确定的、法律上认可的利益。它包括利润利益、租金收入利益、运费收入利益等。如企业的预期利润、汽车的营运收入、货物预期利润等。又如，货物运输的承运人对于运费具有保险利益，因为若运输中发生风险事故致使货物受损，则承运人的收入也会减少。同理，房屋的出租人对于出租房屋的预期租金具有保险利益。

（二）责任保险的保险利益

责任保险是以被保险人的民事损害赔偿责任作为保险标的的一种保险。投保人与其所应负的损害赔偿责任之间的法律关系构成了责任保险的保险利益。凡是法律法规或行政命令所规定的，因承担民事损害赔偿责任而需支付损害赔偿金和其他费用的人对责任保险具有保险利益，都可以投保责任保险。根据责任保险险种的不同，责任保险的保险利益也不同。

1. 公众责任保险。各种固定场所，如饭店、旅馆、影剧院等的所有人、管理人，对因固定场所的缺陷或管理上的过失及其他意外事件导致顾客、观众等人身伤害或财产损失依法应承担经济赔偿责任的，具有保险利益。

2. 产品责任保险。制造商、销售商、修理商因其制造、销售、修理的产品有缺陷，对用户或消费者造成人身伤害和财产损失，依法应承担经济赔偿责任的，具有保险利益。

3. 职业责任保险。各类专业人员因工作的疏忽或过失使他人遭受损害，依法应承担经济赔偿责任的，具有保险利益。

4. 雇主责任保险。雇主对雇员在受雇期间因从事与职业有关的工作而患职业病或伤、残、死亡等依法应承担医药费、工伤补贴、家属抚恤责任的，具有保险利益。

（三）信用与保证保险的保险利益

信用与保证保险是一种担保性质的保险，其保险标的是一种信用行为。权利人与被保险人之间必须建立合同关系，双方存在经济上的利益关系。当义务人因种种原因不能履行应尽义务，使权利人遭受损失时，权利人对义务人的信用具有保险利益。而当权利人担心义务人的履约与否、守信与否时，义务人因权利人对其信誉怀疑而具有保险利益。如债权人对债务人的信用具有保险利益，可投保信用保险，债务人对自身的信用也具有保险利益，可投保保证保险。其他如雇主对雇员的信用具有保险利益，制造商对销售商的信用具有保险利益，业主对承包商的合同的实现具有保险利益。

四、人身保险的保险利益

人身保险的保险利益在于投保人对被保险人的生命和身体所具有的利害关系。人身保险以人的生命或身体为保险标的，只有当投保人对被保险人的生命或身体具有某种利益关系时，投保人才能对被保险人具有保险利益。根据我国《保险法》的相关规定，人身保险的保险利益有以下几种情况：

1. 投保人对自己的生命和身体具有保险利益。任何人对自己的生命和身体都有保险利益。

2. 投保人与有亲属血缘关系的人，法律规定具有保险利益。亲属血缘关系主要是指配偶、子女、父母、兄弟姐妹等家庭成员。有些国家规定，具有保险利益的仅为直系近

亲，有些国家的规定范围则较大。通常，只要在同一家庭中生活的近亲属，一般都认为相互之间存在保险利益。

3. 投保人对与自己有抚养、赡养或者扶养关系的家庭其他成员、近亲属具有保险利益，而不论是否存在血缘关系。

4. 投保人与其具有劳动关系的人具有保险利益。雇主对与其有劳动关系的劳动者具有一定的保险利益。雇主为雇员投保以雇员本人或其近亲属为受益人的人寿保险、医疗保险等，可以作为一种福利吸引和留住优秀雇员。

5. 被保险人同意投保人为其订立合同的，视为投保人对被保险人具有保险利益。常见的债权人为债务人投保、委托人为受托人投保、某合伙人为其他合伙人投保，一般都以被保险人同意的方式，而使投保人具有法律上承认的保险利益。

需要注意的是，保险利益的确定各国有不同的规定。如英美法系国家基本上采取"利益主义"原则，即以投保人与被保险人之间是否存在经济上的利益关系为判断依据。而大陆法系的国家通常采用"同意主义"原则，即无论投保人与被保险人之间是否存在利益关系，只要被保险人同意，则认为具有保险利益。此外，还有一些国家采取"利益主义与同意主义相结合"的原则，即投保人与被保险人之间具有利益关系，或投保人与被保险人之间虽没有利益关系，但只要被保险人同意，都可被视为具有保险利益。我国《保险法》中采用的正是利益主义与同意主义相结合的原则。

五、保险利益的转移、消灭和适用时限

1. 转移。保险利益的转移是指在保险合同有效期间，投保人将保险利益转移给受让人，而保险合同仍然有效。保险利益发生转移的原因有继承、让与、破产等。

（1）继承。国际上大多数国家的立法承认，在财产保险中，被保险人死亡后，其继承人可以自动获得保险利益。就人身保险而言，情况有所不同。当被保险人死亡后，如属死亡保险或两全保险，保险人即应承担保险金给付责任，保险合同终止；如属其他类型的人身保险合同，则保险合同因保险标的的消灭而终止。这两种情况都不能被认为是保险利益的转移。但是，投保人的死亡（投保人和被保险人不是同一人）有可能造成保险利益的转移：对于因债权等经济关系而产生的保险利益，只要是依法可以继承的利益，投保人对被保险人的保险利益可以发生转移，继承人可以取得被继承人（投保人）对被保险人的保险利益；对于因亲属关系、抚养关系等而产生的保险利益，由于其专属于原投保人，不能作为遗产继承，因此不发生保险利益转移的情形。

（2）让与。在财产保险中，保险利益是否因保险标的的让与而转移，各国立法规定并不统一。有的国家或地区如德国、瑞士、日本、我国台湾等承认保险利益随保险标的的让与而转移，而有的国家如奥地利则规定，保险标的若为不动产，则保险利益可以随之转移，若为动产，则保险利益不得转移。而在人身保险中，除因债权债务关系订立的人身保险合同可以随债权一同转移外，其他人身保险的保险利益不得因让与而转移。

（3）破产。在财产保险中，被保险人破产，保险利益转移给破产债权人和破产管理人。但通常各国都规定一定期限，超过这个期限，破产管理人应与保险人解除保险合

同；在期限内，保险合同有效，如果发生了保险事故，破产债权人和破产管理人享有请求赔偿权。投保人的破产对人身保险合同没有什么影响。

2. 消灭。在财产保险中，保险标的灭失，保险利益即消灭。在人身保险中，被保险人因人身保险合同除外责任规定的原因死亡，如自杀等都构成保险利益的消灭。

3. 保险利益的时间效力。财产保险和人身保险利益的时间效力各有其特点。

（1）财产保险利益的时间效力。英美传统保险法认为，财产保险的被保险人必须于保险合同订立时和损失发生时都对保险标的具有保险利益。如果投保人或被保险人在订立保险合同时具有保险利益，但在合同履行过程中失去了保险利益，则保险合同随之失效。然而，随着经济发展特别是海上货物运输的发展，越来越多的学者意识到，强调投保时具有保险利益并不必要，甚至会影响保险业务的发展，仅要求保险事故发生时具有保险利益足以防范道德风险和不当得利。此后，各国和地区立法也逐渐放宽了对于保险利益时间效力的要求，强调损失发生时应该具有保险利益。

我国《保险法》第十二条规定："财产保险的被保险人在保险事故发生时，对保险标的应当具有保险利益。"第四十八条规定："保险事故发生时，被保险人对保险标的不具有保险利益的，不得向保险人请求赔偿保险金。"

（2）人身保险利益的时间效力。各国和地区立法普遍规定，在人身保险中，投保人在订立保险合同时对被保险人必须具有保险利益，而在保险合同生效后，就不再追究投保人对被保险人是否具有保险利益。我国《保险法》第十二条规定："人身保险的投保人在保险合同订立时，对被保险人应当具有保险利益。"第三十一条规定：人身保险合同中，订立合同时，投保人对被保险人不具有保险利益的，合同无效。

之所以不需要人身保险在保险事故发生时具有保险利益，原因在于如下两方面：第一，在人身保险合同生效后，保险合同是为被保险人或受益人的利益而存在，而非投保人，也即当保险事故发生后，只有被保险人或受益人有权领取保险金，享受保险合同规定的权益。而且法律规定受益人必须由被保险人指定，如果由于受益人的故意行为致使被保险人受到伤害，受益人则丧失受益权，从而保障了被保险人的生命安全和利益。第二，人身保险的保险利益通常是通过当事人之间的身份关系取得的，而这种关系往往相对稳定，不会随着时间流逝而发生改变。

【案例 5 - 1】

公司对已调离的职工还具有保险利益吗？

2005 年 3 月 8 日，某公司在征得职工同意后为本公司的 6 名女职工投保了女性特定癌症保险，保险期间为 3 年，保险金额为每人 10 万元。在投保时，公司全额支付了保险费。2006 年 6 月，员工陈某因公被调离原单位。2008 年 1 月，陈某被诊断出患有保单列明的女性特定癌症。于是，陈某向保险公司提出了给付保险金的申请，但保险公司以陈某调离后原单位已经不再具有利益关系为由，认为保险合同失效，拒绝支付保险金。

法院在审理后认为，人身保险合同只能根据投保人在投保时是否具有保险利益来确定合同效力，不能随保险合同成立后的人事变化情况来确定合同效力，这样才能保持合同的稳定性。保险公司以陈某调离作为主张合同无效的理由不能成立。据此，判决保险公司承担给付保险金的责任。

第二节　最大诚信原则

一、最大诚信原则的含义

诚信原则是世界各国立法对民事、商事活动的基本要求，是订立各种经济合同的基础。保险合同关系属于民商事法律关系，当然也不例外。但在保险合同关系中，对当事人的诚信要求比一般的民事活动更严格，要求当事人具有最大诚信。最早以法律形式出现的最大诚信原则，是英国《1906年海上保险法》的规定："海上保险是建立在最大诚信原则基础上的保险合同，如果任何一方不遵守这一原则，另一方可以宣告合同无效。"我国《保险法》第四条也规定："从事保险活动必须遵守法律、行政法规，尊重社会公德，不得损害社会公共利益。"

诚信就是诚实和守信用。诚实是指一方当事人对另一方当事人不得隐瞒、欺骗，守信用是指任何一方当事人都必须善意地、全面地履行自己的义务。因此，最大诚信原则的含义是指：保险合同当事人订立保险合同及在合同的有效期内，必须以最大的诚意，履行自己的义务，互不欺骗和隐瞒，恪守合同的认定和承诺。否则，受到损害的一方，可以以此为理由宣布合同无效或不履行合同的约定义务或责任，甚至对此而受到的损害还可以要求对方予以赔偿。

在保险活动中，之所以要规定最大诚信原则，其原因有以下几个：

1. 这是由保险经营的特殊性决定的。这一方面是因为保险经营是以风险的存在为前提，保险人对可保风险提供保险保障的承诺。因此，对保险人而言，风险的性质和大小直接决定着保险人是否承保及保险费率的高低。另一方面，保险标的具有广泛性和复杂性的特点，投保人对保险标的的危险情况最为了解，因此，保险人只能根据投保人的介绍和描述来确定是否承保及确定保险费率。

2. 保险合同的附和性要求保险人具有最大诚信。保险合同属于附和合同，合同中的内容一般是由保险人制定的，投保人只能作出同意或不同意的意思表示，或以附加条款的形式接受。而保险合同的条款则较为复杂，专业性很强，对于一般的投保人或被保险人不易理解或掌握。所以，保险合同的附和性要求保险人基于最大诚信原则来履行其应尽的义务与责任。

3. 最大诚信原则也是保险本身所具有的不确定性所决定的。保险人所承保的保险标的，其风险事故的发生是不确定的，而对有些险种来说，投保人购买保险仅仅支付了较少的保险费，但当保险标的一旦发生保险事故，被保险人所能获得的赔偿或给付金额将是保险费的数十倍甚至几百倍。因此，如果投保人不能按照诚实信用原则来进行保险活动，保险人可能无法长久地进行经营，最终也会给对其他的投保人或被保险人的保险赔偿或给付造成困难。

对于投保人和被保险人而言，遵守最大诚信原则主要体现为告知和保证。对于保险人而言，遵守最大诚信原则主要体现在说明义务、弃权和禁止反言。

二、告知

（一）告知的含义

狭义的告知仅指当事人双方在合同订立前和订立时，互相据实申报和陈述。而保险最大诚信原则中的告知应该是广义的告知，指在保险合同订立前、订立时及在合同有效期内，投保人对已知或应知的与危险和标的有关的实质性重要事实据实向保险人作出口头的或书面的申报，保险人也应将与投保人利害相关的实质性重要事实据实通告投保人。

重要事实，英国《1906年海上保险法》表述为："影响谨慎的保险人在确定收取保险费的数额和决定是否接受承保的每一项资料就认为是重要事实。"因此，重要事实是指那些足以影响保险人确定保险费率或影响其是否承保以及承保条件的每一项事实。如投保人与被保险人的详细情况，有关保险标的的详细情况，危险因素及危险增加的情况以及以往损失赔付情况等。同样，作为保险人应告知投保人有关保险条款、保险费率以及其他条件等可能会影响投保人作出投保决定的事实。

（二）告知的范围

投保人的告知范围可分为两种：无限告知与询问回答告知。无限告知是指法律对告知的内容没有作具体的规定，只要是事实上与保险标的的危险状况有关的任何重要事实，投保人都有义务告知保险人，不以保险人的询问为条件。这种告知形式又称为客观告知。询问回答告知是指投保人对保险人询问的问题必须如实告知，对询问以外的问题，投保人无须告知。

无限告知的形式对投保人的要求比较高，目前，法国、比利时以及英美法系国家的保险立法都采用该种形式。而大多数国家的保险立法采用询问回答告知形式，我国也是采用此种形式进行告知。我国《保险法》第十六条规定："订立保险合同，保险人就保险标的或者被保险人的有关情况提出询问的，投保人应当如实告知。"因此，投保人告知的范围，以保险人询问的事项为限，对某些事实在未经询问时可以保持缄默，无须告知。

作为投保人，应该告知的内容有以下几方面：

（1）在保险合同订立时根据保险人的询问，对已知或应知的与保险标的及其危险有关的重要事实进行如实告知。在具体操作上，通常情况下，保险人让投保人先填写投保单，在投保单上列出投保人、被保险人及保险标的等详细情况让投保人填写，或由代理

人按投保单内容询问，代为填写，由投保人确认。

（2）保险合同订立后，在合同的有效期内，保险标的的危险情况增加时，应及时告知保险人。特别是在财产保险中，保险标的的危险程度增加时的及时告知显得更为重要，有相当多的实例证实，保险人的拒赔很多都缘于此。

（3）保险标的发生转移或保险合同有关事项变动时，投保人或被保险人应及时通知保险人，保险人确认后可变更合同并保证合同的有效性。当合同中的重要事项变动时，保险人对变动的确认是重要的，它表明保险人接受变动并对由此产生的保险损失承担赔付责任。

（4）保险事故发生后，投保人或被保险人应及时通知保险人。其目的在于使保险人协助减少损失，准确查找事故原因，同时也使投保人或被保险人尽早得到保险赔付，尽快恢复正常的生产或生活。

（5）有重复保险的投保人应将重复保险有关情况告知保险人。

（三）违反告知义务的法律后果

在保险实务中，投保人或被保险人违反告知义务的情形大致可以分为两种：一种是故意不履行如实告知义务，比如隐瞒和欺诈；另一种是因为过失不履行如实告知义务，比如误告和遗漏。然而，不管投保人或被保险人的动机如何，不履行如实告知义务都会给保险人的利益带来不同程度的损害。因此，各国法律原则上都规定，只要投保人或被保险人违反告知义务，保险人有权宣告保险合同无效或解除保险合同。我国《保险法》采取了合同解除主义，对投保人或被保险人违反告知义务赋予了不同的法律后果：

1. 投保人故意未履行如实告知义务，足以影响保险人决定是否同意承保或者提高保险费率的，保险人有权解除保险合同。

2. 投保人因重大过失未履行如实告知义务，足以影响保险人决定是否同意承保或者提高保险费率的，保险人有权解除保险合同。

3. 投保人故意不履行如实告知义务的，保险人对于保险合同解除前发生的保险事故，不承担赔偿或者给付保险金的责任，并不退还保险费。

4. 投保人因重大过失未履行如实告知义务，对保险事故的发生有严重影响的，保险人对于合同解除前发生的保险事故，不承担赔偿或者给付保险金的责任，但应当退还保险费。

【案例 5-2】

投保人未如实告知，保险公司不承担给付责任

2010年10月，张先生向某人寿保险公司投保了一份重大疾病保险，身故保险金为20万元。在填写投保单时，张先生隐瞒了自己有既往疾病的事实。2012年4月，张先生因多囊肾出血住院治疗，2012年6月，张先生经医治无效死亡。2012年8月，张先生的妻子作为受益人向保险公司提出索赔。该保险公司在理赔调查中发现，张先

生在2009年曾因肾病做过手术，并住院一个月。于是，保险公司以张先生在投保时未告知既往肾病病情，没有履行如实告知义务为由拒赔。张先生家人遂起诉保险公司，要求法院判决其支付保险金20万元。

法院查明，张先生与该人寿保险公司所签订的保险合同合法有效。在本次投保过程中，张先生未向该人寿保险公司告知其曾患有肾病的病史。基于以上原因，法院于2012年10月判决该人寿保险公司不用给付原告保险金。

三、保证

（一）保证的含义

保证是最大诚信原则的又一重要内容。保证是指保险人要求投保人或被保险人在保险期间对某一事项的作为与不作为，某种状态的存在与不存在作出许诺。保证是一项从属于主要合同的承诺，是保险合同成立的基本条件。对于保证，被保险人应严格遵守，违反保证使受害的一方有权请求赔偿，而且可以据此解除合同。因此，保证强调守信，恪守合同承诺，其目的在于控制危险，确保保险标的及其周围环境处于良好的状态之中。而且保证对被保险人的要求更为严格，无论违反保证的事实对危险的发生是否重要，一旦违反，保险人即可宣告保单无效。保证的内容为保险合同的重要条款之一。

（二）保证的分类

1. 根据保证事项是否存在可以分为确认保证与承诺保证。（1）确认保证是投保人或被保险人对过去或现在某一特定事实的存在或不存在的保证。确认保证是要求对过去或投保当时的事实作出如实的陈述，而不是对该事实以后的发展情况作保证。例如某人保证从未得过某种疾病是指过去及现在从未得过，但不能保证将来是否会患该种疾病。（2）承诺保证是投保人对将来某一事项的作为或不作为的保证，即对该事项今后的发展作保证，其保证的事项涉及现在和将来。如某人承诺今后不从事高危险性的运动是指从现在开始不参加高危险性的运动，但在此之前是否参加过并不重要，也无须知道。

2. 根据保证存在的形式可以分为明示保证与默示保证。（1）明示保证是以文字或书面的形式载明于保险合同中，成为保险合同的条款。明示保证以文字的规定为依据，是保证的重要形式。（2）默示保证是指并未在保险合同中明确载明，但订约双方在订约时都清楚的保证。默示保证无须保险合同中文字的表述，一般是国际惯例通行的准则，习惯上或社会公认的在保险事件中遵守的规则。其内容通常是以往法庭判决的结果，也是某行业习惯的合法化，与明示保证一样对投保人或被保险人具有约束力。默示保证在海上保险中运用比较多。如海上保险的默示保证有三项：保险的船舶必须有适航能力；要按预定的或习惯的航线航行；必须从事合法的运输业务。

（三）保证与告知的区别

保证与告知的区别主要包括如下四方面：

1. 除默示保证外，保证均须列入保险单或其他合同附件中，是保险合同的重要组成

部分。告知是在保险合同订立时，投保人所做的陈述，并不是保险合同的内容。但是若将告知订入合同，其性质则转化为保证。

2. 保证的目的在于控制风险，而告知的目的在于使保险人正确估计其所承担的风险。

3. 保证在法律上被推定是重要的，违反保证将导致合同被解除；而告知须由保险人证明其确实重要，才能成为解除合同的依据。

4. 保证的内容必须严格遵守，而告知仅须实质上大体符合即可。

（四）违反保证义务的法律后果

由于保险合同约定保证的事项均为重要事项，是订立保险合同的条件和基础，因而各国立法对投保人或被保险人遵守保证事项的要求极为严格。凡是投保人或被保险人违反保证，不论其是否过失，也不论是否对保险人造成损害，保险人均有权解除保险合同，不予承担责任。

四、说明

（一）说明的含义及其产生原因

说明义务，是指在保险合同成立前，保险人对保险合同条款内容向投保人作出的解释。

保险人需要对投保人作出解释的原因在于两个方面：一方面，保险人作为专业经营者，对保险条款的术语和含义的理解更加全面和深刻，而投保人对保险条款缺乏深入的了解，往往要依赖于保险人的解释；另一方面，保险合同具有附和性特征，合同中的内容基本是由保险人制定的，投保人只能作出同意或不同意的意思表示，或以附加条款的形式接受。因此，在保险合同订立之前，由保险人对保险条款内容尤其是免责条款内容作出说明，有利于充分保障投保人和被保险人的利益，实现保险合同当事人之间的利益平衡。

我国《保险法》第十七条规定："订立保险合同，采用保险人提供的格式条款的，保险人向投保人提供的投保单应当附格式条款，保险人应当向投保人说明合同的内容。对保险合同中免除保险人责任的条款，保险人在订立合同时应当在投保单、保险单或者其他保险凭证上作出足以引起投保人注意的提示，并对该条款的内容以书面或者口头形式向投保人作出明确说明；未作提示或者明确说明的，该条款不产生效力。"

（二）说明的种类

根据我国《保险法》，说明主要包括以下两种：

1. 对保险合同条款基本内容的介绍以及回答投保人对保险合同条款的任何事项提出的询问。比如，我国《保险法》第十七条规定："订立保险合同，采用保险人提供的格式条款的，保险人向投保人提供的投保单应当附格式条款，保险人应当向投保人说明合同的内容。"在保险实务中，保险人或保险代理人通常会首先就保险合同条款的基本内容向投保人作出介绍，并回答投保人就合同条款的任何事项所提出的疑问。

2. 对于免除保险人责任的条款，保险人应当作出明确说明。比如，我国《保险法》

第十七条还规定："对保险合同中免除保险人责任的条款，保险人在订立合同时应当在投保单、保险单或者其他保险凭证上作出足以引起投保人注意的提示，并对该条款的内容以书面或者口头形式向投保人作出明确说明；未作提示或者明确说明的，该条款不产生效力。"因此，保险合同中免除保险人责任条款本身明确无误的规定和表述，不能视为保险人已经履行了明确说明义务。

【案例 5 - 3】

保险公司未尽到说明义务，免责条款无效

2010 年 1 月 18 日，李某向某保险公司购买了一份定期寿险，受益人为其妻王某，保险期限为 3 年。根据该保险合同，如果被保险人李某在保险期间内身故，保险公司给付保险金 10 万元。2010 年 5 月 25 日，李某因病不治身亡。李某的妻子王某向保险公司请求支付保险金。保险公司提出，在保险合同的责任免除条款中，有一款规定为"被保险人在本合同生效之日起 180 日内因疾病死亡的，保险公司不负保险责任"，因此，李某死亡属于免责情形，不予赔偿。王某声称，保险公司业务员一直没有提到保险合同中有免责条款的存在。保险公司则指出，李某曾在投保单中的"声明与授权"一栏中明确写明"本人（指投保人）声明，贵公司已经将保险条款（包括责任免除条款）的内容向我作了明确说明，本人已经仔细阅知和理解保险条款（包括责任免除条款）的内容，同意按此保险条款投保"，而且该投保单已经由李某亲笔签名，这说明保险公司已经履行了明确说明义务。

王某向法院起诉，并向法院提供了一份录音材料，该录音材料是原告在保险公司拒赔后找当时办理该笔保险业务的业务员张某时录制的，在录音中，张某承认为了尽快做成业务，在签订合同时直接要求投保人签名，未向投保人和王某说明保险合同的免责条款，并请求王某原谅。在庭审中，张某对该录音材料的真实性没有异议。

法院在审理后认为，本案中，虽然投保人李某在投保单上签字，但是，保险公司的业务员实际上并没有就保险合同的免责条款履行明确说明义务，因此，该保险合同所规定的免除保险公司责任的条款不发生效力，保险公司应当承担保险赔偿责任。

五、弃权与禁止反言

弃权是指保险合同的一方当事人放弃其在保险合同中可以主张的权利，通常是指保险人放弃合同解除权和抗辩权。禁止反言是指合同一方既已放弃其在合同中的某项权利，日后不得再向另一方主张这种权利，也称为禁止抗辩，在保险实践中主要是约束保险人。

构成保险人的弃权必须具备两个条件：（1）保险人须有弃权的意思表示。这种意思表示可以是明示的，也可以是默示的。（2）保险人必须知道有违背约定义务的情况及因此享有抗辩权或解除权。

对于默示的意思表示，可以从保险人的行为中推断，如果保险人知道被保险人有违背约定义务的情形，而作出下列行为的，一般被视为弃权或默示弃权。（1）投保人有违背按期缴纳保险费或其他约定义务的时候，保险人原本应解除合同，但是如果保险人已知此种情形却仍旧收受投保人补缴的保险费时，则证明保险人有继续维持合同的意思表示。因此，其本应享有的合同解除权、终止权及其他抗辩权均被视为弃权。（2）在保险事故发生后，保险人明知有拒绝赔付的抗辩权，但仍要求投保人或被保险人提出损失证明，因而增加投保人或被保险人在时间及金钱上的负担，视为保险人放弃抗辩权。（3）保险人明知投保人的损失证明有纰漏和不实之处，但仍无条件予以接受，则可视为是对纰漏和不实之处抗辩权的放弃。（4）保险事故发生后，保单所有人应于约定或法定时间期限内通知保险人，但如逾期通知，保险人仍表示接受的，则视为是对逾期通知抗辩权的放弃。（5）保险人在得知投保人违背约定义务后仍保持沉默，即视为弃权。具体来说，如财产保险的投保人申请变更保险合同，保险人在接到申请后，经过一定期间不表示意见的，视为承诺。保险人于损失发生前，已知投保人有违背按期缴纳保险费以外约定义务的，应在一定期限内解除或终止合同，如在一定期限内未作任何意思表示的，其沉默视为弃权。

弃权与禁止反言的限定，可以约束保险人的行为，要求保险人为其行为及其代理人的行为负责。同时，也维护了被保险人的利益，有利于保险人权利义务关系的平衡。

需要注意的是，弃权与禁止反言在人寿保险中有特殊的时间限定。保险人只能在合同订立之后的一定时间期限内，通常为两年，以投保人或被保险人告知不实或隐瞒为由解除合同。超过规定期限没有解除合同的视为保险人已经放弃该权利，不得再以此为由解除合同。

第三节　损失补偿原则

一、损失补偿原则的含义

经济补偿是保险的基本职能，也是保险产生和发展的出发点与归宿点，因而损失补偿原则也是保险的基本原则。

损失补偿原则是指保险合同生效后，当保险标的发生保险责任范围内的损失时，被保险人有权按照保险合同的约定，获得全面、充分的赔偿，以弥补被保险人由于保险标的遭受损失而失去的经济利益，但被保险人不能因保险赔偿而获得额外的利益。因此，损失补偿原则包括两层含义：

1. 损失补偿以发生保险责任范围内的损失为前提条件。即被保险人因保险事故所致的经济损失，依据保险合同才有权获得保险赔偿，否则，保险人不承担赔偿责任。

2. 损失补偿以弥补被保险人的实际损失为限，而不能使其获得额外的利益。即通过保险赔偿使被保险人的经济状态恢复到保险事故发生之前的状态。被保险人的实际损失既包括保险标的的损失，也包括被保险人为防止或减少保险标的的损失所支付的必要的和合理的施救费用和诉讼费用。

需要注意的是，损失补偿原则主要适用于财产保险以及其他补偿性保险合同，而对于给付性的保险合同，在实务中并不适用。

二、损失补偿原则的基本内容

(一) 损失补偿原则的补偿限制

损失补偿原则要求保险人在履行保险赔偿责任时，必须以实际损失、保险金额和保险利益为限，以保证被保险人既能恢复失去的经济利益，又不会由于保险赔偿而得到额外的利益。

1. 以实际损失为限。在补偿性的保险合同中，当保险标的遭受保险责任范围以内的损失时，保险人按合同规定承担赔偿责任，其支付的保险赔款不得超过被保险人的实际损失。实际损失是根据损失当时保险标的的实际价值来确定的，而标的的价值与市价有关，所以实际损失的确定通常要根据损失当时标的的市价。比如，某建筑物按实际价值100万元投保，因为火灾遭受全损，如果损失时该房屋市价跌落至80万元，则保险人应该按照实际损失也即80万元进行赔偿。

但定值保险和重置价值保险是例外。定值保险是指保险合同当事人双方在订立保险合同时，约定保险标的的价值，并以此确定为保险金额，视为足额投保。当保险事故发生后，保险人不论损失当时保险标的的市价如何，即不论保险标的的实际价值是大于还是小于保险金额，均按损失程度进行赔偿。重置价值保险是指以被保险人重置或重建保险标的所需费用或成本来确定保险金额的保险。其目的在于满足被保险人对受损标的进行重置或重建的需要。在通货膨胀、物价上涨等因素影响下，保险人按重置或重建费用进行赔偿时，就可能出现保险赔款大于实际损失的情况。

2. 以保险金额为限。保险金额是保险人承担赔偿责任的最高限额，因此，保险人的损失补偿也必须以保险合同中约定的保险金额为限，保险赔偿金额只能低于或等于保险金额而不应高于保险金额。这是因为保险人收取保险费的依据，也是保险人承担保险责任的依据，如果损失补偿超过保险金额，则扩大了保险责任，这样，势必动摇保险的精算基础，导致保险费与保险责任的失衡。因此，即使发生通货膨胀或价格上涨，使实际损失超过保险金额，损失补偿仍以保险金额为限。其目的在于维护保险人的正当权益，使损失补偿同样遵循权利义务对等的约束。

3. 以保险利益为限。保险利益是保险保障的最高限额，因此，保险人对被保险人的赔偿以被保险人对保险标的所具有的保险利益为前提条件和最高限额。如在财产保险中，保险标的受损时，被保险人的财产权益若不再拥有，则被保险人对该财产的损失不具有索赔权。债权人对抵押的财产投保，当债务人全部偿还债务后，债权人对该财产不再具有保险利益，即使发生损失，债权人也不再对此具有索赔权。

在具体的保险实务中，上述三个限额同时起作用，并且以金额最低的限额为保险赔偿的最高限额。

（二）损失赔偿方式

损失赔偿方式是损失补偿原则的具体应用。财产保险损失赔偿方式主要有以下两种：

1. 第一损失赔偿方式。即在保险金额限度内，按照实际损失赔偿。其计算公式为：

（1）当损失金额不大于保险金额时：

$$赔偿金额 = 损失金额$$

（2）当损失金额大于保险金额时：

$$赔偿金额 = 保险金额$$

第一损失赔偿方式是把保险财产的价值分为两个部分，第一部分为保险金额以内的部分，这部分已投保，保险人对其承担损失赔偿责任；第二部分是超过保险金额的部分，这部分由于未投保，因而保险人不承担损失赔偿责任。由于保险人只对第一部分的损失承担赔偿责任，因而称为第一损失赔偿方式。

2. 比例计算赔偿方式。这种赔偿方式是按保障程度，即保险金额与损失当时保险财产的实际价值的比例计算赔偿金额。其计算公式为：

$$赔偿金额 = 损失金额 \times \frac{保险金额}{损失当时保险财产的实际价值}$$

采用比例计算赔偿方式，保障程度越高，即保险金额越接近保险财产的实际价值，赔偿金额也就越接近损失金额。如果保障程度是百分之百，赔偿金额就等于损失金额。所以，被保险人若要得到十足的补偿，就必须按财产的实际价值足额投保。

【案例 5 - 4】

超额投保如何处理？

2011 年 1 月 29 日，刘某与某汽车销售公司签下汽车购销合同书，以 15 万元的价格购买了一辆二手大众轿车。双方约定某汽车销售公司为购买人在某保险公司投保车辆损失险、第三者责任险和盗抢险，保险公司按照新车的价格 32 万元为刘某办理了保险手续，刘某缴纳了保险费 6500 元。

2011 年 2 月 5 日，刘某的轿车被烧毁，经公安机关调查是由人为纵火引起，纵火目标是刘某大众车旁的捷达车，而大众车由于受到波及不幸被烧毁。保险公司在调查清楚相关事宜后，表示符合理赔条件，同意进行赔付，但理赔时按照车辆的实际价值 15 万元进行赔偿。刘某认为自己投保 32 万元，发生了全损，就应当按照 32 万元的标准进行赔偿。经过多次协商无果，刘某将保险公司诉至法院。

法院在审理后认为，根据《保险法》的相关规定，财产保险的保险金额不得超过保险价值，超过保险价值的，超过部分无效。刘某所购买大众车的保险价值是 15 万元，因此保险公司的赔偿金额不能超过 15 万元。否则，刘某将获得额外的利益，有违保险的损失补偿原则。另外，保险公司应当退还刘某相应的保险费。

三、损失补偿原则的派生原则

（一）代位追偿原则

代位追偿原则是损失补偿原则的派生原则，是为了防止被保险人因保险而获得额外利益而规定的。代位在保险中是指保险人取代投保人或被保险人获得追偿权或对保险标的的所有权。

代位追偿原则是指保险人依照法律或保险合同的约定，对被保险人所遭受的损失进行赔偿后，依法取得向对财产损失负有责任的第三者进行追偿的权利或取得被保险人对保险标的的所有权。

规定代位原则的意义首先在于防止被保险人由于保险事故的发生，从保险人和第三者责任方同时获得双重赔偿而额外获利，确保损失补偿原则的贯彻执行。因为在保险标的发生损失的原因是由第三者的疏忽、过失或故意行为造成且该损失原因又属于保险责任范围以内，则被保险人既可以依据法律向第三者要求赔偿，也可以依据保险合同向保险人提出索赔。这样，被保险人因同一损失所获得的赔偿将超过保险标的的实际损失，从而获得额外利益，这不符合损失补偿原则。同样，在保险标的发生保险事故而致使实际全损或推定全损时，在保险人全额赔偿下，被保险人将保险标的的剩余物资处理或保险标的被找回后，其所得的利益将超过实际损失。

规定代位原则的意义其次在于维护社会公共利益，保障公民、法人的合法权益不受侵害。社会公共利益要求致害人应对受害人承担经济赔偿责任，如果致害人因受害人享受保险赔偿而免除对受害人的赔偿责任，这不仅使得致害人通过受害人与保险人订立保险合同而获益，而且损害保险人的利益，这不符合社会公平原则。而且也容易造成他人对被保险人的故意或过失伤害行为的发生，增加道德风险。而通过代位追偿原则的规定，既使得责任人无论如何都应承担损害赔偿责任，也使得保险人可以通过代位追偿从责任人处追回支付的赔偿费用，从而维护了保险人的利益。

另外，代位追偿原则的实行，还有利于被保险人及时获得经济补偿。通常与向保险人索赔相比，由被保险人直接向责任人索赔需更多的时间、物力和人力。

根据代位追偿原则的含义，其主要内容包括两部分：权利代位和物上代位。

1. 权利代位。权利代位即追偿权的代位，是指在财产保险中，保险标的由于第三者责任导致保险损失，保险人向被保险人支付保险赔款后，依法取得对第三者的索赔权。

在财产保险中，当保险标的发生损失的原因既属于保险责任，又属于第三者责任原因时，被保险人有权向保险人请求赔偿，也可以向第三者责任方请求赔偿。如果被保险人已从第三者责任方取得全部赔偿，则保险人可免去赔偿责任；如果被保险人从责任方得到部分赔偿，则保险人在支付保险赔偿金时，可以相应扣减被保险人从第三者处已得到的赔偿；如果被保险人首先向保险人提出索赔，保险人应当按照保险合同的规定支付保险赔款，被保险人取得保险赔款后，应将向第三者责任方追偿的权利转移给保险人，由保险人代位行使向第三者追偿的权利。

保险人取得代位追偿权需要具备三个条件：第一，损害事故发生的原因、受损的标的，都属于保险责任范围内。只有保险责任范围内的事故造成保险标的的损失，保险人才负责赔偿，否则，保险人无须承担赔偿责任。受害人只能向有关责任方索赔或自己承担损失，与保险人无关，也就不存在保险人代位追偿的问题。第二，保险事故的发生是由第三者的责任造成的，致害人依法应对被保险人承担民事损害赔偿责任，这样被保险人才有权向第三者请求赔偿，并在取得保险赔款后将向第三者请求赔偿的权利转移给保险人，由保险人代位追偿。第三，保险人按合同的约定对被保险人履行赔偿义务后，才有权取得代位追偿权。因为代位追偿权是债权的转移，在债权转移之前是被保险人与第三者之间特定的债权关系，与保险人没有直接的法律关系。保险人只有依照保险合同的规定向被保险人给付保险赔偿金之后，才依法取得对第三者请求赔偿的权利。

保险人在代位追偿中追偿的金额大小不是随意的，而要受到一定的限制。保险人在代位追偿中享有的权益以其对被保险人赔偿的金额为限，如果保险人从第三者处追偿的金额大于其对被保险人的赔偿，则超出部分应归被保险人所有。保险代位追偿原则规定的目的不仅在于防止被保险人取得双重赔款而获得额外利益，从而保障保险人的利益，也同样在于防止保险人通过代位追偿权而获得额外的利益。因此，保险人代位追偿的金额以其对被保险人赔偿的金额为限。而被保险人获得的保险赔偿金额小于第三者造成的损失时，可以就未取得的赔偿部分对第三者请求赔偿。

代位追偿原则主要适用于财产保险合同，在人身保险中仅对涉及医疗费用的险种适用。这主要是因为人身保险的保险标的是人的生命和身体，其价值不能以货币来估计和衡量，因而不存在获得额外利益的问题。但在涉及医疗费用的险种中，医疗费用的支出是可以确定的数额，该类保险合同具有补偿性质，因此存在多重获利的可能，从而获得额外的利益。因此被保险人因第三者行为发生死亡、伤残或者疾病等保险事故的，由此产生的医疗费用的支出，在保险人向被保险人或者受益人给付保险金后，享有向第三者追偿的权利。

对于代位追偿的对象，许多国家都有立法限制。我国《保险法》第六十二条规定："除被保险人的家庭成员或者其组成人员故意造成本法第六十一条第一款规定的保险意外事故外，保险人不得对被保险人的家庭成员或者其组成人员行使代位请求赔偿的权利。"这是因为被保险人的家庭成员或者其组成人员往往与被保险人具有一致的利益，即他们的利益受损，被保险人的利益也受损，他们的利益得到保护，实质上也就是保护被保险人的利益。

从法律意义上说，代位追偿是保险人的一项基本权利，包括被保险人在内的任何人不得采取任何形式和手段干预、妨碍和损害保险人行使代位追偿权。因此我国《保险法》第六十一条规定："保险事故发生后，保险人未赔偿保险金之前，被保险人放弃对第三者请求赔偿的权利的，保险人不承担赔偿保险金的责任；保险人向被保险人赔偿保险金后，被保险人未经保险人同意放弃对第三者请求赔偿的权利的，该行为无效；被保险人故意或者因重大过失致使保险人不能行使代位请求赔偿的权利的，保险人可以扣减或者要求返还相应的保险金。"《保险法》第六十三条规定："保险人向第三者行使代位请求赔偿的权利时，被保险人应当向保险人提供必要的文件和所知道的有关情况。"

2. 物上代位。物上代位是指保险标的遭受保险责任事故，发生全损或推定全损，保险人在全额给付保险赔偿金之后，即拥有对保险标的物的所有权，即代位取得对受损保险标的的权利与义务。因此，物上代位也叫所有权代位。

所谓推定全损是指保险标的遭受保险事故，尚未达到完全损毁或完全灭失的状态，但实际全损已不可避免；或保险标的失踪达一定时间，保险人按照全损处理的一种推定性损失。保险人在按全损支付了保险赔偿金后，则取得了保险标的的所有权，否则，被保险人就可能通过获得保险标的的残值或因保险标的的失而复得而得到额外的利益。

物上代位的取得一般通过委付实现。所谓委付是指保险标的发生推定全损时，投保人或被保险人将保险标的的一切权利转移给保险人，而请求保险人按照保险金额全数赔偿的行为。委付是被保险人放弃物权的法律行为，在海上保险中经常采用。

委付的成立必须具备下列条件：第一，委付必须以保险标的的推定全损为条件。委付包含全额赔偿和保险标的的全部权益的转让两项内容，因此，要求必须在保险标的推定全损时才能适用。第二，委付须由被保险人向保险人提出。该条件要求被保险人为进行委付，须提出委付申请。按照海上保险惯例，委付申请应向保险人或其授权的保险经纪人提出。委付申请时，通常采用书面形式，委付书是被保险人向保险人做推定全损索赔之前必须提交的文件。被保险人不向保险人提出委付，保险人对受损的保险标的只能按部分损失处理。第三，委付须就保险标的的全部。由于保险标的的不可分性，委付也具有不可分性，所以委付应就保险标的的全部。若仅部分委付，则容易产生纠纷。但如果保险单上的标的有多种时，若其中一部分标的独立、可以分离并发生有委付原因时，可以就该部分标的请求委付。第四，委付不得附有条件。委付要求被保险人将保险标的的一切权利义务转移给保险人，并不得附加任何条件。例如，船舶失踪而被推定全损，被保险人请求委付，但不得要求日后如船舶被寻回，将返还其受领的赔偿金而取回该船。因为这会增加保险合同双方关系的复杂性，从而增加保险人与被保险人之间的纠纷，因而为法律所禁止。第五，委付须经保险人同意。委付是否成立和履行，还需要保险人的承诺。因为委付不仅将保险标的的一切权利转移给了保险人，同时也将被保险人对保险标的的一切义务进行了转移，因此，保险人在接受委付之前须慎重考虑，即受损标的的残值是否能大于将要由此而承担的各种义务和责任风险所产生的经济损失。

被保险人的委付申请须在法定时间内提出，对此有的国家规定为 3 个月，如日本、英国。我国对此并未作出明确规定。被保险人提出委付后，保险人应当在合理的时间内将接受委付或不接受委付的决定通知给被保险人。如果超出合理的时间，保险人对是否接受委付仍然保持沉默，应视做不接受委付的行为，但被保险人的索赔权利并不因保险人不接受委付而受影响。在保险人未作出接受委付的意思表示之前，被保险人可以随时撤回委付申请，但保险人一旦接受委付，委付即告成立，双方都不能撤销，保险人必须以全损赔偿被保险人，同时取得保险标的物的所有权，包括标的物上的所有权利和义务。

需要注意的是，在足额保险中，保险人接受委付后，由于保险标的的所有权已经转移给保险人，保险人在处理标的物时所获得的利益如果超过所支付的赔偿金额，超过的部分归保险人所有。此外，如有对第三者损害赔偿请求权，索赔金额超过其支付的保险

赔偿金额，也同样归保险人所有，这一点与代位追偿有所不同。而在不足额保险中，保险人只能按照保险金额与保险价值的比例取得受损标的的部分权利。由于保险标的的不可分性，所以保险人在依法取得受损保险标的的部分权利后，通常将该部分权利作价折给被保险人，并在保险赔偿金中作相应的扣减。

【案例 5－5】

保险公司诉停车场车辆被盗代位追偿案

董某以自家的比亚迪轿车为标的投保了某保险公司的机动车辆保险。保险合同约定：被保险人、行驶证车主均为董某；投保范围包括车辆损失险和全车盗抢损失险；保险金额为 40000 元；保险期限从 2010 年 8 月 18 日零时起至 2011 年 8 月 17 日 24 时止。

为了方便停放车辆，董某在某停车场以每月 150 元的价格购买了 2010 年 8 月及 9 月的停车月票，停车场发给董某车辆月卡凭证。2010 年 8 月 28 日 22 时许，董某将被保险车辆停放该停车场的停车位上。次日，董某发现车辆被盗，遂向当地派出所报案。至发生诉讼时，此案仍未告破，涉案车辆未追回。2010 年 11 月 2 日，董某向保险公司提出索赔。保险公司依照保险单的约定于 2010 年 11 月 30 日将理赔款 30650 元赔付给董某。之后，保险公司行使代位追偿权，以停车场未尽车辆保管义务，应对涉案车辆的被盗承担赔偿责任为由向法院起诉，要求停车场承担赔偿责任。

法院在审理后认为，停车场收取董某停车月费，提供车位为董某有偿使用，双方已构成车辆停放管理关系。停车场为涉案车辆办理月卡手续但未履行保管职责，丢车当天并未查验涉案车辆月卡就予以放行，对车辆被盗存在管理不善的过错，应承担相应的民事赔偿责任。依照保险公司与董某所签订的保险合同，在发生了涉案车辆被盗的保险事故后，保险公司依约向被保险人董某支付了保险赔款 30650 元，有权就赔偿部分保险标的向某停车场追偿。据此，判决停车场向保险公司支付赔款 30650 元。

（二）重复保险分摊原则

重复保险是指投保人就同一保险标的、同一保险利益，同时向两个或两个以上的保险人投保同一危险，且保险期限相同或重叠，保险金额总和超过保险标的的价值的保险。重复保险分摊原则则是指存在重复保险的情况下，当保险事故发生时，通过采取适当的分摊方法，在各保险人之间分配赔偿责任，使得被保险人既能得到充分补偿，又不会得到超过其实际损失的额外的利益。

在存在重复保险的情况下，当保险事故发生后，若被保险人通过向不同的保险人就同一损失索赔，就有可能获得超额赔款。这显然是违背损失补偿原则的。为了防止被保险人由于重复保险而获得额外的利益，故确立了重复保险分摊原则。当各保险人按相应的责任分摊损失时，被保险人所获得的赔款总额就与其实际损失相等，从而与损失补偿原则相一致。由此可见，重复保险分摊原则是由损失补偿原则派生而来的，是损失补偿原则的补充和体现，同样也只适用于财产保险等补偿性保险合同，运用于重复保险情况下，而不适用于人身保险。

重复保险原则上是不允许的，但事实上却是客观存在的保险现象。其主要原因通常是由于投保人或被保险人的疏忽，或者是为了追求更大的安全感，或者是为了谋取超额赔款而故意行为造成的。对于重复保险，按照最大诚信原则，各国保险立法都规定，投保人有义务将重复保险的有关情况告知各保险人。投保人不履行该项义务的，保险人有权解除保险合同或者宣布合同无效。

重复保险的分摊方式一般有以下几种：比例责任分摊方式，限额责任分摊方式，顺序责任分摊方式。

1. 比例责任分摊方式。即各保险人按其所承保的保险金额与所有保险人承保的保险金额的总和的比例来分摊保险赔偿责任的方式。其计算公式为：

$$某保险人承担的赔偿金额 = 损失金额 \times \frac{该保险人承保的保险金额}{所有保险人承保的保险金额总和}$$

比例责任分摊方式在各国的保险实务中运用较多，我国也是采用此种分摊方式。

【例5-1】 某工厂有幢价值100万元的厂房，现分别向甲、乙、丙三家保险公司投保，三家保险公司承保的保险金额分别为20万元、80万元和100万元。这显然是一个重复保险。假定在保险期限内发生了保险事故，保险标的遭受了80万元的损失，则按照比例责任分摊方式，甲、乙、丙三家保险公司应承担的赔偿金额各为：

甲保险公司承担的赔偿金额 = 80 × 20/（20 + 80 + 100）= 8（万元）

乙保险公司承担的赔偿金额 = 80 × 80/（20 + 80 + 100）= 32（万元）

丙保险公司承担的赔偿金额 = 80 × 100/（20 + 80 + 100）= 40（万元）

三家保险公司承担的赔偿金额总和为80万元，刚好等于被保险人的损失。

2. 限额责任分摊方式。这种方式是假设在没有重复保险的情况下，各保险人按其承保的保险金额独自应负的赔偿限额与所有保险人应负的赔偿限额的总和的比例来承担赔偿责任。其计算公式为：

$$某保险人承担的赔偿金额 = 损失金额 \times \frac{该保险人应负的赔偿限额}{所有保险人应负的赔偿限额总和}$$

限额责任分摊方式和比例责任分摊方式都是各保险人按照一定的比例进行分摊的，但各自分摊的基础不同。限额责任分摊方式是以赔偿责任为基础的，而比例责任分摊方式则是以承保金额为基础的。

【例5-2】 如【例5-1】，在没有重复保险的情况下，甲保险公司应承担20万元的赔偿责任，乙保险公司应承担80万元的赔偿责任，丙保险公司则应承担80万元的赔偿责任，按限额责任分摊方式计算：

甲保险公司承担的赔偿金额 = 80 × 20/（20 + 80 + 80）= 80/9（万元）

乙保险公司承担的赔偿金额 = 80 × 80/（20 + 80 + 80）= 320/9（万元）

丙保险公司承担的赔偿金额 = 80 × 80/（20 + 80 + 80）= 320/9（万元）

三家保险公司赔款总和也为80万元，与保险标的的损失金额相等。

保险学
BAOXIANXUE

3. 顺序责任分摊方式。这种方式是按照保险合同的签订顺序来确定赔偿责任。即由第一个出立保单的保险人在其保险金额限度内首先赔偿，再由第二个保险人对超过第一个保险人保险金额的损失部分在其保险金额限度内进行赔偿，依此类推，直到将被保险人的损失全部得到赔偿为止。在这种方式下，被保险人的损失赔款可能由一个保险人承担，也可能由多个保险人共同承担，这取决于被保险人的损失大小及顺次承保的保险金额的大小。

【例 5 - 3】 如【例 5 - 1】，采用顺序责任分摊方式，假定甲、乙、丙三家保险公司按顺序出单，则甲保险公司先赔偿 20 万元，乙保险公司再赔偿损失超过甲保险公司承保的保险金额的 60 万元，而丙保险公司则不需承担任何赔偿责任。

第四节 近因原则

一、近因原则的含义

在保险实践中，对保险标的的损失是否进行赔偿是根据损失事故发生的原因是否属于保险责任来判断的。而保险标的的损失并不总是由单一原因造成的，损失发生的原因经常是错综复杂的，其表现形式也是多种多样的：有的是多种原因同时发生，有的是多种原因不间断的连续发生，有的是多种原因时断时续的发生。而且这些原因有的属于保险责任，有的则不属于保险责任。近因原则即要求从中找出哪些属于保险责任，哪些不属于保险责任，并据此确定是否进行赔偿。

近因，不是在时间上或空间上与损失结果最为接近的原因，而是指引起保险标的损失的直接的、最有效的、起决定作用的因素，它直接导致保险标的的损失，是促使损失结果的最有效的或是起决定作用的原因。在 1907 年英国法庭对近因所下的定义是："近因是指引起一连串事件，并由此导致案件结果的能动的、起决定作用的原因。"在 1924年又进一步说明："近因是指处于支配地位或者起决定作用的原因，即使在时间上它并不是最近的。"

近因原则的基本含义是：若引起保险事故发生，造成保险标的损失的近因属于保险责任，则保险人承担损失赔偿责任；若近因属于除外责任，则保险人不负赔偿责任。即只有当承保危险是损失发生的近因时，保险人才负赔偿责任。近因原则是保险理赔中必须遵循的重要原则，坚持近因原则，有利于正确、合理地判定损失事故的责任归属，从而有利于维护双方当事人的合法权益。

二、近因原则的应用

从理论上来说，近因原则简单明了，但在实践中的运用却存在相当的复杂性。因为造成保险事故的原因错综复杂，要从这些错综复杂的原因中找出引起损失的近因则很困难。而近因判定的正确与否直接关系到保险双方当事人的切身利益。那么如何确定近因呢？认定近因的关键是确定危险因素与损失结果之间的因果关系，对此，有两种确定近因的基本方法：一种方法是从原因推断结果，即从最初的事件出发，按逻辑推理直至最终损失的发生，则最初的事件就是最后事件的近因；第二种方法是从结果推断原因，即从损失开始，从后往前推，追溯到最初事件，没有中断，则最初事件就是近因。

在保险实务中，对于引起保险标的损失的原因，我们可以根据具体的情况作如下的几种分析来确定近因。

（一）单一原因致损情况下的近因认定

如果造成保险事故导致保险标的损失的原因只有一个，即单一原因致损，则该原因就是近因。如果该原因属于保险责任范围，则保险人就应履行保险赔偿责任，否则，保险人无须承担保险责任。

（二）多种原因同时致损情况下的近因认定

若保险标的的损失是由多种原因同时发生造成的，即各原因发生无先后之分，且对损害结果的形成都有直接与实质的影响，则原则上它们都是近因。如果多种原因均为保险责任，则保险人必须承担全部赔付责任；如果多种原因均为除外责任，则保险人不承担赔付责任；如果多种原因中既有保险责任又有除外责任时，若损失结果可以分解，则保险人只对属于保险责任的原因所导致的损失承担赔付责任，若损失结果无法分解，则此种情形的处理有两种意见：一种是主张由保险人和被保险人平均分摊，另一种则主张保险人完全不负赔偿责任。

（三）多种原因连续发生致损情况下的近因认定

多种原因连续发生，即各原因依次发生，持续不断，且具有前因后果的关系。如果多种原因连续发生导致损失，且前因与后因之间存在未中断的因果关系，则最先发生并造成了一连串事故的原因就是近因。在此情形下，若连续发生导致损失的多种原因均为保险责任，则保险人承担全部保险责任；如果连续发生导致损失的多种原因均为除外责任，则保险人不承担保险责任；如果连续发生导致损失的多种原因不全为保险责任，但最先发生的原因即近因属于保险责任，而其后发生的原因中，既有除外责任又有保险责任的，当后因是前因的必然结果时，保险人也负赔偿责任。

这里有一个著名的案例：莱兰船舶公司对诺威奇保险公司诉讼案。1918 年，第一次世界大战期间，被保险人的一艘轮船被德国潜艇用鱼雷击中，但仍然拼力驶向哈佛港。由于港务当局担心该船会在码头泊位上沉没而堵塞港口，因此拒绝其靠港。该船最终只好驶离港口，在航行途中，船底触礁而沉没。由于该船只投保了一般的船舶保险，而未附加战争险，因此保险公司拒赔。法庭诉讼的判决是：近因为战争，保险公司胜诉。虽然在时间上看致损的最近原因为触礁，但船只在中了鱼雷之后始终没有脱离险情，触礁也是由于险情未解除而导致。被保险船只被鱼雷击中为战争所致，不属于船舶保险的保险责任，因此保险人不负赔偿责任。

（四）多种原因间断发生致损情形下的近因认定

当导致损失的原因有多个，并且在一连串发生的原因中有间断情形，即各原因的发生虽有先后之分，但其之间不存在任何因果关系，即有新的独立的原因介入，使原有的因果关系断裂，并导致损失，则新介入的独立原因就是近因。若该近因属于保险责任范围

以内，则保险人应负赔偿责任，若该近因不属于保险责任，则保险人不承担赔偿责任。

【案例5-6】

罗某之父死亡的近因是什么？

2008年4月30日，罗某之父在某保险公司购买了一款意外伤害保险，被保险人为其本人，身故受益人为罗某，保险金额为5万元。2008年7月30日下午，罗某之父在水稻田里劳动时死亡，经公安机关鉴定，死因为冠状动脉粥样硬化性心脏病急性发作致溺水窒息死亡，无其他外力性损伤。2008年10月13日，罗某向保险公司提出给付申请，要求支付意外伤害保险金5万元。保险公司以被保险人的死亡不构成意外伤害事故为由拒绝给付。但罗某认为，导致其父死亡的原因是溺水，符合保险合同中"意外伤害"的保险责任，因此将保险公司诉至法院。

法院在审理后认为，根据公安机关所提供的鉴定书，罗某之父的心脏病发作导致了溺水事件的发生，而溺水事件的发生又导致了罗某之父的死亡。在这一过程中，如果没有心脏病的急性发作，就不会有后面的溺水身亡情形，二者之间存在着紧密的关联。因此，造成罗某之父死亡的最直接、起决定作用的原因是其自身心脏病的急性发作，而非溺水这一意外伤害，保险公司不承担给付责任。

【本章小结】

保险利益必须是合法的利益、确定的利益和经济上的利益。经济利益是指投保人对保险标的利益价值必须能够用货币计量，又称金钱上的利益。

财产保险的保险利益来源于投保人对保险标的所拥有的所有权、占有权和债权等权利。人身保险的保险利益在于投保人与被保险人之间的利益关系，如人身关系、亲属血缘关系、雇佣关系、债权债务关系等。

最大诚信原则是保险的基本原则之一。对于投保人和被保险人而言，主要体现为告知和保证。对于保险人而言，主要体现在说明义务、弃权和禁止反言。

损失补偿原则也是保险的基本原则。依据损失补偿原则，当保险标的发生保险责任范围内的损失时，被保险人有权按照保险合同的约定，获得全面、充分的赔偿，以弥补被保险人由于保险标的遭受损失而失去的经济利益，但被保险人不能因保险赔偿而获得额外的利益。所以保险人在履行赔偿责任时，必须以实际损失为限、以保险金额为限和以保险利益为限。

代位追偿原则是损失补偿原则的派生原则，是指保险人依照法律或保险合同的约定，对被保险人所遭受的损失进行赔偿后，依法取得向对财产损失负有责任的第三者进行追偿的权利或取得被保险人对保险标的的所有权。根据代位追偿原则的含义，其主要内容包括两部分：权利代位和物上代位。权利代位即追偿权的代位，是指在财产保险中，保险标的由于第三者责任导致保险损失，保险人向被保险人支付保险赔款后，依法取得对第三者的索赔权。物上代位是指保险标的遭受保险责任事故，发生全损或推定全损，保险人在全额给付保险赔偿金之后，即拥有对保险标的的物的所有权，即代位取得对受损保险标的的权利与义务。

重复保险是指投保人就同一保险标的、同一保险利益，同时向两个或两个以上的保险人投保同一危险，且保险期限相同或重叠，保险金额总和超过保险标的的价值的保险。在重复保险的情况下，当保险事故发生后，当各保险人按相应的责任分摊损失时，被保险人所获得的赔款总额与其实际损失相等。重复保险分摊原则适用于财产保险等补偿性保险合同，而不适用于人身保险。重复保险的分摊方式一般有以下几种：比例责任分摊方式，限额责任分摊方式，顺序责任分摊方式。

在保险实践中，对保险标的的损失是否进行赔偿是根据损失事故发生的原因是否属于保险责任来判断的。所谓近因，是指引起保险标的损失的直接的、最有效的、起决定作用的因素，它直接导致保险标的的损失，是促使损失结果的最有效的或是起决定作用的原因。若引起保险事故发生，造成保险标的损失的近因属于保险责任，则保险人承担损失赔偿责任；若近因属于除外责任，则保险人不负赔偿责任。坚持近因原则，有利于正确、合理地判定损失事故的责任归属，从而有利于维护双方当事人的合法权益。

【关键术语】

保险利益　insurable interest　　　　最大诚信 utmost faith

告知　representation　　　　　　　保证　warranty

重要事实　material fact　　　　　　近因　proximate cause

损失补偿　indemnification　　　　　代位追偿　subrogation

委付　abandonment　　　　　　　推定全损　constructive total loss

重复保险　duplicate coverage

【复习思考题】

1. 强调保险利益原则有何意义？

2. 财产保险和人身保险的保险利益在保险合同订立和履行过程中有何差异？

3. 为什么保险合同要求最大诚信？

4. 最大诚信原则的主要内容有哪些？

5. 损失补偿原则的含义是什么？

6. 为什么要有代位追偿原则和重复保险分摊原则？

7. 保险人代位追偿权的产生必须具备哪些条件？

8. 分析委付的利弊。

9. 举例说明近因原则的运用。

10. 保险的基本原则与保险合同的法规之间是什么关系？

第六章

保险的种类

【本章提示】

本章是从保险理论到保险实务的一个过渡，具体分析保险的种类。首先按照不同的标准，对保险形态进行分类。接着介绍财产保险的具体险种和人身保险的具体险种。最后简要介绍再保险。通过本章的学习，读者将全面掌握保险的各种险别。

第一节　保险形态的分类

一、按照实施方式分类

按照实施的方式分类，保险可分为自愿保险和法定保险。

1. 自愿保险。自愿保险亦称任意保险，是指保险双方当事人通过签订保险合同，或是需要保险保障的人自愿组合而实施的一种保险。自愿保险的保险关系是当事人之间自由决定、彼此合意后所成立的合同关系。投保人可以自主决定是否投保、向谁投保、中途退保等，也可以自由选择保障范围、保障程度和保险期限等。保险人也可以根据情况自愿决定是否承保、怎样承保，并能自由选择保险标的、设定投保条件等。

2. 法定保险。法定保险又称强制保险，是国家对一定群体对象以法律、法令或条例规定其必须投保的一种保险。法定保险的保险关系不是产生于投保人与保险人之间的合同行为，而是产生于国家或政府的法律效力。法定保险的范围可以是全国性的，也可以是地方性的。法定保险的实施方式有两种：一是保险对象与保险人均由法律限定；二是保险对象由法律限定，保险人由投保人自由选择。法定保险具有全面性与统一性的特征。

二、按照保险标的分类

按保险承保的对象即保险标的分类，保险可分为财产保险，人身保险，责任保险，信用、保证保险等。

1. 财产保险。是指以财产及其相关利益为保险标的，对保险事故发生导致的财产损失，以金钱或实物进行补偿的一种保险。财产保险有广义与狭义之分。广义的财产保险包括财产损失保险、责任保险、保证保险等；狭义的财产保险是以有形的物质财富及其相关利益为保险标的的一种保险。狭义的财产保险包括火灾保险、海上保险、汽车保险、航空保险、利润损失保险、农业保险等。

2. 人身保险。是以人的身体或生命为保险标的的一种保险。根据保障范围的不同，人身保险可以区分为人寿保险、意外伤害保险和健康保险。

3. 责任保险。是以被保险人依法应负的民事损害赔偿责任或经过特别约定的合同责任为保险标的的一种保险。责任保险的种类包括：公众责任保险、产品责任保险、职业责任保险、雇主责任保险。

4. 信用、保证保险。信用、保证保险都是以信用风险作为保险标的的保险，都是具有担保性质的保险。信用保险和保证保险两种业务是根据承保方式的不同来区分的。当债权人作为投保人向保险人投保债务人的信用风险时就是信用保险；当债务人作为投保人向保险人投保自己的信用风险时就是保证保险。

三、按照承保方式分类

按照承保方式，保险可分为原保险、再保险、复合保险、重复保险和共同保险。

1. 原保险。原保险是相对于再保险而言的，是指投保人与保险人直接签订保险合同而建立保险关系的一种保险。在原保险关系中，保险需求者将其风险转嫁给保险人，当保险标的遭受保险责任范围内的损失时，保险人直接对被保险人承担赔偿责任。

2. 再保险。又称分保，是指保险人在原保险合同的基础上，通过签订合同的方式，将其所承担的保险责任向其他保险人进行保险的行为。再保险是保险的一种派生形式。保险是再保险的基础和前提，再保险是保险的后盾和支柱。

3. 复合保险。复合保险是指投保人以保险利益的全部或部分，分别向数个保险人投保相同种类保险，签订数个保险合同，其保险金额总和不超过保险价值的一种保险。复合保险的损失如何处理，因保险业务性质的不同而不同，其方式主要有保险分摊法、超额承保法和优先承保法三种。

4. 重复保险。重复保险是指投保人以同一保险标的、同一保险利益、同一风险事故分别与数个保险人订立保险合同的一种保险。重复保险区别于复合保险之处在于，其保险金额的总和超过保险价值。

5. 共同保险。共同保险是指投保人与两个以上保险人之间，就同一保险利益，同一风险共同缔结保险合同的一种保险。在实务中，数个保险人可能以某一保险公司的名义签发一张保险单，然后每一保险公司对保险事故损失比例分担责任。

四、其他分类

除了上述常用的分类方式外，还有一些其他的分类方式。

按照赔付形式分类，保险可以分为定额保险与损失保险。定额保险是指在保险合同

订立时，由保险双方当事人协商确定一定的保险金额，当保险事故发生时，保险人依照预先确定的保险金额给付保险金的一种保险。定额保险适用于人身保险。损失保险是指在保险事故发生后，由保险人按照估计保险标的实际损失额而支付保险金的一种保险。损失保险适用于财产保险。

按照保险经营主体分类，保险可以分为公营保险与民营保险。公营保险又分为国家经营的保险、地方政府或自治团体经营的保险，包括国家强制设立的保险机构经营的保险。民营保险是由私人投资经营的保险，其形式主要有股份保险公司、相互保险公司、保险合作社和个人经营的保险等。

按照保险经营性质分类，保险可以分为营利保险与非营利保险。营利保险又称商业保险，是指保险业者以营利为目的经营的保险。股份公司经营的保险属于最常见的一种营利保险。非营利保险又称非商业保险，经营此保险的目的不是为了盈利，而是出于某种特定的目的。

第二节　财产保险

一、财产保险的概念及特征

财产保险是保险人对被保险人的财产及其有关利益，在发生保险责任范围内的灾害事故而遭受经济损失时给予补偿的保险。财产保险中所指的财产除了包括固定资产、流动资产、在制品和制成品等有形财产外，还包括运费、预期利润、信用及责任等无形财产。因此说，财产保险的范围很广泛，除了人身保险以外的各种保险，均可归为这一类。财产保险具有下列特征。

1. 财产保险以财产及其有关利益为保险标的。财产保险有广义和狭义之分。广义的财产保险包括财产损失保险、责任保险、保证保险、信用保险等以财产或相关利益为保险标的的各种保险。广义的财产保险所保障的标的，其具体存在的形态通常被划分为有形财产与无形财产或有关利益。有形财产指厂房、设备、汽车、船舶、货物、家电等；无形财产或有关利益指各种费用、产权、预期利润、信用、责任等。狭义的财产保险专指以有形财产中的一部分普通财产为保险标的的保险，如企业财产保险、家庭财产保险、机动车辆保险等。

2. 财产保险的保险标的必须是可以用货币衡量价值的财产或利益。在财产保险中，财产或利益的实际价值是获得保险保障的最高经济限额。因此，财产或利益的实际价值必须能够用货币衡量，无法用货币衡量价值的财产或利益不能作为财产保险的保险标的，如空气、江河、国有土地、矿藏和政府信用等。但是人身保险的标的是无法用货币衡量的，人身保险的保险金额只能根据投保人交付保险费的能力和被保险人对保险保障的需求量来确定。

3. 财产保险的业务活动具有法律约束力。财产保险是一种合同行为，财产保险关系的存在与成立必须由具有法律约束力的文件给予确认，以明确保险标的的合法归属、价值构成和保障的基本范围。保险人和投保人双方订立保险合同的过程，以及所承担的权利和义务都受到财产保险合同的约束。

4. 财产保险对于保险标的的保障功能表现为经济补偿。根据保险的基本原则，财产保险的补偿功能表现为被保险人的财产或利益在遭受保险责任范围内的损失后，保险人通过保险补偿形式，使被保险人的财产或利益恢复到损失前的状态，维持保险标的的原有价值，但不允许被保险人从保险补偿中获得额外利益。而在人身保险中，由于不能用货币衡量人身价值，所以人身保险标的遭受保险事故的损害时，只能按保险合同约定的保险金额进行给付，以实现对于人身保险的保障。

5. 财产保险属于社会商业活动的组成部分。财产保险是保险人基于保险原理，按照商品经济的原则所经营的保险业务。从保险条款的设计，保险费率的厘定，到保险展业、核保、防灾防损和核赔等经营环节，无不渗透着商业经营的痕迹。保险人与被保险人之间被一种具有法律约束力的特殊商品交换关系所联结，使保险人在经营中必须时刻关注自己所承担的风险责任与实际偿付能力之间的比例变化。在这方面，它与社会保险和政策性保险业务是有区别的。从理论上讲，由政府主办的社会保险和政策性保险具有无限的偿付能力，而财产保险公司的总准备金与责任准备金是有限的。财产保险公司必须按照商品经济的原则和规律开展业务，切实保障公司经营的财务稳定性。

二、狭义财产保险

财产保险的分类标准及各种险种名称都有一个演变的过程。如海上保险是按风险发生的区域来命名的；火灾保险是按风险事故来命名的；汽车保险则是按保险标的来命名的。目前国际上一些国家将财产保险称为非寿险，与寿险加以区别，其范围就更加广泛。我国习惯上将保险标的分为有形财产、相关经济利益和损害赔偿责任三大类，因此财产保险通常也划分为财产保险、责任保险和信用保证保险。我国《保险法》第九十五条规定："财产保险业务，包括财产损失保险、责任保险、信用保险、保证保险等保险业务。"

财产保险是指以财产及其相关利益为保险标的，对保险事故发生导致的财产损失，以金钱或实物进行补偿的一种保险。财产保险有广义与狭义之分。广义的财产保险包括财产损失保险、责任保险、保证保险等；狭义的财产保险是以有形的物质财富及其相关利益为保险标的的一类保险。这里主要分析狭义财产保险。

（一）火灾保险

火灾保险简称火险，是指保险人对于保险标的因火灾所导致的损失负责补偿的一种财产保险。火灾是财产面临的最基本和最主要的风险，早期的财产保险主要是保障火灾对各种财产所造成的破坏。随着保险经营技术的改进，保险人开始将火灾保险单承保的责任范围扩展到各种自然灾害和意外事故对于财产所造成的损失。在国际保险市场上，人们仍将一般的固定资产和流动资产的保险称为火灾保险。我国现行的财产保险的保险责任实际上是在火灾保险责任基础上的扩展，包括企业财产保险、家庭财产保险和涉外财产保险等。

1. 财产保险基本险和综合险。承保国内全民、集体所有制、股份制及私营企业、事业单位和机关团体的财产。保险金额按账面金额为基数或重置重建价确定。足额投保时在保险金额内按实际损失赔偿；不足额投保则实行按比例赔偿。赔款后需相应减少原保险金额。可附加盗窃险、机器损坏险、利润损失险等。

2. 家庭财产保险。承保我国城乡居民的家庭财产。分为普通家庭财产保险（1 年期），带有储蓄性质、期满还本的"两全"家庭财产保险（3～5 年期），及长效家庭财产保险三种。保险金额按财产实际价值估价确定，采用第一危险赔偿方式。分项投保的，赔款金额以分项保额为限，赔款后需相应减少原保险金额。该险种可附加盗窃险。

3. 涉外财产保险。承保中外合资、合作经营或外商独资本经营企业的财产及其来料加工、补偿贸易、租赁的财产或使用中国银行外汇贷款引进的机器、设备等物料，以及外国机构购买的房屋、办公用具和外国居民个人财产。具体险别有：财产保险，承保条款列明的自然灾害和意外事故造成的保险财产损失；财产一切险，除承保财产险的责任外对其他由于突然和不可预料的事故所致损失也负责赔偿；财产一揽子综合险，适合于对外加工装配和补偿贸易业务，保险责任涵盖从委托加工方启运加工财产一直到成品运交收货人的全过程。按照进口货物运输保险、财产保险和出口货物运输保险三个险种的责任范围承保。涉外财产保险金额按财产实际价值确定，赔偿以损失当时市价为标准计赔，若市价低于保额按市价赔偿，市价高于保额则按保额与市价的比例赔偿。

【专栏 6-1】

某保险公司的家庭财产保险产品介绍

一、产品定价

保险财产	主险保险金额	附加室内盗抢保险保险金额
房屋	200000 元	—
室内装潢	40000 元	—
室内财产	30000 元	—
便携式家用电器	10000 元	5000 元
现金及贵重物品	10000 元	5000 元
保险费：200 元		

二、保险责任

对由于火灾爆炸、自然灾害、外来物体及建筑物倒塌造成的撞击等所造成的家庭财产损失，以及日常生活中所面临的室内管道爆裂、室内盗抢等意外事故造成的财产损失，提供相应的风险保障。

三、保险期间

时间为一年，自保险人同意承保、收取保险费并签发保险单的次日零时起至约定终止日的 24 时止。可选择自动续保年限（三年、五年、十年和二十年）。

四、责任免除

出现下列任一情形时，保险人不负责赔偿：

1. 保险事故发生时，保险标的已连续超过60天处于无人照管状态。

2. 保险标的被非法占有或持有。

3. 下列原因造成的损失、费用，保险人不负责赔偿：

（1）战争、敌对行为、军事行动、武装冲突、恐怖主义活动、罢工、暴动、骚乱；

（2）行政行为、司法行为；

（3）被保险人或其家庭成员的故意或重大过失行为；

（4）核爆炸、核裂变、核聚变；

（5）放射性污染和其他各种环境污染；

（6）除第四条列明以外的其他自然灾害和意外事故；

（7）管道安装、检修、试水、试压，被保险人私自改动原管道设计，室外管道爆裂、渗漏；

（8）设计错误、勘察错误、原材料缺陷、工艺不善、施工质量问题；

（9）自然磨损、内在或潜在缺陷、自然损耗，大气（气候或气温）变化、正常水位变化或其他渐变原因、物质本身变化、自燃、自热、霉烂、受潮、鼠咬、虫蛀、鸟啄、氧化、锈蚀、渗漏、烘焙；

（10）擅自改变保险标的的结构；

（11）家用电器使用不当、超电压、超负荷、短路、电弧花、漏电、自身发热或本身内在缺陷造成其本身的损毁；

（12）装饰、装修、安装、搭建或维修施工。

4. 下列损失和费用，保险人不负责赔偿：

（1）用于生产经营的房屋和其他财产发生的任何损失；

（2）违章建筑或被政府部门征用、占用的建筑及存放在里面的财产发生的任何损失；

（3）处于紧急危险状态的财产发生的任何损失；

（4）木质结构房屋、简易屋棚、禽畜棚、无人居住的房屋，以及存放在其中的财产发生的任何损失；

（5）放置于露天、未封闭阳台、室外公共走廊、庭院内的财产发生的任何损失，但不包括室内家用电器安装在室外的部分以及特约承保的存放于院内的农用工具、非机动农机具；

（6）保险标的在保险单中载明地点以外发生的任何损失；

（7）间接损失；

（8）保险单中载明的应由被保险人自行承担的免赔额。

其他不属于本合同责任范围内的损失和费用，保险人不负责赔偿。

（二）海上保险

海上保险又称水险，是指保险人对于保险标的物因海上风险所导致的损失或赔偿责任，提供经济保障的一种保险。海上保险的保险标的主要包括与海上运输有关的财产、利益和责任等。

1. 海洋货物运输保险。海洋货物运输以海上货物运输保险为主，也有航空、集装箱、多式联运的运输保险。它承保运输货物由于自然灾害和意外事故以及其他外来原因引起的外来风险所造成的损失和费用。这里的外来风险主要指破碎、雨淋、受潮、受热、发霉、串味、玷污、短量、渗透、钩损、锈损、偷窃、提货不着等。海洋货物运输保险主要有平安险、水渍险和一切险。平安险是基本险，它承保因自然灾害（恶劣气候、雷电、海啸、地震、洪水）和意外事故（运输工具失火、爆炸、搁浅、触礁、沉没、互撞与流冰或其他物体碰撞）所造成的货物全部损失，包括在装卸过程中整件落海所造成的损失以及共同海损、救助费用；水渍险的责任范围大于平安险，它不但负责平安险的全部损失，还负责部分损失；一切险除了负责平安险、水渍险的各项责任，还负责由于外来原因引起的外来风险造成的损失。

2. 船舶保险。船舶保险，承保航行国际航线的各类船舶，因各种自然灾害和意外事故造成船壳、机器和必要附属设备的损失。我国现行的涉外船舶保险承保责任分为全损险和一切险两种。

（三）汽车保险

汽车保险的内容包括汽车损失保险和汽车责任保险。前者主要承保汽车车身的损失，后者承保被保险人因汽车意外事故对第三者所负的赔偿责任。汽车第三者责任险通常又被区分为第三者人身伤害责任险、第三者财产损害责任险等。被保险人对于汽车损失保险与汽车责任保险，可以合并投保，也可以分开投保。

1. 车辆损失险。车辆损失险分碰撞责任和非碰撞责任。碰撞责任指保险车辆与其他车辆或物体碰撞造成的损失和费用，是车身险的主要责任。非碰撞责任指机动车辆在行驶或停放过程中，由于各类自然灾害或意外事故造成的损失和费用。

2. 第三者责任险。机动性车辆险第三者责任险可作为车辆损失险的附加险，也可单独承保，承保被保险人或其允许的驾驶人员在使用保险车辆过程中，因意外事故造成第三者人身伤亡和财产损失，依法应承担的民事损害赔偿责任。所谓"第三者"是指被保险人和保险车辆上的一切人员以外的他人及其财产。

（四）航空保险

航空保险是一个统称，在国际保险市场上，其保障范围包括一切与航空有关的风险。航空保险与海上保险、汽车保险一样，在国际上通常将其单独命名。航空保险的保障对象有财物和人身之分。以财物为保险标的的航空保险，主要有飞机保险与航空运输货物保险；以责任为保险标的的航空保险有旅客责任险、飞机第三者责任险和机场责任险等。

（五）工程保险

工程保险是指对进行中的建筑工程项目、安装工程项目及工程运行中的机器设备等面临的风险提供经济保障的一种保险。工程保险在性质上属于综合保险，既有财产风险的保障，又有责任风险的保障。

1. 建筑工程一切险。建筑工程一切险，简称建工险，包括第三者责任险。它适用于各种形式筹集资金所进行的新建、改建和扩建的建筑工程项目。

2. 安装工程一切险。安装工程一切险，简称安工险，包括第三者责任险。它适用于各种形式筹集资金所进行的新建、改建和扩建的安装工程项目。

3. 机器损坏险。机器损坏险适用于各类已安装完毕并已进入正常运行的机器设备、机械装置、生产机器和附属设备等项目。

（六）利润损失保险

利润损失保险在英国保险市场上被称为灾后损失险；在美国保险市场上被称为营业中断险或毛收入险。利润损失保险是对传统的财产保险中不承保的间接损失提供损失补偿的保险。它承保由于火灾等自然灾害或意外事故使被保险人在一定时期内，停产、停业或营业受到影响所造成的间接经济损失，包括利润损失和灾后营业中断期间仍需开支的必要费用等损失。利润损失保险是一种附加险，它是依附在火灾保险或财产保险保单上的一种扩大责任保险。

（七）农业保险

农业保险是以种植业和养殖业为保险标的，对其在生长、哺育、成长过程中因遭受自然灾害或意外事故导致的经济损失提供补偿的一种保险。种植业保险包括生长期农作物保险、收获期农作物保险、森林保险、经济林和园林苗圃保险等。养殖业保险包括大牲畜保险、家畜家禽保险、水产养殖保险和其他养殖保险等。

（八）特殊风险的财产保险

主要指以高新技术开发与应用过程中可能产生的高风险作为保险责任而开发的一类新险种。目前，较为广泛开展的有航天保险、核电站保险和海洋石油开发保险等。

三、责任保险

责任保险是以被保险人依法应负的民事损害赔偿责任或经过特别约定的合同责任为保险标的的一种保险。责任保险的种类包括：

1. 公众责任保险。又称普通责任保险或综合责任保险，它是责任保险中独立的、适用范围极为广泛的保险类别，主要承保企业、机关、团体、家庭、个人以及各种组织，在固定的场所因其疏忽、过失行为而造成他人人身伤害或财产损失时，依法应承担的经济赔偿责任的一种保险。公众责任保险包括场所责任保险、个人责任保险等。

2. 产品责任保险。是承保产品制造者、销售者，因产品缺陷致使他人人身伤害或财产损失而依法应由其承担的经济赔偿责任的一种保险。保险人承担被保险人所生产、出售或分配的产品或商品发生事故，造成使用、消费或操作该产品或商品的人或其他任何人的人身伤害、疾病、死亡或财产损失时，依法由被保险人所负的经济赔偿责任。保险赔偿限额由保险双方当事人商定，可以规定每次事故的赔偿限额，也可以规定一年内累计赔偿限额。

3. 职业责任保险。是承保各种专业技术人员，因工作上的疏忽或过失造成合同对方或他人人身伤害或财产损失而依法应承担经济赔偿责任的一种保险。职业责任保险一般由提供各种专业技术服务的单位投保，它适用于医生、药剂师、工程师、设计师、律师、会计师等专业技术工作者。现今国际保险市场上主要有医疗责任保险、律师责任保险、会计师责任保险、建筑工程技术人员责任保险及其他职业责任保险等。

4. 雇主责任保险是承保被保险人（雇主）的雇员在受雇期间从事业务活动时，因遭受意外事故导致伤、残、死亡，或患有与职业有关的职业性疾病而依法或根据雇佣合同应由被保险人承担的经济赔偿责任的保险。雇主所承担的这种责任包括其自身的故意行为、过失行为乃至无过失行为所致的雇员人身伤害赔偿责任，但保险人为控制风险并与社会公共道德准则相一致，被保险人的故意行为被列为除外责任。

四、信用保险

信用保险是权利人要求保险人担保对方（被保证人）的信用的一种保险。信用保险的投保人为信用关系的权利人，由其投保他人的信用，当被保证人发生违约行为致使权利人受损时，由保险人对权利人进行赔偿。信用保险主要包括出口信用保险和一般商业信用保险。

1. 出口信用保险。出口信用保险承保出口商因进口商不履行贸易合同而造成的经济损失。在国际贸易中，采用信用证、付款交单、延期付款、承兑交单等有一定收汇风险的支付方式时，都可投保出口信用保险。出口信用保险主要承保的风险包括商业风险和政治风险。商业风险又叫买方风险，是指由于买方的商业信用造成的收汇风险。政治风险又叫国家风险，是指由于买方所不能控制的政治原因造成的收汇风险。

2. 一般商业信用保险。一般商业信用保险是指在商业活动中，作为权利人的一方当事人要求保险人将另一方当事作为被保证人，并承担由于被保证人的信用风险而使权利人遭受商业利益损失的保险。一般信用保险通常包括赊销信用保险、个人贷款信用保险等。赊销信用保险是为国内贸易的延期付款或分期付款行为提供信用担保的一种信用保险业务。在这种业务中，投保人是制造商或供应商，保险人承保的是买方的信用风险。个人贷款信用保险是指在金融机构对自然人进行贷款时，由于债务人不履行贷款合同致使金融机构遭受经济损失时由保险人承担赔偿责任的信用保险。在这种业务中，投保人和被保险人均是金融机构。

五、保证保险

保证保险是被保证人根据权利人的要求，请求保险人担保自己信用的一种保险。当被保证人发生违约行为致使权利人受损时，由保险人对权利人进行赔偿。保证保险主要有合同保证保险、产品保证保险、个人贷款保证保险等。

1. 合同保证保险。合同保证保险是承保债务人不履行合同规定的义务而给债权人造成的经济损失的保险。最常见的是建筑工程承包合同的保证保险。主要承保工程合同中规定的因承包人的原因造成工期延误的损失。

2. 产品保证保险。产品保证保险承保产品生产者和销售商因制造或销售的产品质量有缺陷而给用户造成的经济损失，包括产品本身的损失以及引起的间接损失和费用。其责任范围是产品责任险的除外责任。

3. 个人贷款保证保险。个人贷款保证保险承保投保人（借款人）因遭受意外伤害事故所致死亡或伤残，而丧失全部或部分还贷能力，结果造成投保人不能履行或不能完全履行个人贷款合同约定的还贷责任。

第三节　人身保险

一、普通人寿保险

（一）死亡保险

死亡保险是指以人的寿命为保险标的、死亡为保险事故，当保险事故发生时，保险人按照约定的保险金额给付保险金的人身保险。死亡保险又可分为定期死亡保险和终身死亡保险。

1. 定期死亡保险，又称为定期寿险。是一种以被保险人在规定期间发生死亡事故为保险人给付保险金条件的保险。定期保险在合同中规定一定时期为保险有效期，若被保险人在约定期限内死亡，保险人即给付受益人约定的保险金；如果被保险人在保险期限届满时仍然生存，契约即行终止，保险人无给付义务，亦不退还已收的保险费。定期保险最大的优点是可以用极为低廉的保险费获得一定期限内较大的保险保障。其不足之处在于若被保险人在保险期限届满仍然生存，则不能得到任何保险保障。

2. 终身死亡保险，又称为终身寿险。是一种不定期的死亡保险，即保险合同中并不规定期限，自合同生效之日起，无论被保险人何时死亡，保险人都负给付保险金义务。终身寿险的最大优点是可以得到确定性保障，若投保人中途退保，可以得到一定数额的现金价值。终身寿险按照缴费方式可分为：① 普通终身寿险。即保险费终身分期交付。② 限期缴费终身寿险。其保险费在规定期限内分期缴付，期满后不再缴付保险费，但仍享有保险保障。缴纳期限可以是年限，也可以规定缴费到某一特定年龄。③ 趸缴终身寿险。在投保时一次缴清保险费，也可以认为是限期缴费保险的一种特殊形态。

（二）生存保险

生存保险是指以被保险人在一定期限届满生存为保险人给付保险金条件的人身保险。就是说，只有当被保险人一直生存到保险期限届满时，保险人才给付保险金，若被保险人中途死亡，则保险人不给付保险金。生存保险的保险金可以满足被保险人年老时生活上的经济需要。

（三）两全保险

两全保险又称为生死合险。是指将定期死亡保险和生存保险结合起来的保险。被保险人在保险合同规定的年限内死亡，或合同规定年限期满时仍生存，保险人按照合同负

给付保险金责任。两全保险是储蓄性极强的一种保险，两全保险的纯保费由自然保险费和储蓄保险费组成，自然保险费用于当年死亡给付，储蓄保险费则逐年积累形成责任准备金，既可用于中途退保时支付退保金，也可用于期满生存时的生存给付。由于两全保险既保障期内死亡又保障到期生存，因此，两全保险不仅使受益人得到保障，同时也使被保险人本身利益得到保障。

二、特种人寿保险

（一）简易人寿保险

简易人寿保险是指用简易的方法经营的一种人寿保险。它是一种小额的、免验体的、适应一般低工资收入职工需要的保险。简易人寿保险的缴费期较短，通常为月、半月、周。简易人寿保险合同的保险金额都有一定的限制。为了防止逆选择，大多采用等待期或削减给付制度，即被保险人必须经过一定时期，保险单才能生效，若被保险人在这个期间内死亡，保险人不负给付责任或减少其给付。简易人寿保险的保险费略高于普通人寿保险的保险费，主要原因为：①免验体造成死亡率偏高。②业务琐碎使得附加管理费高。③失效比率较大使保险成本提高。

（二）弱体保险

弱体保险是指将风险程度较高的人作为保险对象，在附加一定条件后承保的保险形式。根据被保险人的风险程度，弱体保险的承保方法包括：

1. 保险金削减给付法。这种方法适用于附加风险递减的被保险人。投保人按照正常费率缴纳保险费，但在一定时期内发生保险事故，保险人按比例减少保险金给付。这种削减通常仅在开始的若干年内予以比例削减，然后逐渐趋于正常。

2. 年龄增加法。这种方法适用于附加风险递增的被保险人。死亡率是随年龄增长而升高的，利用这一性质可将被保险人的投保年龄提高以提高保险费率。

3. 特别保险费征收法。这种方法适用于附加风险固定的被保险人。保险人对于弱体被保险人按其实际额外死亡率的高低，征收一定金额的额外保险费。

（三）年金保险

年金保险是生存保险的特殊形态，是指在被保险人生存期间保险人每年给付一定金额保险金的生存保险。年金保险可以满足被保险人老年时的经济需求。按照不同的分类标准，年金保险可以划分为不同的种类。

1. 按缴费方式划分，年金保险分为趸缴年金和年缴年金。①趸缴年金。一次缴清保费的年金，即指年金保险费由投保人一次缴清后，于约定时间开始，按期由年金受领人领取年金。②年缴年金。指年金保险费由投保方采用分年缴付的方式，然后于约定年金给付开始日期起按期由年金受领人领取年金。

2. 按被保险人数划分，年金保险分为个人年金、联合年金和联合及生存者年金。①个人年金。以被保险人生存作为年金给付条件的年金。②联合年金。以两个或两个以上的被保险人人均生存作为年金给付条件的年金。这种年金的给付，是在数个被保险人中第一个死亡时即停止其给付。③联合及生存者年金。以两个或两个以上的被保险人中至少尚有一个生存作为年金给付条件的年金。这种年金的给付继续到最后一个生存者死亡时为止。

3. 按照给付额是否变动划分，年金保险分为定额年金和变额年金。①定额年金。每次按固定数额给付的年金。②变额年金。年金给付按货币购买力的变化予以调整。这种年金可以克服定额年金在通货膨胀下的缺点。

4. 按照给付开始日期划分，年金保险分为即期年金和延期年金。①即期年金。合同成立后，保险人即按期给付的年金。②延期年金。合同成立后，经过一定时期或达到一定年龄后才开始给付的年金。

5. 按给付期间划分，年金保险分为终身年金、最低保证年金和短期年金。①终身年金。年金受领人在有生之年一直可以领取约定的年金，直到死亡为止。②最低保证年金。最低保证年金分为两种：一种是确定给付年金，即规定了一个最低保证确定年数，在规定期间内无论被保险人生存与否均可得到年金给付。另一种是退还年金，即当年金受领人死亡而其年金领取总额低于年金购买价格时，保险人以现金方式一次或分期退还其差额。③短期年金。以被保险人在规定期间内生存为给付条件的年金。年金的给付以一定的年数为限，若被保险人一直生存，则给付到期满；若被保险人在规定的期限内死亡，则年金给付立即停止。

（四）变额寿险

变额寿险是一种保额随其保费分离账户的投资收益的变化而变化的终身寿险。最早于1976年在美国寿险市场上出现。这种产品可有效抵消通货膨胀给寿险带来的不利影响。

在变额寿险保单的管理上，保费减去费用及死亡给付分摊额后，存入一个单独的投资账户。大多数保险公司可提供的投资方式有：普通股票基金、债券基金以及其他形式的基金。通常保险金额与投资收益直接相连，但不管投资收益如何，保额不能低于某限额。保单现金价值也与投资收益相关，但并无最低值承诺。在任一时点的保单现金价值取决于该时点该险种保费投资资产的市场价值。变额寿险几乎将所有投资风险都转移给了保单持有人。

该保单的死亡给付包括两个部分：第一部分是保单约定的最低死亡给付额，这一部分固定的；第二部分是可变的死亡给付部分，即随投资收益变化的部分。投资收益超过保单预定利率的部分用来购买一份额外的保险。这份保险通常按纯费率购买，购买时间可以按天、按周、按月、按年进行；如果投资收益低于保单预定的利率，则会相应减少过去已增加了的保额，直至保额的最低限度。

变额寿险可以是分红型的，也可以是非分红的。对于分红型的变额寿险，分红额只取决于该险种的死差益和费差益。利差益扣除投资管理费用后，将用于增加保单的现金价值。

（五）万能寿险

万能寿险是一种缴费灵活、保额可调整、非约束性的寿险。首先于1979年在美国寿险市场上出现。当时是为了满足那些要求保费支出较低且方式灵活的寿险消费者的需求

而设计的，万能寿险确实为保单持有人选择灵活的缴费方式提供了便利，但保费支出的高低与其他寿险险种一样，取决于保险人是如何定价的。

万能寿险的保费缴纳方式灵活，保险金额可以根据规定进行调整。保单持有人在缴纳一定量的首期保费后，可以按自己的意愿选择任何时候缴纳任何数量的保费，只要保单的现金价值足以支付保单的相关费用，有时也可以不再缴费。保单持有人可以在具备可保性前提下，提高保额，也可以根据自己的需要降低保额。万能寿险的经营颇具透明度。

万能寿险的特点体现在下列几方面：

1. 死亡给付模式。万能寿险主要提供两种死亡给付方式，投保人可以任选其一，当然，给付方式也可随时改变。这两种方式习惯上称为 A 方式和 B 方式。A 方式是一种均衡给付的方式，B 方式是直接随保单现金价值的变化而改变的方式。在 A 方式中，净风险保额每期都进行调查，以使得净风险保额与现金价值之和成为均衡的死亡受益额。这样，如果现金价值增加了，则风险保额就会等额减少。反之，若现金价值减少了，则风险保额会等额增加。这种方式与其他传统的具有现金价值的给付方式的保单较为类似。在方式 B 中，规定了死亡给付额为均衡的净风险保额与现金价值之和。这样，如果现金价值增加了，则死亡给付额会等额增加。

2. 保费缴纳规定。万能寿险的保单持有人可以在保险公司规定的幅度内，选择任何一个数额，在任何时候缴纳保费。

3. 保单附加费。通常有两种等价的保单费用附加方法：预先附加和事后附加，早期的万能寿险主要采用预先附加的方法，而新的万能寿险主要采用事后附加的方法。

4. 死亡及其他给付费用。死亡给付成本每月从万能寿险的现金价值中扣除，每月死亡给付成本是按照保单的净风险保额计算的。每份保单中都规定了各个年龄千元保额的最大死亡给付分摊额，死亡给付分摊从不超过规定的最大额度。大多数万能寿险死亡给付分摊额是不确定的，可能根据被保险人是否吸烟及其性别的不同而不同。

5. 现金价值。万能寿险保费扣除各种分摊额后的累积价值为其现金价值。保单通常都规定一个最低的现金价值累积利率，这个利率通常为 4% 或 5% 。有的保险公司向保户提供一种滚动式的利率，保险单的最低利率将不低于外界某一移动平均利率（也可做某些扣除），如 5 年期国债利率。大多数万能寿险的当前利率将由公司确定，这使得现金价值累积利率稍稍低于外部利率。许多非指数化的万能寿险保单的利率是基于保险公司的投资收益率的。有的保险公司使用投资组合收益率作为其保单利率。

（六）变额万能寿险

变额万能寿险是融合了保费缴纳灵活的万能寿险与投资灵活的变额寿险后而形成的新的险种。变额万能寿险遵循万能寿险的保费缴纳方式，而且保单持有人可以根据自己的意愿将保额降至保单规定的最低水平，也可以在具备可保性时，将保额提高。与万能寿险不同的是，变额万能寿险的资产保存在一个或几个分离账户中。其现金价值的变化也与变额寿险现金价值的变化相同，而且，变额万能寿险也没有现金价值的最低承诺，即保单现金价值可能降至零。

变额万能寿险的投资通常是多种投资基金的集合。保单持有人可以在一定时期将其现金价值从一个账户转至另一个账户，而不用缴纳手续费。变额万能寿险的死亡给付不同于变额寿险，而与万能寿险的相同。变额万能寿险的死亡给付在 B 方式下，随资产份额价值的改变而变化。而在 A 方式下，死亡给付保持不变，除非保单持有人改变死亡给付额。因此，投资收益的变化，只反映在保单现金价值中，而不改变保单的净风险保额。

变额万能寿险保单适合那些将寿险保单现金价值视为投资而非储蓄的人，保单持有人承担了投资风险。其可能的不利结果是，如果分离账户的投资结果不理想，保单的现金价值可能减至零，这时，如果没有另外的保费注入，保单就会失效。这种保单的分离账户与保险公司的一般账户的资产是分开的，当保险公司其他业务面临财务困难时，分离账户的变额万能寿险可能增加保单持有人的安全性。

三、人身意外伤害保险

（一）意外伤害保险概述

意外伤害包括意外和伤害两层含义。伤害指人的身体受到侵害的客观事实。伤害由致害物、侵害对象、侵害事实三个要素构成，三者缺一不可。意外是指就被害人的主观状态而言，指侵害的发生是被害人事先没有预见到的，或违背被保险人主观意愿的。意外伤害保险中所称意外伤害是指在被保险人没有预见到或违背被保险人意愿的情况下，突然发生的外来致害物对被保险人的身体明显、剧烈地侵害的客观事实。意外伤害的构成包括意外和伤害两个必要条件。

意外伤害保险的定义可以表述为：意外伤害保险是以被保险人因遭受意外伤害造成死亡、残废为给付保险金条件的人身保险业务。意外伤害保险有三层含义：①必须有客观的意外事故发生，且事故原因是意外的、偶然的、不可预见的。②被保险人必须有因客观事故造成人身死亡或残废的结果。③意外事故的发生和被保险人遭受人身伤亡的结果，两者之间有着内在的、必然的联系，即意外事故的发生是被保险人遭受伤害的原因，而被保险人遭受伤害是意外事故的后果。

意外伤害保险的保障项目包括：

（1）死亡给付。被保险人因遭受意外伤害造成死亡时，保险人给付死亡保险金。

（2）残废给付。被保险人因遭受意外伤害造成残废时，保险人给付残废保险金。

意外死亡给付和意外伤残给付是意外伤害保险的基本责任，其派生责任包括医疗给付、误工给付、丧葬费给付和遗属生活费给付等。

（二）意外伤害保险的特点

1. 在人寿保险中，保险事故发生时，保险人按照约定的保险金额给付保险金。在意外伤害保险中，保险事故发生时，死亡保险金按约定的保险金额给付，残废保险金按照保险金额的一定比例给付。

2. 人寿保险的纯保险费是依据生命表和利息率计算的。意外伤害保险的纯保险费是根据保险金额损失率计算的。被保险人遭受意外伤害的概率取决于职业、工种或从事的

活动。被保险人的职业、工种、所从事活动的危险程度越高，应缴纳的保险费就越多。

3. 人寿保险的保险期限较长。意外伤害保险的保险期限较短，一般不超过一年。意外伤害保险的保险费率取决于被保险人的职业、工种或从事活动的危险程度，与被保险人的年龄和健康状况关系不大。

4. 人寿保险的寿险责任准备金是依据生命表、利息率、被保险人年龄、已保年限、保险金额等因素计算的。意外伤害保险的年末未到期责任准备金是按当年保险费收入的一定百分比（如40%、50%）计算的，与财产保险相同。

（三）意外伤害保险的可保风险分析

意外伤害保险承保的风险是意外伤害，但是并非一切意外伤害都是意外伤害保险所能承保的。按照是否可保划分，意外伤害可以分为不可保意外伤害、特约保意外伤害和一般可保意外伤害三种。

1. 不可保意外伤害。也可理解为意外伤害保险的除外责任。不可保意外伤害包括：

（1）被保险人在犯罪活动中所受的意外伤害。

（2）被保险人在寻衅殴斗中所受的意外伤害。

（3）被保险人在酒醉、吸食（或注射）毒品（如海洛因、鸦片、大麻、吗啡等麻醉剂、兴奋剂、致幻剂）后发生的意外伤害。

（4）由于被保险人的自杀行为造成的伤害。

2. 特约保意外伤害。即一般不予承保，只有经过投保人与保险人特别约定，有时还要另外加收保险费后才予承保的意外伤害。特约保意外伤害包括：

（1）战争使被保险人遭受的意外伤害。由于战争使被保险人遭受意外伤害的风险过大，保险公司一般没有能力承保。所以，对于战争使被保险人遭受的意外伤害，保险公司一般不予承保，只有经过特别约定并另外加收保险费以后才能承保。

（2）被保险人在从事登山、跳伞、滑雪、江河漂流、赛车、拳击、摔跤等剧烈的体育活动或比赛中遭受意外伤害。被保险人从事上述活动或比赛时，会使其遭受意外伤害的概率大大增加。因而保险公司一般不予承保，只有经过特别约定并另外加收保险费以后才能承保。

（3）核辐射造成的意外伤害。核辐射造成人身意外伤害的后果，往往在短期内不能确定，而且发生大的核爆炸时，往往造成较大范围内的人身伤害。

（4）医疗事故造成的意外伤害（如医生误诊、药剂师发错药品、检查时造成的损伤、动手术切错部位等）。

对于上述特约保意外伤害，在保险条款中一般列为除外责任，经投保人与保险人特别约定承保后，由保险人在保险单上签注特别约定或出具批单，对该项除外责任予以承保。

3. 一般可保意外伤害，即在一般情况下可承保的意外伤害。除不可保意外伤害、特约保意外伤害以外，均属一般可保意外伤害。

（四）意外伤害保险的分类

1. 按保险责任分类，意外伤害保险包括：（1）意外伤害死亡、残废保险。意外伤害死亡、残废保险的保险责任是，当被保险人由于遭受意外伤害造成死亡或残废时，保险人给付死亡保险金或残废保险金。（2）意外伤害医疗保险。意外伤害医疗保险的保险责任是，当被保险人由于遭受意外伤害需要治疗时，保险人支付医疗保险金。（3）意外伤害停工保险。意外伤害停工保险的保险责任是，当被保险人由于遭受意外伤害暂时丧失劳动能力不能工作时，保险人给付停工保险金。

2. 按实施方式分类，意外伤害保险包括：（1）自愿意外伤害保险。自愿意外伤害保险是投保人和保险人在自愿基础上通过平等协商订立保险合同的意外伤害保险。（2）强制意外伤害保险。强制意外伤害保险又称法定意外伤害保险，即国家机关通过颁布法律、行政法规、地方性法规强制施行的意外伤害保险。

3. 按保险危险分类，意外伤害保险包括：（1）普通意外伤害保险。普通意外伤害保险所承保的保险危险是在保险期限内发生的各种意外伤害（不可保意外伤害除外，特约保意外伤害视有无特别约定）。目前保险公司开办的个人意外伤害保险、团体意外伤害保险、学生团体平安保险等，均属普通意外伤害保险。（2）特定意外伤害保险。特定意外伤害保险是以特定时间、特定地点或特定原因发生的意外伤害为保险危险的意外伤害保险。

4. 按保险期限分类，意外伤害保险包括：（1）一年期意外伤害保险。一年期意外伤害保险即保险期限为一年的意外伤害保险业务。（2）极短期意外伤害保险。极短期意外伤害保险是保险期限不足一年的意外伤害保险。（3）多年期意外伤害保险。多年期意外伤害保险是保险期限超过一年的意外伤害保险。

5. 按险种结构分类，意外伤害保险包括：（1）单纯意外伤害保险。单纯意外伤害保险一张保险单所承保的保险责任仅限于意外伤害保险。（2）附加意外伤害保险。附加意外伤害保险包括两种情况，一种是其他保险附加意外伤害保险，另一种是意外伤害保险附加其他保险责任。

6. 按是否出立保险单分类，意外伤害保险包括：（1）出单意外伤害保险。出单意外伤害保险是承保时必须出立保险单的意外伤害保险。（2）不出单意外伤害保险。不出单意外伤害保险是承保时不出立保险单，以其他有关凭证为保险凭证的意外伤害保险。

【专栏 6 - 2】

某保险公司的交通意外伤害保险产品介绍

一、保险责任

在保险期间内，被保险人在乘坐约定的交通工具（有自驾车、乘坐非客运机动车、乘坐客运机动车、乘坐客运轨道交通、乘坐客运轮船、乘坐飞机六类可供选择）期间发生意外伤害造成死亡、残疾、烧伤，保险公司将按照约定给付保险金。

二、保险期间

时间为一年，自保险人同意承保、收取保险费并签发保险单的次日零时起至约定终止日的 24 时止。

三、责任免除

1. 因下列原因之一，直接或间接造成被保险人发生意外伤害，保险人不负任何给付保险金责任：

（1）投保人、受益人对被保险人的故意杀害或伤害；

（2）被保险人违法、犯罪或拒捕；

（3）被保险人不遵守有关安全驾驶或乘坐的规定；

（4）被保险人驾驶超载机动车，因车辆超载引起的意外事故而遭受的伤害；

（5）被保险人从事各种车辆表演、车辆竞赛或训练等高风险运动和活动；

（6）被保险人主动参与殴斗、自杀、故意自伤；

（7）被保险人妊娠（包括宫外孕）、安胎、分娩（包括剖腹产、流产和引产）；

（8）战争、军事行动、恐怖活动、暴乱或武装叛乱；

（9）核爆炸、核辐射或核污染。

2. 下列任一情形下，保险人不负给付保险金责任：

（1）被保险人精神错乱或精神失常；

（2）被保险人受酒精、毒品、管制药品的影响；

（3）被保险人无证驾驶、无有效驾驶证、驾驶无有效行驶证的机动交通工具；

（4）被保险人患有艾滋病或感染艾滋病病毒（HIV 呈阳性）。

四、健康保险

（一）健康保险的概念

健康保险是指以被保险人的身体为保险标的、保证被保险人患疾病时发生的医疗费用和因疾病、伤害不能工作而减少的收入得到补偿的一种保险。健康保险承保的主要内容有两大类：一是由于疾病或意外事故所致的医疗费用。这类费用一般由医疗保险或医疗费用保险来保障；二是由于疾病或意外事故所致的收入损失。这类损失通常由残废收入补偿保险来处理。

疾病是健康保险必须关注的重要风险事故，健康保险离不开疾病风险分析，正因为如此，健康保险有时被称为疾病保险。健康保险所承保的疾病或疾病风险应符合下列条件：

1. 由于非明显的外来原因造成。健康保险所承保的疾病应当是由于人体内在原因所致的精神或肉体上的痛苦或不健全。某些疾病可以由外界原因诱发，如病菌的传染、气候的骤变、误服药物等，但是这些外来的感染必然要在身体内部潜伏并酝酿一段时间才会形成明显的病症，这些外来原因应视做内在原因，属疾病范围。

2. 由于非先天的原因造成。疾病是指身体健康状态转变为不健康状态，这种转变须发生在保险责任期间才由保险人承担相应责任。至于保险合同订立前即已先天存在的疾病或器官性能上的残缺不全或畸形自应排除在健康保险范围之外。当然，如属遗传因素或潜伏较深的病症，在保险合同订立之前并未显现，在合同持续有效期间才由潜伏转为明显的疾病，亦可列入疾病保险范围。

3. 由于非自然的原因造成。人的生命周期都要经历成长和衰老的过程。在趋于衰老期间的一些病态是必然的生理现象，这些生理现象属于自然现象，而不能作为疾病。此外，也不能将为了增强体质、延缓衰老的保健费用纳入健康保险的范围。

（二）健康保险的特征

1. 保险金给付。人寿保险的给付金额一般是固定的，在保险事故发生时，按照约定的金额全数给付。而健康保险既有对患病给付一定保险金的险种，也有对医疗费用和收入损失进行补偿的险种，其给付金额往往是按照实际发生的费用或收入损失而定。

2. 承保标准。健康保险的承保条件一般比寿险的承保条件更为严格，其对疾病产生的因素，需要进行相当严格的审查，一般是根据被保险人的病历来判断。另外，为防止已经患有疾病的被保险人投保，保单中常规定一个等待期或者观察期，等待期或观察期多为半年（不同国家有所不同），被保险人在等待期或观察期内因疾病支出医疗费用或收入损失，保险人不负责任。

3. 保单续效方式。健康保险与人寿保险的另一大区别在于，当健康保险合同期满时，保险人有权决定是否予以续保，在更新合同时，也可更新费率。一般的健康保险条款都注明保单在什么条件下失效，在什么条件下可自动续保。其续效方式可归纳为以下几类：

（1）可任意取消保险单。对于这种保单，保险人可以在任何时候提出终止合同或改变保费、合同责任范围。这种保单的保险人承担的风险小，所以其成本低，并对承保条件要求不太严格。

（2）有条件可取消保险单。这种保单，保险人只能在特定的时期，如每月、每季、半年的期末提出解除或变更合同，对于提出前已发生尚未处理的保险事故，仍应按原来规定的合同内容承担责任。

（3）有条件续保保险单。这种保单，保险人必须按期续保其合同，直至某一特定的时间或年数。如在被保险人符合合同规定的条件和承保标准的前提下，承保5年以上或被保险人年龄达60岁时可续保的保单。

（4）保证性可续保保险单。这种保单，保险人保证按期续保，只要被保险人继续交费，其合同就可续存，直至被保险人到法定退休年龄。但保险人在每次续保时可根据被保险人的健康状况调整费率或变更承保责任。

（5）不可取消保险单。这种保单，保险人不得提出取消或变更原保险合同。只要被保险人继续交费，其合同就不能失效直至其退休。这种保单的保险人承担风险最大，成本也就最高。

4. 成本分摊。健康保险相对于人寿保险具有更大的变动性和不易预测性，主要表现在健康风险涉及非常多的医学技术，加之人的主观能动性的差异，以及人为风险因素（道德风险和心理风险）的介入，使得健康保险成本测算的稳定性较差，特别是其中的医疗费用保险。为了避免保险人在处理赔款时费用过大，健康保险单通常规定以下三种条款，以达到被保险人和保险人费用共担的目的。

（1）免赔额条款。规定保险人只负责超过免赔额的部分。免赔额的计算一般有三种：一是单一赔款免赔额，针对每次赔款的数额。二是全年免赔额，按全年赔款总计，超过一定数额后才赔付。三是集体免赔额，针对团体投保而言，规定了免赔额之后，小额的医疗费由被保险人自负，大额的医疗费用由保险人承担。

（2）比例给付条款。多数健康保险合同，对超过免赔额以上的医疗费用，均采用保险人与被保险人共同分摊的比例给付方法，如保险人承担80%～90%，被保险人承担其余部分。这样规定，既保障了被保险人的经济利益，也促进了被保险人对医疗费用的节约。

（3）给付限额条款。在合同中规定最高保险金额，医疗费用实际支出超过部分，由被保险人自己负担，保险人通常采用这种做法以控制总支出水平。

（三）医疗保险

医疗保险是指提供医疗费用的保险。医疗费用是病人为治病而发生的各种费用，包括医生的诊断、手术、住院、护理、医院设备、药品等费用。各种不同的健康保险单所保障的费用一般是其中一项或若干项之组合。常见的医疗保险有以下几种：

1. 普通医疗保险。普通医疗保险保障被保险人治疗疾病时所发生的一般性医疗费用，主要包括门诊费用、医药费用、检查费用等。这种保险因保费成本较低，比较适用于一般社会公众。为控制医药和诊治费用水平，这种保单一般都有免赔额和费用分担规定，被保险人每次疾病所发生的费用累计超过保险金额时，保险人不再负责。

2. 住院保险。住院保险的保障项目主要是被保险人住院期间的诊断费、手术费、药费和医院设备使用费。

3. 手术保险。这种保险保障被保险人需做必要的手术而发生的费用，一般负担全部手术费用，而不由被保险人比例分担。这种保险既可作为单独保险，也可列为附加险种。

4. 综合医疗保险。这是保险人为被保险人提供的一种全面的医疗费用保险，其保障范围包括医疗和住院手术等一切费用。这种保单保费较高，且具有较高的免赔额和分担比例。

5. 特种疾病保险。某些特殊的疾病往往给病人带来灾难性的费用支付，例如癌症、血液病、肾衰竭及心脏疾病等，一经确诊，必然会产生高额的医疗费用支出。这种保单的保险金额比较大，可以足够支付其产生的各种费用。给付方式一般是一次性支付保险金额。特种疾病发病概率较低，一般规定较低的免赔额和比例分担。

医疗保险的责任免除一般包括：（1）订立保险合同时已患有的疾病；（2）被保险人因自杀、自残导致的疾病；（3）核辐射所致疾病；（4）因酗酒及擅自注射麻醉剂、吸毒所致疾病；（5）因不法行为或严重违反安全规则所致疾病；（6）艾滋病。

（四）残疾收入补偿保险

残疾收入补偿保险是指被保险人因疾病所致残疾后不能继续正常工作时由被保险人对其收入损失进行补偿的一种保险。残疾收入损失一般可分为两种：一种是因疾病所致的收入损失；另一种是因外来伤害所致的收入损失。

在残疾收入补偿保险保单中，关于残疾的定义有很多方式，一般可分为完全残疾和部分残疾。（1）完全残疾是指被保险人永久丧失全部劳动能力，不能参加工作以获得工资收入。（2）部分残疾是指被保险人尚能从事一些有收入的职业。当然这种职业会比原来的收入少。在这种情况下，保险人的给付只是完全残疾给付的一部分。

在残疾收入的给付方面，有下述一些要素：（1）给付方式。一般按月或按周给付。根据被保险人的选择，每月或每周可提供金额相等的收入补偿。残疾收入的给付一般不按年或一次性给付，其目的是便于保险人及时观察被保险人的实际残疾状况的变化，同时也能更好地维持被保险人的生活开支。（2）给付期限。给付期限可以是短期的或长期的。短期给付是为了补偿在身体恢复前不能工作的收入损失，短期给付期限一般为一年到两年。而长期给付是补偿全部残疾而不能恢复工作的被保险人的收入损失。通常规定给付到60岁或退休年龄或被保险人死亡。（3）推迟期。一般保单规定残疾后的开始一段时间称为推迟期。在这期间不给付任何保险金，推迟期一般为三个月或半年。这是因为在短期间内，被保险人还可以维持一定的生活，而且有的残疾症状是暂时性的，可以在短期内逐渐恢复。（4）给付金额。在完全残疾下，残疾给付一般只补偿原来实际收入水平的75%～90%，而不是全部，其目的在于鼓励残疾人积极寻求力所能及的劳动达到自我补偿。在部分残疾下，按残疾前后收入差额进行比例给付。（5）特殊给付方式。一些残疾收入补偿保单中规定给付金额与国家公布的物价指数相关联。根据物价上涨幅度增加给付金额，以求真正达到生活补偿的作用。

战争、暴乱、吸毒、自杀及各种不法暴力行为等均列为责任免除。对于某些特殊嗜好或特别职业，例如跳伞、冲浪、滑雪等体育活动及探险、高空作业等危险工作，可采取特约附加承保或列为责任免除。

【专栏6-3】

长期护理保险"货少价高"，市场关注度仍较低

伴随着老龄化以及国内空巢家庭比例提高，养老和健康保障为老年人带来很大压力。有数据显示，截至2009年底，国内1.67亿老年人中，80岁以上的高龄老人有1899万，其中多数人逐步进入半自理或不能自理状态。为此，在一般的疾病险、医疗险、养老险之外，需要再为自己购买一份护理保险，让自己的老年生活更有保障。

长期护理保险产品20世纪70年代起源于美国，随后进入法国、德国、英国、爱尔兰等欧洲国家和南非。在亚洲，日本于2000年将长期护理保障作为公共服务产品引入国家社会保障体系，要求40岁以上的人都要参加新的长期护理方案。

在我国，长期护理保险还处于起步阶段，仅有少数保险公司开设这一险种。国泰人寿相关负责人在接受记者采访时表示，"尽管目前国民的保险意识较以往提高，但潜在的保险需求普遍还是未获得满足。在意外、寿险、重疾、医疗等基本的保险保障未获满足的情况下，会考虑选购金字塔顶端的长期护理类保险的客户还是较少。另一方面，由于护理保险在国内发展的时间并不长，经验数据缺乏，保险公司面对的定价

风险也比较大，所以市面上该类产品并不多。"

对此，专家表示，"长期护理保险在我国刚开始发展，在产品设计和定价方面要借鉴国外的经验和技术。由于保险产品的开发需要大量的统计数据，我国长期护理保险产品的费率制定过程并不完善，保险公司在数据收集、理赔调查和费用控制等各个环节经验不足。如果没有充足详尽的数据资料，制定出来的保费就不准确，设计出来的产品也不完善，会没有市场。"

而针对长期护理保险承保价格较高的现象，业内人士建议，保险公司应该寻求推行长期护理保险的新方法，国外很早之前就有将房屋反向抵押贷款和长期护理保险结合推行的概念，即投保人将房屋抵押给保险公司，由专业的评估公司估算出房屋的精算现值，扣除长期护理保险的分期保费后将余额支付给投保人。当被保险人死亡时，房屋归保险公司所有。这种方式不仅可以使老年人投保长期护理保险，合理安排自身的保险计划，而且可以有效地降低逆选择的风险。

此外，值得注意的是，由于长期护理保险是长期险，保险公司要提取足够的准备金，承担将来的保险责任，为了维护被保险人的利益，政府要加强对保险公司偿付能力的监管。据了解，美国的长期护理保险以保险公司为主导，日本和德国以政府为主导。专家建议，在我国，长期护理保险的发展需要政府的支持，发展初期，可以参照公民自愿投保，但是在缴费方面由政府、公司和个人三方按一定比例共同缴费，具体比例可以参照现有医疗保险的比例；发展成熟之时再进行政府强制投保。

（资料来源：姜瑜：《长期护理保险"货少价高"，市场关注度仍较低》，载《上海金融报》，2011年4月15日。）

第四节　再保险

一、再保险的概念

再保险是再保险人对原保险人（或保险人）所承保的风险责任的保险，也是一种独立的保险业务种类。保险人为了分散自己承保的危险，经常通过签订再保险合同，将其所承保的风险和责任的一部分转移给其他保险公司或再保险公司。分出业务的保险公司称为分出公司、分保分出人或原保险人；接受再保险业务的保险公司称为分入公司、分保接受人或再保险人。分保接受人将接受的再保险业务再分保出去，叫做转分保，分出方为转分保分出人，接受方为转分保接受人。一个保险人既可以是分保分出人，又可以是分保接受人。

在国际再保险市场上，专门从事向分保接受人介绍、安排再保险业务，并从中取得劳务报酬的是分保经纪人。分保经纪人取得的报酬称为经纪人佣金。分保经纪人是分保分出人和分保接受人的中间商，在各国保险公司之间起着媒介、桥梁作用。分保经纪人一般不办理分保手续，不承担保险责任，但可以为双方传递信息、检验、理赔以及代理结算账务等。

再保险的基础是原保险，再保险的产生是基于原保险人经营中分散风险的需要。再保险具有以下两个重要特点：其一，再保险是保险人之间的一种业务经营活动；其二，再保险合同是独立合同。

再保险与原保险的区别主要表现在：（1）主体不同。原保险主体一方是保险人，另一方是投保人与被保险人；再保险主体双方均为保险人。（2）保险标的不同。原保险中的保险标的既可以是财产及其利益、责任、信用，也可以是人的生命与身体；再保险中的标的只是原保险人对被保险人承保合同责任的一部分或全部。（3）合同性质不同。原保险合同中的财产保险合同属于补偿性质，人身保险合同属于给付性质；再保险合同全部属于补偿性质，再保险人按合同规定对原保险人所支付的赔款或保险金进行分摊。

在再保险业务中，分保双方责任的分配与分担是通过确定自留额和分保额来体现的，而自留额和分保额都是按危险单位来确定的。危险单位是指保险标的发生一次灾害事故可能造成的最大损失范围。危险单位的划分既重要又复杂，应根据不同的险别和保险标的来决定。危险单位的划分关键是要和每次事故最大可能损失范围的估计联系起来考虑，而并不一定和保单份数相等同。危险单位的划分并不是一成不变的。危险单位的划分有时需要专业知识。对于每一危险单位或一系列危险单位的保险责任，分保双方通过合同按照一定的计算基础对其进行分配。

分出公司根据偿付能力所确定承担的责任限额称为自留额或自负责任额；经过分保由接受公司所承担的责任限额称为分保额，或分保责任额或接受额。自留额与分保额可以以保额为基础计算，也可以以赔款为基础计算。计算基础不同，决定了再保险的方式不同。以保险金额为计算基础的分保方式叫比例再保险；以赔款金额为计算基础的分保方式叫非比例再保险。自留额与分保额可以用百分率表示，如自留额与分保额分别占保险金额的20%和80%，或者用绝对数表示，如超过200万元以后的400万元。而且，根据分保双方承受能力的大小，自留额与分保额均有一定的控制，如果保险责任超过自留额与分保额的控制线，则超过部分应由分出公司自负或另行安排分保。

再保险在分散危险、控制损失、扩大承保业务量、增加保险基金积累、扩大对外联系和引进国际先进保险技术等方面都有十分重要的作用。

再保险按照责任限额计算基础不同，可以分为以保险金额为计算基础的比例再保险和以赔款金额为计算基础的非比例再保险。

二、比例再保险

比例再保险是指分保分出人与分保接受人签订分保合同，以保险金额的一定比例承担保险责任的一种再保险。比例分保又可分为成数分保和溢额分保。

1. 成数分保。它是一种最简单的分保方式，分保分出人以保险金额为基础，对每一危险单位按固定比例即一定成数作为自留额，将其余的一定成数转让给分保接受人，保

险费和保险赔款按同一比例分摊。成数分保的责任、保费和赔款的分配，表现为一定的百分比，但就具体分保合同而言，则表现为一定的金额。成数分保的分出公司和分入公司有着共同的利害关系，对每一笔业务，分出公司有盈余或亏损，分入公司也相应有盈余或亏损，这种分保方式实际上具有合伙经营的性质。

2. 溢额分保。它是指分出公司以保险金额为基础，规定每一危险单位的一定额度作为自留额，并将超过自留额的部分即溢额，分给分入公司。分入公司按承担的溢额责任占保险金额的比例收取分保费和分摊分保赔款和分保费用等。

自留额是分出公司按业务质量的好坏和自己承担责任的能力，在订立溢额再保险合同时确定的，通常以固定数额表示。例如，保险公司的自留额为 100 万元，承保金额 400 万元，则分保金额为 300 万元。在溢额分保合同中，溢额与总保额之间的比例称为分保比例，该笔业务的分保比例为 75%。溢额分保中的分保比例并不是固定不变的，不同业务有不同的比例。

三、非比例再保险

非比例再保险又称超额损失分保，是以赔款为基础计算分保责任限额的再保险。非比例再保险又可分为超额赔款再保险和超额赔付率再保险。

（一）超额赔款再保险

这是由分保分出人与分保接受人签订协议，对每一危险单位损失或者一次巨灾事故的累积责任损失，规定一个自赔额，自赔额以上至一定限度由分保接受人负责。前者叫做险位超赔再保险，后者叫做事故超赔再保险。

1. 险位超赔再保险。它是以每一危险单位的赔款为基础确定分出公司自负赔款责任的限额即自赔额，超过自赔额以上的赔款，由分入公司负责。例如，某一危险单位发生赔款 800 万元，分出公司自赔额为 300 万元，分入公司接受 500 万元的分入责任，则分出公司自赔 300 万元，分入公司赔付 500 万元。若发生赔款只有 200 万元，则全部由分出公司自赔。

2. 事故超赔再保险。它是以一次巨灾事故中多数危险单位的积累责任为基础计算赔款，是险位超赔在空间上的扩展。其目的是要确保分出公司在一次保险事故中的财务稳定。

无论是险位超赔再保险，还是事故超赔再保险，分入公司可接受分出公司的全部分出责任，也可只接受部分分出责任。超过分入公司接受部分的保险责任，则仍由分出公司自己负责。

（二）超额赔付率再保险

这是以一定时期（一般为一年）的积累责任赔付率为基础计算责任限额，即当实际赔付率超过约定的赔付率时，超过部分由分入公司负责一定限额。在这种再保险中，正确确定赔付率限额是十分重要的。因为只有分出公司的赔付率超过规定的赔付率时，分入公司才负责赔偿。一般在实收保费中，营业费用占 25%，净保险费占 75%。因此，划分分出公司和分入公司的责任可以以 75% 的赔付率为准。当分出公司的赔付率在 75% 以下时，由分出公司自赔；当分出公司的赔付率超过 75% 时，超过部分由分入公司负责赔偿。分入公司也有接受分入责任的限额，一般为营业费用的两倍，即已得保费的50%。这就是说，分入公司仅对赔付率在75%～125%的赔款负责，并有金额限制，在两者中以低者为限。

【本章小结】

实践中比较定型且非常有用的保险形态种类是财产保险、人身保险、责任保险和信用、保证保险。再保险也是一个非常有用的保险形态种类。

财产保险包括火灾保险、海上保险、汽车保险、航空保险、工程保险、利润损失保险、农业保险、公众责任保险、产品责任保险、职业责任保险、雇主责任保险、信用保险和保证保险等诸多具体险种。

人身保险包括人寿保险、人身意外伤害保险和健康保险三大类险种。人寿保险是指以人的寿命为保险标的、以死亡为保险事故的人身保险。它包括普通人寿保险和特种人寿保险两类。普通人寿保险是指死亡保险、生存保险和两全保险三个最基本的险种。特种人寿保险是指产生较晚且流行较为广泛的一些现代寿险，如简易人寿保险、弱体保险、年金保险、变额寿险、万能寿险、变额万能寿险等。人身意外伤害保险是指以被保险人遭受意外伤害造成死亡、残废为给付保险金条件的人身保险业务。意外伤害保险中所称意外伤害是指在被保险人没有预见到或违背被保险人意愿的情况下，突然发生的外来致害物对被保险人的身体明显、剧烈地侵害的客观事实。意外伤害的构成包括意外和伤害两个必要条件。意外伤害保险的保障项目包括：死亡给付和残废给付。意外伤害一般被划分为一般可保意外伤害、特约保意外伤害和不可保意外伤害。按照不同的分类标准，意外伤害保险可划分为不同的种类。健康保险是指以被保险人的身体为保险标的、保证被保险人患疾病时发生的医疗费用和因疾病、伤害不能工作而减少的收入得到补偿的一种保险。健康保险所承保的疾病应满足的条件包括：由于非明显的外来原因造成、由于非先天的外来原因造成和由于非自然的外来原因造成。健康保险在保险金给付、承保标准、保单续效方式和成本分摊等方面都有特殊的规定。健康保险包括医疗保险和残疾收入补偿保险两大类。

再保险是再保险人对原保险人（或保险人）所承保的风险责任的保险。再保险的基础是原保险。再保险与原保险的区别主要表现在：主体不同、保险标的不同和合同性质不同。按照责任限额计算基础不同，再保险可以分为比例再保险和非比例再保险。比例再保险是指分保分出人与分保接受人签订分保合同，以保险金额的一定比例承担保险责任的一种再保险。比例分保又可分为成数分保和溢额分保。非比例再保险又称超额损失分保，是以赔款为基础计算分保责任限额的再保险。非比例再保险又可分为超额赔款再保险和超额赔付率再保险。

【关键术语】

自愿保险　voluntary insurance　　　　法定保险　mandatory insurance

财产保险　property insurance　　　　人身保险　personal insurance

责任保险　liability insurance　　　　信用保险　credit insurance

保证保险　surety insurance　　　　　原保险　primary insurance

再保险　reinsurance　　　　　　　　共同保险　coinsurance

火灾保险　fire insurance　　　　　　海上保险　marine insurance

汽车保险　auto insurance　　　　　　航空保险　aviation insurance

工程保险　engineering insurance　　　利润损失保险　profit insurance

农业保险　agriculture insurance　　　公众责任保险　public liability insurance

产品责任保险　product liability insurance

职业责任保险　professional liability insurance

雇主责任保险　employer's liability insurance　死亡保险　death insurance

生存保险　survivorship insurance　　　两全保险　endowment insurance

简易人寿保险　industrial life insurance

弱体保险　insurance for substandard or impaired insurance

年金保险　annuity insurance　　　　变额寿险　variable life insurance

万能寿险　universal life insurance　　健康保险 health insurance

人身意外伤害保险　accident insurance　医疗保险　medical insurance

残疾收入补偿保险　disability income insurance

比例再保险　proportional reinsurance

非比例再保险 nonproportional reinsurance　成数分保　quota share reinsurance

溢额分保　surplus reinsurance　　　　超额赔款分保　excess of loss reinsurance

险位超赔分保　per risk excess of loss reinsurance

事故超赔分保　per event catastrophe excess of loss reinsurance

超额赔付率分保　excess of loss ratio reinsurance

【复习思考题】

1. 从承保方式的角度分析保险的种类。

2. 简述财产保险的特征。

3. 何谓狭义财产保险？它包括哪些具体的险种？

4. 分析普通人寿保险和特种人寿保险之间的内在联系。

5. 简述意外伤害的含义。

6. 简述意外伤害保险的特点。

7. 简述健康保险的含义及特点。

8. 比较比例再保险和非比例再保险的异同。

9. 比较成数分保和溢额分保的异同。

10. 比较几家保险公司的同类产品，看看它们有哪些异同。

第七章

保险市场结构和运作

【本章提示】

本章介绍现代保险市场的基本结构、特点、模式和组织形式，分析影响保险市场供应和需求的各种经济社会条件及其相关因素。本章的目的是，使读者把握现代保险市场的基本框架，理解其中所包含的基础理论，培养读者观察分析市场现实问题的能力。

第一节　保险市场概述

一、保险市场的概念

保险市场，是实行风险转嫁和交易的场所及其相关活动的总称，是商业保险企业从事经营的领域。它既可以指固定的交易场所，如保险交易所，也可以是所有实现保险商品让渡的交换关系的总和。保险市场的交易对象是保险人为消费者提供的保险保障，即各类保险商品。较早的保险市场出现在英国的保险中心——伦巴第街；后来随着"劳合社"海上保险市场的形成，参与保险市场交易活动的两大主体——供给方与需求方渐趋明朗，但这种交换关系仍较简单；以后，随着保险业的不断发展，承保技术日趋复杂化，承保竞争日趋尖锐化，保险商品推销日趋区域化与全球化，仅由买卖双方直接参与的交换关系已经远远不适应了，这时保险市场的中介力量应运而生，使得保险交换关系更加复杂，同时也使保险市场趋于成熟。尤其当今，信息产业的高速发展，通过信息网络，足不出户，就可以完成保险的交易活动。因而，保险市场的含义应从广义上去理解。

二、保险市场的构成要素

保险市场的交易对象是保险保障，即由保险商品供给方向面临不同风险的保险需求方即投保方提供的各类保险商品，以满足他们不同的保险保障需求。而从投保方的需求来看，有些是对物质财产及其相关利益的保险保障需求，有些则是对人的生命或者身体

的保险保障需求。为满足前一种保障需求，保险人提供以物质财产及其相关利益为保险标的的各类保险商品，由此形成的各种交换关系的总和就是财产保险市场；为满足后一种保障需求，保险人提供以人的生命或身体为保险标的的各类保险商品，由此而形成的各种交换关系的总和就是人身保险市场。

无论是财产保险市场，还是人身保险市场，也无论保险市场的模式属于何种类型，其构成要素如下：首先是为保险交易活动提供各类保险商品的卖方或供给方；其次是实现交易活动的各类保险商品的买方或需求方；最后就是具体的交易对象——各类保险商品。起初的保险市场只要具备这三个要素，保险交易活动就可以完成。后来，随着保险业的不断发展，保险市场内部分工的形成，除了保险供给方与需求方必须参加外，为了促成保险交易的顺利实现，往往还须有保险中介方的介入，因而，保险中介方也渐渐成为构成保险市场不可或缺的要素之一。而这些要素归结起来就构成了保险市场必须具备的两大要素，这就是保险市场的主体与客体。

（一）保险市场的主体

保险市场的主体是指保险市场交易活动的参与者，包括保险商品的供给方、需求方以及充当供需双方媒介的中介方。保险市场就是由这些参与者缔结的各种交换关系的总和。

1. 保险商品的供给方。保险商品的供给方是指在保险市场上，提供各类保险商品，承担、分散和转移他人风险的各类保险人。他们在不同的国家和地区得到不同程度的法律许可，以各类保险组织形式出现在保险市场上。如保险股份有限公司、相互保险公司、国有保险公司、专业自保公司、保险合作社、相互保险社、劳合社等。

2. 保险商品的需求方。保险商品的需求方是指在一定时间、一定地点等条件下，为寻求风险保障而对保险商品具有购买意愿和购买力的消费者的集合。保险商品的需求方就是保险营销学所界定的"保险市场"即"需求市场"，它由有保险需求的消费者、为满足保险需求的交费能力和投保意愿三个主要因素构成。其中，保险消费者包括购买保险的人、交付保险费的人和享受保险保障的人，即投保人、被保险人和受益人。这三者可能是合而为一的，也可能是分离的。他们有各自独特的保险保障需求，也有各自特有的保险消费行为。交费能力即保险购买力，人们的保险消费需求是通过利用手中的货币购买保险来实现的。投保意愿又可称保险购买意愿，是指保险消费者购买保险的动机、愿望或要求，是保险消费者把潜在消费变为现实消费的非常重要的条件。保险需求市场的这三个要素相互制约，缺一不可。

3. 保险市场中介方。保险市场中介方既包括活动于保险人与投保人之间，充当保险供需双方的媒介，把保险人和投保人联系起来并建立保险合同关系的人（包括保险代理和保险经纪人）；也包括独立于保险人与投保人之外，以第三者身份处理保险合同当事人委托办理的有关保险业务的公证、鉴定、理算、精算等事项的人，如保险公证人（行）或保险公估人（行）、保险律师、保险理算师、保险精算师、保险验船师等。

（二）保险市场的客体

保险市场的客体是指保险市场上供求双方具体交易的对象，这个交易对象就是保险商品。保险商品是一种特殊形态的商品。

首先，这种商品是一种无形商品。保险企业经营的是看不见摸不着的风险，"生产"出来的商品仅仅是对保险消费者的一纸承诺，而且这种承诺只能在约定的事件发生或约定的期限届满时履行，不像一般商品可以实质性地感受其价值和使用价值。而一张保单也不过是保险产品的一个外壳，是保险保障的一个有形载体。

其次，这种商品是一种"非渴求商品"。所谓非渴求商品，是指购买者一般不会想到要去主动购买的商品。通常，很少有人主动买保险，除非法律有强制性的规定，因为人们总是在风险事故发生前存有侥幸心理。

最后，保险商品具有灾难的联想性。保险商品总是与未来可能发生的不幸相连的，因为通常是在被保险人发生如疾病、伤残、死亡等不幸事件时，才能得到保险金。对某些人来说，考虑保险本身就是一段不愉快的经历，往往当保户索赔时，他们也都正经历着精神或财务的压力。因而很多人不愿意考虑保险。

正因为保险商品的这些特性，使得"保险必须靠推销"，才能更好地完成保险市场的交易活动。

三、保险市场运行环节

完整的保险市场应该包括以下五个环节或体系。

1. 承保体系。这是保险市场的主导环节。它的基本功能是，开发保险服务项目，向市场供应和销售风险损失补偿、经济保障方面的服务。保险人是承保活动的主体，其活动内容包括：保险展业、分保、投资等。其中保险展业包括险种开发、市场开拓、核保承保、理算赔付等业务环节。

2. 营销体系。这是市场的辅助环节，承担着保险产品的市场销售和分配功能。广义的营销体系应该包括两个部分：第一，由保险人通过内部雇员直接完成的销售部分；第二，由代理人和经纪人等营销中介机构完成的销售部分。后者是保险经营中介机构的主要种类。

3. 安全体系。这是保险市场运行的风险防御系统。它的功能是，对承保经营的风险损失进行再分散、再保障，从而对于维护保险人的财务稳定、控制经营损失、保证市场安全起着保驾护航的作用。广义的保险安全体系由三个层面构成。即企业层面、社会层面和行业层面。企业层面主要是企业内部的各种财务准备机制；社会层面主要包括政府组织实施的金融风险保障制度，例如保险保障基金的筹集和运行。保险市场的安全机制集中体现在行业层面上，这就是通常所说的再保险市场。作为市场安全的风险防御系统，再保险市场可以理解为保险交易的二级市场。再保险人是这一活动的主体。

4. 服务体系。成熟的保险市场必须建立在能够提供各种配套服务的科学系统之上，为保险展业提供可靠的信息统计、医疗工程、司法仲裁、风险验估、防灾技术、公共教育等各方面的基础性服务，以保证保险经营的科学性和市场运行的公正性。

5. 监控体系。风险是最复杂的交易，保险是最专业化的市场，为了保证市场正常高效率地运行，完善的市场结构中必须建立有效的监督控制机制，以规范市场主体活动、

维护有序竞争、保护消费者的利益。一般来说，保险市场的监控体系可以由四个层次构成：一是政府主管机关通过立法、行政、税收等手段对经营实体的监督管理。二是行业自律组织相互之间的约束和监督。三是基础服务机构，例如精算和费率服务部门、公估行等在配套服务过程中的反映和约束作用。四是社会公共监督。例如消费者组织的监察、新闻媒介的督促等。不同的国家，应该根据具体国情和市场发展特征，结合选用上述四种不同的监控机制。

四、保险市场的种类

保险市场可以按照不同的依据划分为若干种类。

按照承保的风险性质，分为财产保险市场和人身保险市场。其中财产保险市场又可细分为财产损失保险、责任保险和信用保证保险三个子市场。人身保险市场又可细分为人寿保险、医疗健康保险和养老年金保险等若干子市场。随着保险业的发展，从 20 世纪 90 年代初开始，人身保险市场的规模已经超过了财产保险市场的规模，这一趋势在新兴的市场经济国家，特别是亚洲地区表现得特别明显。此外，财产保险和人身保险的各个子市场的结构也在发生着重要的变化。其中，后起的责任保险、信用保险和养老年金、健康保险市场的发展更加迅速。理解保险市场的种类及其变化趋势，有助于我们把握市场发展的整体趋向。

按照风险交易的层次，分为原保险市场、再保险市场和保险证券市场。原保险市场，是保险人和被保险人之间从事风险交易、实现风险分散和经济补偿保障的市场。借用金融市场的理论，它属于风险交易的初级市场或一级市场。再保险市场，是保险人之间实现承保风险再分散、再交易的市场，是风险交易的二级市场或次级市场。它对于化解保险企业的经营风险、扩大保险人的承保能力具有重要的作用。再保险市场的发育程度在一定程度上制约着原保险市场的扩张能力和运行质量，因此，完善的保险市场必须建立起相应的再保险市场，这对于新兴的市场经济国家包括中国尤其重要。保险证券市场，是在承保风险证券化的基础上所形成的各种保险证券发行和交易的市场。它利用证券和衍生工具的表达形式，按照再保险经营的分保技术，将原保险和再保险的风险加以组合，形成标准化的保险证券工具，在广阔的金融资本市场上销售转让，借以实现承保风险的再转移和再分散。保险证券市场是再保险活动在资本市场的一种延伸。作为保险市场创新的重要结果，它将发展成为现代保险业不可缺少的"第三级市场"。它对于扩大保险风险的分散范围，提高风险防范的能力将会产生重要的影响，非常值得关注。

按照风险交易的范围，分为国内保险市场和国际保险市场。保险交易的范围是受经济主权约束的。由此，以一定的主权和国界为范围的保险市场，对其居民来说就是国内保险市场。例如，中国保险市场对中国居民而言即是国内保险市场。反之，在一定的主权和国界范围之外的保险市场就是国际保险市场。实践中，关于国际保险市场的含义有两种不同的理解。狭义地理解，它是指跨越国界发生的风险交易活动。随着保险活动的全球化，从这一含义上研究国际保险市场将愈来愈重要。可是，通常在习惯上，人们从广泛的含义上将国际保险市场理解为，除了本国之外全球相对独立的各个国民保险市场的总和。为了同狭义的国际保险市场有所区别，可以称之为全球保险市场。长期以来，发达国家分布比较集中的北美、欧洲、东南亚以及澳大利亚是国际保险市场的基本组成部分。其中，美国、西欧和日本三大经济强国各自占据着全球保险市场的30%左右，全球90%的保险业务集中在这三个地区。

五、保险市场的特征

保险市场的特征是由保险市场的交易对象的特殊性所决定的。保险市场的交易对象是一种特殊形态的商品，因此，保险市场表现出其独有特征。

1. 保险市场是直接的风险市场。这里所说的直接风险市场，是就交易对象与风险的关系而言的。尽管任何市场都存在风险，交易双方都可能因市场风险的存在而遭受经济上的损失。但是，一般的商品市场所交易的对象，其本身并不与风险联系，而保险企业的经营对象就是风险，保险市场所交易的对象是保险商品，其使用价值是对投保人转嫁于保险人的各类风险提供保险保障，所以本身就直接与风险相关联。保险商品的交易过程，本质上就是保险人聚集与分散风险的过程。风险的客观存在和发展是保险市场形成和发展的基础和前提。"无风险，无保险"。所以，保险市场是一个直接的风险市场。

2. 保险市场是非即时清结市场。所谓即时清结市场是指市场交易一旦结束，供需双方立刻就能够确切知道交易结果的市场。无论是一般的商品市场，还是金融市场，都是能够即时清结的市场。即使银行存款，由于利率是事前确定的，交易双方当事人在交易完成时就能够立即确切知道交易结果。而保险交易活动，因风险的不确定性和保险的射幸性，使得交易双方都不可能确切知道交易结果，因此，不能立刻清结。相反，还必须通过订立保险合同，来确立双方当事人的保险关系，并且依据保险合同履行各自的权利与义务。因而，保险单的签发，看似保险交易的完成，实则是保险保障的刚刚开始，最终的交易结果则要看双方约定的保险事故是否发生。所以，保险市场是非即时清结市场。

3. 保险市场是特殊的"期货"交易市场。由于保险的射幸性（合同当事人一方的履约有赖于偶然事件的发生），保险市场所成交的任何一笔交易，都是保险人对未来风险事故发生所致经济损失进行赔付的承诺。而保险人是否履约，即是否对某一特定的对象进行赔付，却取决于保险合同约定时间内是否发生约定的风险事故以及这种风险事故造成的损失是否达到保险合同约定的赔付条件。这实际上交易的是一种特殊期货，即"灾难期货"。因此，保险市场是一种特殊的"期货"交易市场。

六、保险市场的模式

当今世界保险市场有多种类型的模式，主要有完全竞争模式、完全垄断模式、垄断竞争模式、寡头垄断模式。

（一）完全竞争模式

完全竞争型保险市场，是指一个保险市场上有数量众多的保险公司，任何公司都可以自由进出市场。在自由竞争模式下，保险市场处于不受任何阻碍和干扰的状态中，同

时由于大量保险人的存在，且每个保险人在保险市场上所占份额的比例都很小，因而任何一个保险人都不能够单独左右市场价格，而由保险市场自发地调节保险商品价格。在这种市场模式下，保险资本可以自由流动，价值规律和供求规律充分发挥作用。国家保险管理机构对保险企业的管理相对宽松，保险行业公会在市场管理中发挥重要作用。

一般认为完全竞争是一种理想的保险市场模式，它能最充分、最适度、最有效地利用保险资源。因而，保险业发展较早的西方发达国家多为这一类型。但是，自由竞争发展的结果，必然导致垄断。自垄断资本主义以后，完全竞争已无现实性。现实保险市场中存在的竞争往往是一种不完全的竞争（寡头垄断和垄断竞争）。

（二）完全垄断模式

完全垄断型保险市场，是指保险市场完全由一家保险公司所操纵，这家公司的性质既可是国营的，也可是私营的。在完全垄断的保险市场上，价值规律、供求规律和竞争规律受到极大的限制，市场上没有竞争，没有可替代产品，没有可供选择的保险人。因而，这家保险公司可凭借其垄断地位获得超额利润。

完全垄断模式还有两种变通形式。一种是专业型完全垄断模式，即在一个保险市场上同时存在两家或两家以上的保险公司，各垄断某类保险业务，相互间业务不交叉，从而保持完全垄断模式的基本性质。另一种是地区型完全垄断模式，指在一国保险市场上，同时存在两家或两家以上的保险公司，各垄断某一地区的保险业务，相互间业务没有交叉。

（三）垄断竞争模式

垄断竞争模式下的保险市场，大小保险公司并存，少数大保险公司在市场上取得垄断地位。竞争的特点表现为：同业竞争在大垄断公司之间、垄断公司与非垄断公司之间、非垄断公司彼此之间激烈展开。

（四）寡头垄断模式

寡头垄断型保险市场，是指在一个保险市场上，只存在少数相互竞争的保险公司。在这种模式的市场中，保险业经营依然以市场为基础，但保险市场具有较高的垄断程度，保险市场上的竞争是国内保险垄断企业之间的竞争，形成相对封闭的国内保险市场。存在寡头垄断模式市场的国家既有发展中国家，也有发达国家。

现实，完全垄断型和完全竞争型的市场模式基本上不存在，竞争和垄断结合型的市场占据主导性地位。在经济全球化的进程中，各国保险市场模式也经历着世界性的重整和塑造。具体来说：

在商业保险成熟的国家，普遍盛行私人竞争、寡头垄断的市场模式。它们的特点是：（1）保险经营实体为数众多，但由少数寡头垄断着市场份额。（2）私营保险人在市场中占主导地位，政府保险和国有企业起着辅助的作用。（3）相互公司和股份公司等企业组织形态并存，同时企业股份化倾向鲜明。

其中，保险产业发达的英国、美国、德国等国，保持着经营实体众多分散的模式特征。例如，美国的保险公司多达近5000家，德国有500多家。与此相反，在政府干预较强的法国、日本、葡萄牙等国，市场主体相对集中（见表7－1、表7－2）。

表 7 -1　　　　　　　部分国家保险公司的数量（2008）　　　　　单位：家

国家	寿险公司数量	非寿险公司数量	综合性保险公司数量	再保险公司数量	总计
澳大利亚	26	113	2	22	163
加拿大	111	300	5	28	444
法国	64	236	43	26	369
德国	124	346	0	41	511
意大利	79	134	26	8	247
日本	46	45	0	6	97
卢森堡	49	40	3	261	353
荷兰	65	224	0	8	289
葡萄牙	22	49	11	1	83
西班牙	90	151	52	2	295
瑞士	26	122	0	70	218
英国	—	—	—	—	347
美国	995	3326	0	168	4489

资料来源：Insurane Statistics Yearbook 2010，Paris：OECD。

表 7 -2　　　　　　　　世界前十二名保险公司
（按 2012 年财富世界 500 强榜单排列）　　　　　单位：百万美元

排名	保险公司名称	注册地	营业收入
1	日本邮政控股	日本	211019
2	伯克希尔－哈撒韦	美国	143688
3	安盛	法国	142712
4	安联	德国	134168
5	忠利保险	意大利	112628
6	日本生命	日本	90783
7	慕尼黑再保险	德国	90138
8	明治安田生命	日本	77463
9	美国国际集团	美国	71730
10	大都会寿险	美国	70641
11	中国人寿	中国	67274
12	STATE FARM	美国	64305

资料来源：财富中文网。

第二节　保险市场的组织形式

一、保险市场的一般组织形式

保险市场的组织形式是指在一国或一地区的保险市场上，保险人采取何种组织形式

经营保险。一般经营保险业务的组织，由于财产所有制关系不同，有以下几种组织形式。

（一）国营保险组织

国营保险组织是由国家或政府投资设立的保险经营组织。它们可以由政府机构直接经营，也可以通过国家法令规定某个团体来经营，该种组织形式被称为间接国营保险组织。如日本健康保险组合、办理输出保险的日本输出银行等就属于间接国营保险组织。

由于各国的社会经济制度不同，在有些保险市场上，国营保险组织完全垄断了一国的所有保险业务，这是一种完全垄断型国营保险组织。这样的国营保险组织往往是"政企合一"组织，既是保险管理机关，又是经营保险业务的实体。1988 年以前，中国人民保险公司就属于这一性质的国营保险组织。而在有些国家，为了保证国家某种社会政策的实施，则将某些强制性或特定保险业务专门由国营保险组织经营，这是一种政策型国营保险组织。如美国联邦存款保险公司就属于这一性质的国营保险组织。另外，在许多国家，国营保险组织同其他组织形式一样，可以自由经营各类保险业务，并可与之展开平等竞争，同时还要追求公司最大限度的利润。这是一种商业竞争型的国营保险组织。如股份制改造前的中国人民保险公司、中国人寿保险有限公司就属于这一性质的国营保险组织。

【专栏 7－1】

关于国营保险及其争论

1879 年，德国首相俾斯麦曾计划将保险完全国营化。以德国经济学家华格纳（Wagner）为代表的一批学者因此倡导国营保险，其理论依据是：（1）从国民经济的角度看，保险与货币、铁路、邮政以及电信等，同属交换过程中的一种制度。由于货币等制度的重要性，已先后随着社会经济的发展而国营化。保险既然与它们具有类似性质，也应国营化。（2）国营保险的开展，可避免民营保险的不正当竞争。（3）国营保险具有统制性质，因而在经营上和技术上的效率更高。（4）国营保险可强制实施，使加入者众多，有利于风险分散、经营安全。（5）国营保险不以盈利为目的，保险费率较低。（6）国营保险可使不同性质的风险相互均衡，从而使经济困难者也可获得保险的好处。（7）国营保险对风险的预防与控制，可由政府统一筹划，易于收效。（8）国营保险可以很好地贯彻政府政策，避免保险监管的困难。

反对华格纳国营保险主张的人认为：（1）货币、铁路、邮政以及电信等，一方面与国民经济发展关系密切，另一方面又为全体人民的共同需要，且其经营广泛，有以全国范围统一指导与管理的必要，具有必然的独占性质。保险则不同，虽然与国民经济与生活有关，但并非全体人民的共同所需，并不具有必然的独占性质，所以应由多数企业自由竞争。（2）即使国营保险可以节省费用，但其最后能否降低费率令人怀疑，特别是集中经营排斥竞争，容易导致官商作风，降低效率，阻碍保险制度的进步。

（3）民营保险虽然以盈利为目的，但民营保险公司的股东甘冒风险，将资本投资于保险事业，获得利润属理所应得。而且，保险公司的盈利，一方面来自于保险业务本身，另一方面则来自于保险资金运用。因此，保险公司股东所获得的高额利润，并非来自于对被保险人的高额保险费。（4）至于不正当竞争，可通过保险立法和保险监管加以控制。（5）政府对民营保险监督不易收效，并非民营保险本身的缺陷，而是监督方法不完善。世界各国通过完善保险法规等措施，已取得显著效果。（6）对风险进行分类和选择，是保险经营技术的需要，相反，不同风险的人负担同样的保险费显然有失公平。（7）民营保险也十分重视对风险的预防与控制，并在增进国民经济生活的稳定方面贡献颇多。（8）国营保险既不以盈利为目的，就不能希望国营保险对财政收入有贡献。

保险国营的理由及其反对意见，双方各有长短。实际上：（1）保险经营不仅事关被保险人的个别利益，而且也是公众利益之所在，因此认为应由政府经营，但保险与货币、铁路、邮政以及电信等不同，缺少为国家安全而必须全归国营的理由。而且保险及其利益并非所有社会各阶层完全一致。因此，即使国营保险适用于保险事业，也仅能是几种险别而已。（2）至于保险经营的基础，则应依据保险的种类、性质、统计资料、计算技术及经营人员等来决定，并不能说明孰优孰劣。（3）就保险业务开展的难易而言，因保险种类不同而存在差异，如海上保险、火灾保险等，需求大、收益高，故易于开展。反之，社会保险难以开展，故采用国营强制为宜。（4）无论是国营保险还是民营保险，都必须追求保险费的低廉。（5）通过保险公司之间的竞争，促进保险技术的进步，国营保险就毫无优势可言。（6）国营保险不重视风险的分类和选择，破坏了负担公平的原则，容易导致逆选择，不利于经营的合理化。（7）在风险防范、损失控制方面，国营保险较易收效，但民营保险同样可以做得很好。（8）监管的难易，在保险监管制度逐渐完善的时代，已不再是重要问题。

（二）私营保险组织

私营保险组织是由私人投资设立的保险经营组织。它多以股份有限公司的形式出现。保险股份有限公司是现代保险企业制度下最典型的一种组织形式。

（三）合营保险组织

合营保险组织包括两种形式，一种是政府与私人共同投资设立保险经营组织，属于公私合营保险组织形式（公私合营保险组织通常也以股份有限公司的形式出现，并具有保险股份有限公司的一切特征）；另一种是本国政府或组织与外商共同投资设立的合营保险组织，我国称之为中外合资保险经营组织形式。

（四）合作保险组织

合作保险组织是由社会上具有共同风险的个人或经济单位，为了获得保险保障，共同集资设立的保险组织形式。在西方国家的保险市场上，合作保险组织分为消费者合作保险组织与生产者合作保险组织。前者是由保险消费者组织起来并为其组织成员提供保险的组织，它既可以采取公司形式，如相互保险公司，也可以采取非公司形式，如相互

保险社与保险合作社。后者则多半是由医疗机构或人员为了向大众提供医疗与健康服务而组织起来的，如美国的蓝十字会和蓝盾医疗保险组织。

（五）行业自保组织

行业自保组织是指某一行业或企业为本系统或本企业提供保险保障的组织形式。欧美国家的许多大企业集团，都有自己的自保保险公司。

行业自保公司是在第一次世界大战和第二次世界大战期间首先在英国兴起的，到20世纪50年代美国也开始出现了这种专业性自保公司。2000年8月23日，由中海油公司全资筹建的中海石油保险有限公司在香港注册成立，这是我国第一家真正意义上的专业自保公司。它的成立，拉开了我国专业自保公司发展的序幕。

同一般商业保险公司相比，自保公司这一组织形态具有三个特点：（1）资本所有权隶属于非保险专业的母公司；（2）被保险人同时也是自保公司的所有人，因此冠名以自保；（3）母公司直接影响和支配着其自保公司的营运，包括承保和理赔行为，这意味着被保险人可以积极介入保险活动。

根据已有的发展，自保公司可以分成两种类型：单一型（Single - Parent Captive）和联合型（Association - Captive），后者也称集团型。两者的区别主要在于自保公司的产权和服务对象上的差别。其中单一型公司的产权和服务对象为单一的某个母公司，联合型的产权和服务对象是多家参与产权投资的母公司。

自保公司经营管理形式经历了较大的变化。早期的自保公司主要采取两种管理方式：一种是由母公司直接管理；另一种是委托独立的风险管理服务机构，例如会计师、税务师、审计师事务所，专业承保理赔组织，再保险人等来运作。目前，随着专业化风险管理服务机构的发展，自保公司主要通过由一般保险人和经纪人组成的风险管理公司来经营，后者提供专业化的管理服务，同时向自保公司收取管理费用。为了避免受托人控制的被动局面，同时也为了节省委托管理的费用开支，一些自保公司也采取雇佣全职雇员经营的方式，传统的由母公司直接经管的模式已经比较少见。

自保公司涉足的风险种类主要是一些高风险和特殊性风险，一般限于企业财产和责任保险方面，例如政治风险、环境风险、医疗责任风险等。实践表明，自保公司是各国跨国公司在集团内实现风险分散的重要方式。一份资料表明，发达国家的跨国公司普遍利用着这一组织形式进行风险控制。其中美国的500强企业中有90%的拥有自保公司，英国200强企业中有80%拥有自保公司，法国和德国的这一比例是10%和5%，意大利100强中有5%的企业拥有，瑞典50强中90%的企业拥有。为了获取避税利益和东道政府的管制优惠，跨国集团的自保公司一般注册在远离各个大陆的偏远小岛。其中，百慕大地区集中了全球1/3左右的自保公司。

自保公司的发展是保险组织形态的重要创新，它具有以下经济利益：

第一，在保险经营上有较大的灵活性，包括可承保的风险种类、合同条款、费率水平等方面，都可以有比较自主的权利，并可以从事再保险业务，从多方面满足母公司的要保需求，为其转嫁风险提供了便利，缓和现存保险市场有关保险服务供应不足的矛盾。

第二，可以节省母公司向一般保险人要保时必须负担的销售费用、代理佣金。可以享受子母公司之间的税收利益，比如州保险税等。母公司可以充分利用投保资金，获得各种财务和现金流量方面的利益。

第三，为母公司扩大了经营领域。因为自保公司可以向集团之外的要保人承保。

第四，可以提高母公司的商业地位，提升母公司的形象和实力，利于母公司同一般保险人的谈判。

一份调查表明，一些跨国企业产生自保倾向的原因主要有三方面：其一，市场保险的价格偏高，通过自保以降低企业风险管理成本。其二，自主灵活地管理企业的风险。其三是增加现金流量利益。表7-3大致反映了这种情况。

表7-3　美国主要大公司涉外经营中自保方式运用的原因（调查样本数：44家）

列举因素	第一原因者	第二原因者	第三原因者
1. 低保障成本	38	21	9
2. 风险管理要求	20	20	20
3. 获得潜在利润	16	16	11
4. 保障范围广泛	11	16	7
5. 增加现金流量利益	11	11	20
6. 解决外汇问题	2	2	2
7. 税收利益	0	7	2
8. 加强损失控制和财务会计服务	1	5	11

资料来源：Principles of Risk Management and Insurance. 1992, by George . E. Rejda，第二章。

自保公司丰富了企业风险管理的方式，弥补了保险市场有些专业性保险服务供应不足的弊端，但是这一机制的发展对传统的保险人形成了严重的经营威胁，因为它占领了潜在的市场和业务，尤其是当自保公司向非关联的第三方提供风险保障就更是如此。此外，自保业务发展中也存在各种各样的问题需要协调和完善。

【专栏7-2】

我国首家专业化自保公司出炉

昨日保监会发布了公告，同意中国石油天然气集团公司、中国石油天然气股份有限公司共同发起筹建中石油专属财产保险股份有限公司，注册资本人民币50亿元，注册地新疆克拉玛依市。拟任董事长周明春，拟任总经理潘国潮。

有消息称，双方均以现金出资，合资企业的董事会由6名董事组成，中国石油集团及中石油股份各有权提名3名董事候选人。另外，合资企业设总经理1名以及其他高级管理人员若干名。

2011年1月中国石油曾公告称，中国石油董事会临时会议于2012年1月4日形成有效决议，中国石油与母公司中国石油集团双方协商同意设立一家自保公司，注册

资本为人民币 50 亿元（大约为 61.35 亿港元）。其中中国石油集团出资人民币 25.5 亿元（大约为 31.29 亿港元），占注册资本的 51%，中国石油股份出资人民币 24.5 亿元（大约为 30.06 亿港元），占注册资本的 49%。

公司表示，自保公司将主要经营中国石油集团内的财产损失保险、责任保险、信用保险、保证保险、短期健康保险和意外伤害保险，上述业务的再保险业务以及法律、法规允许的保险资金运用业务。中国石油称，由于石油行业具有高风险和专业性的特点，目前的普通商业保险不能覆盖本公司的所有业务领域。为满足高风险和海外项目风险管理需求，合理转嫁经营风险，平衡商业保险支出，提升风险应对能力，确保出险后保险赔付执行效果，且能节约公司整体保费支出。

自保公司即自营保险公司，是由非保险企业拥有或控制的保险公司，主要业务对象为其母公司的保险公司，对其母公司或关联公司的风险进行保险与再保险服务。这种形式目前已成为国际大型跨国公司风险管理的重要手段，但在我国尚属空白。

（资料来源：卢晓平：《首家专业化自保公司出炉　中石油打造综合金融帝国》，载《上海证券报》，2012 年 10 月 11 日。）

二、几种典型的保险市场组织形式

由于社会经济制度、经济管理体制和历史传统等方面的差异，对于保险人以何种组织形式进行经营，各个国家都有特别限定。例如，我国保险的组织形式适用《中华人民共和国公司法》的规定，即可以采取有限责任公司和股份有限公司的组织形式。同时我国《保险法》第一百八十六条规定，国家支持发展为农业生产服务的保险事业。在我国保险市场上阳光农业相互保险公司就是一家全国性的专业农业保险公司。美国规定的保险组织形式是股份有限公司和相互保险公司两种；日本规定的保险组织形式是股份有限公司、相互保险公司和保险互济合作社三种；英国较为特殊，除股份有限公司和相互保险社以外，还允许个人保险组织形式经营保险，即允许"劳合社"采用个人保险组织形式；我国台湾地区的保险组织形式有股份有限公司和保险合作社两种。

（一）保险股份有限公司

股份有限公司简称为股份公司，是现代企业制度最典型的组织形式，它是由一定数目以上的股东发起组织，全部注册资本被划分为等额股份，通常发行股票（或股权证）筹集资本，股东以其所认购的股份承担有限责任，公司以其全部资产对公司债务承担民事责任。

股份有限公司以其严密而健全的组织形式早已被各国保险业广泛推崇。保险股份有限公司，是一种尽可能遵照股份有限公司的法律与事实特征形成的法律形式。首先，股份有限公司是典型的合资公司，公司的所有权与经营权相分离，有利于提高经营管理效率，增加保险利润，进而扩展保险业务，使风险更加分散，经营更加安全，对被保险人的保障更强。其次，股份有限公司通常发行股票（或股权证）筹集资本。保险股份有公司进入资本市场，通过发行股票进行融资，这有利于增强保险公司的偿付能力。最后，保险股份有限公司采取确定保险费制，使投保人保费负担确定，比较符合现代保险的特征和投保人的需要，为业务扩展提供了便利条件。

保险股份有限公司的组织机构为：股东大会、董事会、监事会和总经理。

新中国成立以后，第一家股份制保险企业是 1988 年 3 月成立的平安保险公司；第一家全国性、综合性的股份制保险公司是中国太平洋保险公司。1995 年《中华人民共和国保险法》颁布后，我国保险股份有限公司的发展进入一个新的历史时期，不仅有中资，还有中外合资；不仅原人保公司一分为四，而且平安、太平洋各自更是变更为集团股份有限公司。2003 年，国有保险公司股份制改革取得突破，之后更有人保、国寿、平安、太平洋在海内外的成功上市。目前，在我国保险市场上，保险股份有限公司在数量、资产规模、市场份额上，都已占据了绝对的优势地位。

（二）相互保险公司

相互保险公司是由所有参加保险的人自己设立的保险法人组织，是保险业特有的公司组织形式。与股份保险公司相比较，相互保险公司具有以下特点：

1. 相互保险公司的投保人具有双重身份。相互保险公司虽然被称为公司，但是却没有资本股票和股东，保单持有人叫会员，其地位与股份公司的股东地位相类似，公司为他们所拥有。因此，投保人具有双重身份，既是公司所有人，又是公司的顾客；既是投保人或被保险人，同时又是保险人。他们只要交纳保险费，就可以成为公司成员，而一旦解除保险关系，也就自然脱离公司，成员资格随之消失。

2. 相互保险公司的交费模式。按照是否事先收取保险费，相互保险公司可以分为评估性和事先收费两大类。评估性相互保险公司不事先确定保险价格，也不收取保费，在保险事故发生后，根据经验损失情况，将损失在所有保单持有人之间进行分摊，确定每人的应付金额，收取后用于支付赔款。事先收费相互保险公司基本上接近股份有限公司，事先设计产品，确定保障范围，评估风险，厘定费率，再通过销售产品吸纳会员参加。

3. 相互保险公司的组织机构类似于股份公司。相互保险公司的最高权力机关是会员大会或会员代表大会，即由保单持有人组成的代表大会。会员大会选举董事会，由董事会任命公司的高级管理人员。但随着公司规模的扩大，董事会和高级管理人员实际上已经控制了公司的全部事务，会员很难真正参与管理，而且现在已经演变成委托具有法人资格的代理人营运管理，负责处理一切保险业务。在美国人寿保险业中，约有 7% 的人寿保险公司采用相互保险公司的组织形式。如美国最大的人寿保险公司——谨慎人寿保险公司、大都会人寿保险公司都是相互保险公司。在国际保险市场上，股份保险公司与相互保险公司之间的转制一直没有停止过。一方面，相互保险公司最初的相互性正在渐渐消失，与股份保险公司已无明显差异，而且事实上，不少相互保险公司最初也是以股份公司形式设立，后来再通过退股相互公司化。另一方面，在现阶段，在经济全球化的推动下，由相互制转向股份制又成为了保险业发展的主流方向。

【专栏7-3】

保险股份公司和相互保险公司

所谓股份公司，是资本所有权归股份持有人所有，以社会大众为服务对象，以盈利为目的的保险经营实体。相互公司，是资金所有权归被保险人共同所有，被保险人之间实行互助扶持、自我保障的合作性的法人实体。按照各自适应的不同法律，股份公司和相互公司各存在以下特征：

第一，资本金的来源不同。股份公司的资本金来源于股东的投资，其所有权益归投资入股的股东。相互公司的资本金来源于社员集资入社的基金，表现为社员的股份，其所有权益归保单持有人（Policy—Owners）所有。

第二，经营的目的和服务对象不同。股份公司以社会大众为服务对象，以盈利为经营活动的目标。相互公司以入社的社员为主要服务对象，其活动不以盈利为目的。

第三，保险费的筹集方式不同。股份公司严格实行预先征收保险费的制度。在美国，各险种费率由费率机构核定，受州政府监察。当实际损失高于预收保费时，不能向投保人摊收额外的保险费。反之，相互公司可实行事后追征保费的制度，这种保单被称为"多退少补保单"（Assessable Policies）。显然，股份公司的经营具有更大的风险性，其费率需要建立在精确计算的基础上。

第四，收益的性质和分配形式不同。股份公司的经营收益是利润，它属于股东所有，分配形式是股息红利或公司公积金。相互公司作为非营利机构，按成本厘定保费，并不存在利润性（Profits）的收益。承保经营的盈余（Surplus）是预收保费溢收的结果，法律上归属于社员（即保单持有人），它的分配表现为社员分红或能够销售分红保单。

第五，所得税收的待遇不同。现代税收体系，依据对净收益所得征税和不重复征税的理念，将相互公司的保险盈余及其分红视做原始性收入，免征所得税。例如，美国国内收入局IRS（其联邦税收机构）称这种分配为保费返还（Return Premium），将它看做是非新创造的净收入，免征联邦税。而对股份公司的利润和股东分红则视做新增净收益，要依法征收公司所得税和个人所得税。这种税收待遇的区别是同各国有关公司性质和收益性质的法律规范相吻合的。

第六，经营领域和市场地位不同。受历史和传统的影响，一些国家股份公司和相互公司的经营领域各有所侧重，从而占据不同的市场份额和地位。例如美国，股份公司在财产责任险经营中占主导地位。早期的有些州立法，甚至禁止其从事人身保险业务。由此，寿险经营中相互公司历史悠久、规模庞大，占据重要的市场份额。

股份公司和相互公司是现代保险人的主导形式，但是随着时间的推移，两者的渗透融合逐渐加强，其传统的界限和特征日益淡化。其中集中的表现是，战后保险人股份化即非互助化（Demutualization）的倾向盛行。这种倾向的产生主要是由于股份制度具有下述优越性：

首先，股份公司具有广泛筹集社会资金，扩充实力，通过金融市场实现资本流动等开放性的特征。相互企业缺乏社会募集扩大资本，增强资本流动性的机会。尤其是当公司进入"代际资本"转移时，沉重的遗产税负使企业不堪负担。开放流动性特征吸引了一大批相互公司加盟股份制。

其次，股份公司利于公司积累资本金，相互公司收益分配的压力大，费率提高比较困难，制度本身提供的经营条件约束太多，因此一些企业逐渐转向股份化。

最后，政府税收优惠的削弱。例如，美国1984年的税收法案减少了相互公司分红所得的税收优惠，这直接刺激了一些相互公司的股份化。

随着股份化的发展，相互公司的性质、功能和经营方式发生了重大变化。为便于区别，保险学将相互公司分成两个子类别：预收保费相互公司（Advanced Premium Mutual）和追征保费式相互公司（Assessment Mutual）。这些变异，使得相互公司同股份制企业在法律上的界限和企业性质逐渐模糊。与此同时，鉴于相互制的税收优惠，更慑于股份企业在公开市场上被兼并收购的压力，也有些股份公司逆主流而行转向相互制。例如有报告披露，在所研究的30家互助化企业中，有8家完全是为了防止企业命运受控于外在的投资者或证券市场的投机家而转制。与此同时，为了吸引消费者，现代股份保险公司也大量涉足各种分红保单。这样在保费收取、保单权益、服务对象等各种经营现象上，股份公司和相互公司的界限已经不甚明显。

（三）相互保险社

相互保险社是同一行业的人员，为了应付自然灾害或意外事故造成的经济损失而自愿结合起来的集体组织。相互保险社是最早出现的保险组织，也是保险组织最原始的状态。但是，在欧美国家现在仍然相当普遍，如在人寿保险方面有英国的"友爱社"、美国的"同胞社"，海上保险方面有"船东相互保障协会"等。与保险合作社及相互保险公司相比较，相互保险社具有以下特征：一是参加相互保险社的成员之间互相提供保险，即每个社员为其他社员提供保险，每个社员同时又获得其他社员提供的保险，真正体现了"我为人人，人人为我"。二是相互保险社无股本，其经营资本的来源仅为社员交纳的分担金，一般在每年初按暂定分摊额向社员预收，在年度结束计算出实际分摊额后，再多退少补。三是相互保险社保险费采取事后分摊制，事先并不确定。四是相互保险社的最高管理机构是社员选举出来的管理委员会，经营通常由一具有法人资格的代理人代为经营，由社员提出要保书时予以授权。

（四）保险合作社

保险合作社是由一些对某种风险具有同一保障要求的人，自愿集股设立的保险组织。保险合作社与相互保险社很相似，而且相互保险社通常又是按照合作社的模式建立的，因此，人们往往对二者不加区别。实际上，它们之间存在着很大的差异。首先，保险合作社是由社员共同出资入股设立的，加入保险合作社的社员必须交纳一定金额的股本。社员即为保险合作社的股东，其对保险合作社的权利以其认购的股金为限。而相互保险社却无股本。其次，只有保险合作社的社员才能作为保险合作社的被保险人，但是社员也可以不与保险合作社建立保险关系。也就是说，保险关系的建立必须以社员为条件，但社员却不一定必须建立保险关系，保险关系的消灭既不影响社员关系的存在，也不丧失社员身份，因而保险社与社员间的关系比较长久，只要社员认交股本后，即使不利用合作社的服务，仍与合作社保持联系。而相互保险社与社员之间是为了一时目的而结合的，如果保险合同终止，双方即自动解约。再次，保险合作社的业务范围仅局限于合作社的社员，只承保合作社社员的风险。最后，保险合作社采取固定保险费制，事后不补交。而相互保险社保险费采取事后分摊制，事先并不确定。

（五）劳合社

劳合社是英国最大的保险组织，它是伦敦劳合士保险社的简称，是从劳埃德咖啡馆演变而来的。劳合社本身只是一个社团，1871年经英国议会通过法案正式确认。它仅是承保商的集合体，其成员最初全部是个人，各自独立、自负盈亏，进行单独承保，并以个人的全部财力对其承保的风险承担无限责任。因而，劳合社实际上是一个保险市场，它的保险交易方式通常是由保险经纪人为其保户准备好一份承保文件，写明保险的标的，然后将此保单置于桌上，由劳合社中的承保会员承保，如若愿意承保，即在承保文件上签字，并写明所愿接受的金额。往往一张承保单需要许多承保会员签字承保，直到所需承保的金额全部有人承保为止，再交签单部签单，交易才算达成。这种在承保文件下方签字的习惯，就是当今所采用的"承保人"（Underwriter）一词的由来。

劳合社经营包括海上保险在内的各种保险业务。劳合社的成员经过劳合社组织严格审查批准，最初只允许具有雄厚财力且愿意承担无限责任的个人为承保会员，但是，进入20世纪90年代以来，由于世界保险市场竞争加剧，加上劳合社自身经营方式的影响。其经营陷入了困境，承保能力逐年下降。1992年劳合社出现巨额亏损。1999年劳合社的总承保能力为987亿英镑，比1998年的1017亿英镑有较大幅度的减少。不过早在1993年，劳合社就开始了大力改革，1995年制定了长达48页的计划纲要，其中一个令人瞩目的改革措施就是将过去的劳合社进行改造，接纳一些实力雄厚的公司会员入社，允许公司资本进入劳合社。1999年有5家新的辛迪加加入了劳合社，给劳合社增加了117亿英镑的承保能力。经过调整与创新，劳合社在伦敦保险市场仍占据主要地位，使伦敦成为更具吸引力的世界保险中心。

在国际保险市场中，劳合社发挥着重要的作用。劳合社最大的特点是独立责任和无限责任。保险商对所负的债务具有无限的清偿责任。传统的劳合保险商，实行独立经营、自担风险的分离经营原则，各个辛迪加之间互不对他人的债务和清偿负责。随着保险业务的发展，这一原则受到了修正。目前，各个辛迪加之间的财务合作加强，各个辛迪加接受所摊派的经营困难辛迪加的赔偿责任，并相互提供再保险。

劳合社由于下列原因在国际保险市场享有盛誉：（1）拥有雄厚的实力和财力，能够承保最大的风险单位。（2）特别擅长于海洋运输和航空等高技术高风险的承保。并且在业务上敢于开拓和创新。（3）有良好的及时迅速准确赔偿的传统和业绩，重合同、守信用、信誉高。（4）拥有完整的技术部门和人才，在世界范围内为保险经营提供海洋、航空、灾害风险的信息资料。（5）社内有严格的管理制度和财务保障制度，以确保成员的清偿能力。

三、保险中介组织

保险是一种复杂的经济活动，交易双方存在着复杂的权益关系，为了推动市场高效率运行，需要一定的中介组织提供服务。现代保险市场的中介性组织大致有两大类，一类是提供营销服务的中介组织，另一类是提供公断公证服务的中介组织，前者包括保险代理人和保险经纪人，后者主要是保险公估人。

（一）保险代理人和保险经纪人

现代保险市场中，产品销售的方式基本分成两种：直接销售和中介机构销售。直接销售是利用保险公司的雇员在柜台或者通过邮件、电话、网络和报刊广告等传媒进行的销售。中介机构销售是指由保险代理人和经纪人实现的销售。

保险代理人是保险人的法定代表，在授权范围内，替保险公司招徕顾客、收取保险费、签发保单，从保险人处赚取代理佣金。保险代理人可以是自然个人，也可以是法人实体。在成熟的保险市场，保险代理人包括两种组织形式：独立代理人和联系代理人。前者为多家保险公司提供代理销售服务，后者固定为一家保险公司提供代理销售服务。保险代理机构可以是兼营性的法人实体，例如银行等机构的保险销售代理；也可以是专业性的法人实体，专门从事代理业务，不涉及其他经营。

保险经纪人是被保险人的法定代表，在授权范围内代表被保险人同保险公司接洽，组织投保活动，处理合同事宜。其佣金一般来自于保险人，但也有可能来自于请求特约服务的投保人。但是同代理人不同的是，代理人以保险公司的名义展开市场销售活动，自身不存在风险，除非其有违约行为；经纪人是以自身的名义开展经纪中介活动，因此存在较大的业务风险。此外，除了投保事宜之外，经纪人还提供风险管理、咨询等多种中介性的服务。根据保险经纪业务的范围，保险经纪人具体分为财产保险经纪人、人寿保险经纪人和再保险经纪人等。细致的经纪活动分工有利于提高中介服务的质量和专业化程度。

世界各国绝大多数的保险单是通过代理和经纪中介销售的。例如，1995 年美国人寿保险单的销售中，由代理人完成的部分占 51%，经纪人完成的占 43%，只有 1% 的部分是柜台直销，5% 的部分是上门销售。保险原理认为，中介销售方式的市场功能主要在于，改变了保险交易中的信息不对称现象。这样对投保人来说，可以避免复杂烦琐的保险合同事项的处理，降低保险服务的寻找成本和交易成本，维护自身的权益。对保险人来说可以摆脱市场销售方面的琐碎业务，集中资源和人力开发产品，提高承保风险的质量，控制风险损失，降低营销成本，改进经营效率。

实践表明，发达的保险市场必须配有完善的保险中介服务机构。2000 年，我国建立了专业性的经纪公司和代理公司。

（二）保险公估人

保险公估人，是在保险市场活动中充当公正的评定和决断，提供风险损失的验证、

鉴定、评估、赔款理算等服务的中介性机构。它在维护保险权益，履行保险合同责任，解决分歧纠纷，处理赔案中发挥着重要的作用。公估活动历史久远，随着保险产业的发展，承保风险的规模和种类日益发展，理算赔付的分歧和争端日益复杂化和技术化，保险市场对于公估中介服务的需求也越来越强烈，由此它的市场地位也日益提高。

保险公估人可以是自主经营、独立核算、自负盈亏、依法纳税的法人实体，这有利于提高这一服务的竞争性和市场效率。公估服务一般采取委托受托的方式，公估人可以接受保险合同的双方或者单方的委托，提供各种服务。

公估活动本质上是保险赔付业务的专业化，但是，同由保险人自己完成的理赔活动相比，公估人的活动又具有两个特点：一个是它具有的公证的性质。公估人的评估结论一般为当事人所接受。为了保持公估结论的权威性，公估服务必须保持公正、科学、独立的特点。要以科学的技术和手段为基础，以相关的法律和法规为准绳，以合同权益和客观事实为根据，科学合理地展开活动。公估人活动的另一个特点是，作为一种独立的中介机构，它的服务内容不仅仅局限于单纯的理赔方面，更可以向相关的业务范围延伸。因此，现代公估人的服务内容是多样的。其中最主要的有：（1）对保险财产的价值和风险进行评估、验证；（2）对受损财产的损失进行检测、鉴定和定责、定损；（3）代理财产损失的索赔、理赔和追偿；（4）对合同当事人的权益争议进行协商、调停；（5）提供与风险和损失评估验定相关的各种信息、技术咨询等服务。

四、保险市场的组织创新

在金融创新的浪潮中，保险领域的革新创造也层出不穷，其中市场组织形态和交易方式的创造甚为突出。各种创新组织形态，对未来的保险市场结构产生着重大的影响。

1. 银行保险人。在激烈的市场竞争中，在欧洲地区，一种新型的保险组织迅速发展，它被称为银行保险人（Bancassurers）。银行保险人，是指向一般社会大众开发和销售银行和保险产品的经营实体，它的经营范围涉及存款、信贷、抵押、保险、退休基金和现金管理等各个方面。

银行保险人是传统的银行业和保险业融合发展到高级阶段的产物。它大致经历了以下发展阶段：

第一阶段：1980年之前。欧洲国家的银行与保险公司普遍采取各种协议形式，由银行代理销售或承包销售保险单。这种合作停留在产品的销售环节上，表现为保险公司利用银行服务网点和人员，向客户附带销售保单，形成一种企业之间的委托代理关系，它并不触及银行和保险企业组织结构本身的变化。这种结合，对保险公司来说可以扩大营销数量，降低销售成本；对银行而言可以增加中间业务收入，通过销售保单来稳定和扩大存款，并且推广保单抵押贷款等联动业务。这一阶段的银行保险合作处于整个进程的初级阶段。

第二阶段：从20世纪80年代开始，银行开始开发销售各种集储蓄和保险于一体的新型金融产品，各种投资型保单和资本化保单不断问世，扩大其市场影响和份额。由此银行实现的保险费收入也在不断地上升。

第三阶段：进入 20 世纪 90 年代，银行或保险企业纷纷通过各种方式，包括合资、独资控股、兼并收购等，建立以银行为主导方或者以保险为主导方的新的实体，借以实现银行和保险业的综合经营。从保险的角度看，由此形成了银行和保险人共同承保、共同销售保险产品的格局。与此相应，各种兼有储蓄、投资和保障多重功能和服务项目的金融集团不断形成。至此，银行和保险经营的融合趋势已经渗透到了企业组织机构、财务资金核算、产品创造开发等各个层面。一种新型的组织机构——银行保险人（或者保险银行人）在各国保险市场上成为重要的生力军（见表 7 - 4）。

表 7 - 4　　　　　　　　　**银行保险费收入占据保险费总收入的比重**　　　　　　　单位：%

国别	非寿险	寿险	国别	非寿险	寿险
法国	9	64	意大利	2	59
西班牙	7	72	比利时	6	48
英国	10	20	葡萄牙	0	88
德国	12	25	土耳其	10	23

资料来源：瑞士再保险公司《Sigma 杂志》2007 年第 5 期。

银行保险人这一新型组织的流行地在欧洲。受国际竞争的影响，虽然存在政府立法的严格限制，以分业著称的美国也开始出现银行保险业集合经营的现象。20 世纪 80 年代美国形成一种新兴的组织形态，被称为"辛巴达克"公司（Symbiotic Financial Firm）。人们运用"辛巴达克"这一生物学概念，来比喻市场组织创新中集各种金融服务，包括银行和保险服务为一体的新型机构。在这类"金融超市"发展中，一些大型的寿险公司曾经发挥了关键的作用。1998 年世纪之末发生的全球规模最大的金融购并案——美国旅行者集团（Traveler）同花旗集团（Citizen）的合并，曾将保险和银行业的组织结合推上了巅峰。德国安联集团同德国第三大银行德累斯顿的购并案，又将欧洲银行保险人的发展推向新的高潮。

银行保险人发展的原因是复杂的，但是保险展业中储蓄投资功能的增强，保险产品的证券化倾向为新型组织机制的形成奠定了坚实的客观基础，它使保险经营日益具备金融方面的特征。在保险和银行的融合中，保险公司向银行和证券业的渗透主要是为了扩大经营领域、吸引社会资金、分散经营风险、寻求新的增长点，避免单纯依赖传统的保险业务。而银行向保险业的渗透，则使得保险市场的竞争更加激烈；同时，保险产品的性质、种类、经营程序、销售方式等也随之发生了本质的变化。我们知道，分业经营一直是保险和金融体系的重要原则。不仅银行、信托、证券和保险之间实行分业，而且在保险市场内部，绝大多数国家恪守健康人寿保险同财产责任保险分离的市场结构模式和准则。而银行保险人的发展显然已经对传统的金融体系构造产生了重大的影响，它不仅会加剧保险经营的竞争程度，同时也向政府的管理提出了新的挑战。

2. 保险交易所（Insurance Exchanges）。传统的保险市场中，风险交易主要分散在各家公司的柜台店头完成。在市场组织创新的浪潮中，受证券交易方式的启发，一些国家出现了集中供求关系的场内交易形式。通过这种形式，组织者借用证券市场的集合竞争

的形式，使保险交易由一对一的分别协商转变为竞争性极强的公开拍卖，合同交割方式也由即期方式扩展为远期方式。这种创新的典型就是美国的保险交易所和灾害期货市场。

保险交易所，是专门交易各类风险的场所。它非常类似于古老的劳合社，20世纪80年代在美国的纽约、佛罗里达等地产生。其中比较著名的是在纽约自由贸易区（Free Trade Zone）内开业的保险交易所。同一般保险市场相比，保险交易所这一市场形式具有以下特点：

第一，采用劳合社的组织形式。保险人可委托经纪人在交易所内设立摊点，代表客户出售一定的合同。有资格入所交易的保险人一般是有经验和实力的大公司，它们组织成财团辛迪加，辛迪加的经纪管理人必须经过正式注册，并且拥有盈实的最低资本要求。

第二，政府管制较松。同保险柜台发生的风险交易不同，在保险交易所中，供求双方可以签发和成交免于费率登记，合同条款审查，税收和其他法律行政工商管制的保险契约，使保险企业可以在广泛的领域和更宽松的条件下开展业务和竞争，从而有利于境内保险人进入国际保险市场。

第三，经营的风险种类丰富多样化。保险交易所的交易范围广泛，能够涉及各种特殊个别的新兴危险领域、外国的危险和再保险等业务。例如，飞机责任险、石油泄漏险、娱乐场所险等。这些风险在传统保险市场中一般难以寻觅。

第四，合同金额庞大。在保险交易所中成交的合同，单笔业务一般规模很大，年保险费可达10万美元以上。

作为借用证券交易的组织方式而运行的保险交易所，虽然还不普及，并且在性质和内涵方面同证券交易所存在某种区别，但是作为一种新奇的保险市场形式，仍值得世人关注它的动向。在它的发展过程中，保险风险证券化的趋势可能成为推动交易所交易的重要契机。

3. 灾害期货和期权市场（Catastroph Futures and Options）。在寻求灾害风险保障的资金渠道的过程中，世界期货发源地的美国芝加哥创造了轰动世界的保险期货和期权市场。1992年12月1日，美国芝加哥贸易委员会（CBOT）内敲响了开盘的钟声，世界上第一个灾害期货和期权市场宣告诞生，40多位买主端坐在交易厅，公开竞争几十份灾害期货合同。经过4个小时的角逐，成交了50份全国范围的和25份东部地区的灾害期货合同，风险种类涉及飓风等。随后的日子中，CBOT又推出了更新型的PCS灾害指数期权和PCS单一灾害期权等产品，使得灾害风险证券化程度加深，并且向世界范围蔓延。

保险灾害期货期权市场的创建，使保险交易的组织方式发生了重大的变化，对保险经营起到了推动作用。发达国家的学者认为：

其一，它给国际保险业务的增长创造了机会，有利于吸引境外投保人和保险人，避免其流向国外市场和劳合社组织。

其二，为投资于保险经营的社会资金开辟了新的入市途径，从而有利于增加保险，特别是灾害保险和再保险市场的资金投放量。

其三，它增加了保险交易的集中性、竞争性和透明度，显然有利于提高市场交易的效率。

当然，这一创新的市场形式在实践中也存在着各种各样的问题。例如，对于灾害期货人们的疑惑是：（1）它是否能够增加灾害风险保障的资金投入量，或者只是投机资本的天堂。（2）这种市场的赔偿兑现率将如何，它的风险保障功能能否充分生效。（3）难以预测的灾害风险采取了期货和期权这样一些复杂的金融方式，其资产价格确定的模型还有待于探索和完善，诸如此类的问题表明，保险市场的种种创新机制，还需要在实践中加以验证其科学性并加以改善。

【专栏7-4】

欧洲经验：巨灾险证券化

500年一遇的暴雨袭击广东东部，江西抚河唱凯堤发生决口。连日来，南方多省遭遇暴雨袭击，经济、生活损失令人触目惊心。每当此时，保险赔付占整体损失比例过低的问题就会再度凸显，巨灾体系的建立便成为热议的话题。

"在瑞士，一旦发生巨灾，政府将承担1/3的损失，保险公司承担2/3。"6月下旬，在位于伯尔尼的瑞士联邦环境部会议室，相关负责人Anddreas Goetz告诉本报。Goetz认为，如果中国也有巨灾保险制度，此次南方洪灾，中国政府只需承担诸如建坝护堤之类的少量费用。

将巨灾风险转移至资本市场正在全球范围内迅速发展，到目前为止，许多国家不同种类的自然灾害风险都曾经被证券化，如美国、欧洲各国、日本、澳大利亚、墨西哥、土耳其等国家的洪水、飓风、地震等风险都曾用证券化的手段转移风险。

瑞士再保险公司是巨灾证券化的领军者。在瑞士再保险公司总部，本报记者看到以下数字：2004年，全球自然灾害再保险市场总承保能力约1120亿美元，其中巨灾债券所提供的承保能力约40亿美元，占总额的4%；到2009年，全球发行巨灾债券总量达到140亿美元，占全球巨灾再保险承保能力2000亿美元的7%，不论绝对数额还是总额占比都有了大幅度的提高。

而Martin Bisping则预计，巨灾债券在2010年新增发行量可能会超过50亿美元。

关于保险连结证券的功能，瑞士再保险公司全球非寿险风险转型结构设计师王星表示，对保险、再保险公司等发行人而言，保险连结证券最重要的功能是通过把保险风险转移到资本市场，提高保险公司和再保险公司的承保能力；同时，保险连结证券也是一种资本管理工具，它可使投资者获得一个单纯投资保险风险的机会。

"在保险连结证券问世以前，投资者若想投资保险风险，只能通过购买保险公司的股票或债券，在这种情况下，投资人面临的是保险公司的所有风险，除保险风险外，还包括公司运营风险、投资风险等非保险因素，而保险连结证券这种产品的风险因素相对集中，可管理性更强，加上合理的投资回报率，所以一问世就受到投资者欢迎。"王星续称。

以美国将地震风险通过债券形式转移到资本市场为例，投资者可以买入与美国地震保险风险相关的债券，如果在规定的期限内，美国没有发生地震，投资者可以按期收到利息，到期还可收回本金。但如果美国发生了地震，根据地震债券的触发条件，如地震级数、发生地区等因素，投资者有可能失去部分甚至全部本金和利息，债券发行人则可以用这些资金来进行保险赔偿。

Martin Bisping 介绍，如果发行覆盖一国某类风险的巨灾债券，通常投资者更多来自于其他国家，因为本地投资者可能已有一些本地的投资，比如在房地产方面，试想如果发生地震，本地投资者的房地产投资就会面临损失，所以他不会再去投资基于相同风险的巨灾债券。"比如，加拿大的基金更多愿意投资美国的飓风风险，而不是加拿大本地的地震风险，目的是为了分散风险。"

"如果中国发行巨灾债券，国际投资者也会有兴趣购买。"Martin Bisping 称。

（资料来源：孙轲：《欧洲经验：巨灾险证券化》，载《21世纪经济报道》，2010年7月9日。）

第三节　保险供应和需求

保险市场是保险供应和保险需求博弈的场所，供求双方的力量对比和相互关系决定着市场整体的运行状况，成为探讨市场运作规律的基点。当前，国际保险市场已经获得充分的发展，保险深度和密度指标不断提高（见表7-5）。研究保险市场的运行，应该分析影响保险供求的各种社会、经济和文化因素，并考察价格机制对市场运行的影响。本节将就此作出分析。

表7-5　　　　部分国家保费收入、保险深度和密度状况（2010年）　　　单位：美元

	总保费（亿美元）	寿险保费（亿美元）	保险密度（$）	保险深度（%）
美国	11661	5062	3760	8.0
加拿大	1155	515	3409	7.3
英国	3100	2138	4497	12.4
德国	2398	1149	2904	7.2
法国	2801	1924	4187	10.5
意大利	1743	1221	2766	8.1
瑞士	521	288	6634	9.9
日本	5574	4409	4390	10.1
韩国	1144	711	2339	11.2
中国	2146	1430	158	3.8

资料来源：瑞士再保险公司《Sigma杂志》2011年第2期。

一、保险需求的制约因素

保险需求是保险市场运行的前提或基础。保险需求可以分为潜在的需求和现实的需

求、寿险需求和非寿险需求等。不同的需求受不同的因素影响，但是事实表明，以下因素是保险需求形成的一般性原因。

1. 风险因素。"无风险，无保险"，风险是保险产生、存在和发展的前提条件与客观依据，从而也就成为产生保险需求的触发条件。而且，风险程度越大，风险所致的损失越大，以至于消费者无法自行承担，保险需求就会越强烈。

2. 价格因素。保险费率对保险市场需求有一定的约束力，两者一般呈反方向变化。受投保人交费能力的限制，从总体上讲，费率上升会带来保险需求的减少，费率下降，则会导致保险需求的增加。但是，费率对保险需求的变化的影响会依不同的保险商品品种而各异。

3. 制度性因素。经济发展水平的工业化城市化程度，经济运行体制的商品化市场化深度，是影响保险需求的制度性因素。这是因为，一方面工业化导致产业结构不断调整，科学技术不断进步，使得人们面临的风险领域范围和风险威胁程度日益增加；另一方面，社会化的生产使个人经济社会活动的流动性增强，血缘纽带关系松弛，传统的以家庭为核心的风险防范方式失去效力，由此对社会化风险保障服务的需求会逐渐增加。保险学家发现，在保险需求形成过程中，产权关系状态起着重要的作用。在拥有大量非公有财产，产权关系明晰的国家，保险需求明显要高。

4. 经济性因素。一定的人均收入水平，是影响保险需求重要的经济因素。这是因为，人均收入水平的提高会促使消费需求的结构发生变化，由单纯的温饱生存型转向追求发展、安全、享受型的消费，由此会产生出相应的保险需求。与此同时，较高的人均收入水平使得消费者拥有较强的购买支付能力，从而能使潜在的保险需求转化为有支付能力的需求。实践证明，同任何需求一样，保险需求也具有其特定的收入弹性，同收入水平存在一定的相关性。但是由于保险需求的特点，这种相关性的规律有其独特之处。它们在直角坐标上可能呈现风铃状的曲线，过高收入和过低收入段一般被认为是保险需求形成的困难区。在低收入段上，保险需求同收入的正相关性，是公认的事实。但是在高收入段情况则比较复杂。可是随着保险投资功能的形成，高收入群体的保险需求也在逐渐增强。一些国家人寿保险消费群体的结构变化大致显示了这一点（见表7-6）。撇开这些细节不谈，从总体上分析，保险需求同收入呈正相关性。瑞士再保险公司的一份研究显示，各国保险需求的收入弹性总体为1.35%，由此推算，GDP增长1%可望引起保险费收入增长1.35%。分析保险需求的收入弹性对预测未来的市场发展趋势，发掘市场潜力具有重要意义。

表7-6　　　　　　　　　美国人寿保险消费群体结构的变化　　　　　　单位：%

客户特征		占保单份数的比重		占保险金额的比重	
		1980 年	1990 年	1980 年	1990 年
性别	男性（15 岁以下）	8	7	2	3
	女性（15 岁以下）	7	7	2	2
	男性	53	48	74	68
	女性	32	38	22	27

续表

客户特征		占保单份数的比重		占保险金额的比重	
		1980 年	1990 年	1980 年	1990 年
投保年龄	15 岁以下	15	14	4	4
	15～24 岁	24	14	17	8
	25～34 岁	33	28	41	34
	35～44 岁	15	22	24	32
	45～54 岁	8	12	10	15
	55 岁及以上	5	10	4	7
投保人收入	10000 美元以下	17	4	7	1
	10000～19999 美元	48	24	35	10
	20000～29999 美元	21	25	24	17
	30000～39999 美元	7	18	11	16
	40000～49999 美元	2	9	6	10
	50000～74999 美元	3	19	8	17
	75000～99999 美元	1	4	3	9
	100000 美元及以上	1	6	6	20

资料来源：曹雪琴：《美国寿险消费群体结构分析》，载《太平洋保险报》，1997 年 12 月 1 日，总 42 期。

5. **市场性因素**。保险服务的质量和规范程度以及保险价格的高低是保险需求重要的市场性因素。保险服务的质量和规范程度对于保险需求具有后续性的影响，优良的保险服务有助于新的保险需求持续生成。此外，同其他需求类似，保险需求也具有一定意义的价格弹性，会随着价格的变化而变化。各国实证研究已经有了相关的结果可供参考。当然，由于保险产品的特殊性，各种保险产品的价格缺乏统一的衡量尺度，因此要精确测算保险需求的价格弹性还存在许多技术上的困难。可是尽管如此，在相同数量和质量的保险服务中，价格越低越容易刺激保险需求。由此可以得出下面的抽象结论，即公平合理的价格水平将有利于刺激保险需求。实践中，有些保险产品由于损失成本过高，精算确定的保险费率水平超过了消费预期，从而限制了其在市场上销售的经济可行性。例如某些普遍灾害性的风险就是这样。这从一个侧面表明，保险需求具有一定的价格弹性，合理的价格水平是其重要的制约因素。

6. **社会背景因素**。各种社会、经济、文化背景条件是保险需求形成的基础性因素。其中比较突出的有两个方面：

其一是人口状况和传统文化观念。一般说，人口总量越大，保险需求的绝对量越大。同时，人口结构和素质也是不可忽略的因素。例如，就年龄结构看，老龄化结构有利于刺激保险需求的发展。就职业结构看，非农业人口比例越高，现代职业人口比例越大，保险需求越容易形成。这是因为人均收入水平高、购买支付能力强，而且文化素质好，风险意识强，从而保险需求也旺。反之，传统农业人口占据较高比例的社会结构一般保险需求偏弱，其中历史习惯和传统文化观念对保险需求形成了较大的束缚。

其二是国民经济状况和金融货币环境。这里特别值得注意的是金融货币环境。通货膨胀是保险需求的大敌。尤其是具有储蓄功能的长期性人寿保险，更是要求币值和物价的相对稳定。在严重的通货膨胀条件下，按合同约定数额以货币形态获得的保险利益会因为货币贬值而丧失其应有的价值，打击消费者的信心。为了消除通货膨胀对保险需求的消极影响，发达国家的保险人曾经采取过各种措施，试图抵消通货膨胀的影响。例如，实行指数化费率或者赔付金额之制度，开发通货膨胀抵消型险种产品。所有这些措施虽然有所成效，但是也产生出费率上扬、保险企业亏损等新的问题。所以，从根本上分析，最关键的还是要制止通货膨胀，建立良好的金融货币环境。

二、保险供应的制约因素

保险供应可以抽象地解释为，保险市场上销售的保险服务（产品）的数量、质量和品种。经济学家认为，由于保险产出本身很难定义或衡量，保险供应缺乏能够直接测算的标准。实践中，人们运用以下可获得指标来反映市场的供应状况：一是保险经营的企业数量。二是投入保险经营的资本规模和资产规模。三是保险经营资本所承担的风险的密集程度。这一般可以用保险企业的财务风险指标作为评价的标准。例如，净值负债率（Net－Worth－to－Debt Ratio，缩写为 N/D）、盈余同未偿责任准备金比率（Surplus－Unearned Premium Ratio，缩写为 S/U）、保费盈余率（Premium－to－Surplus Ratio，缩写为 P/S），等等。此外还可以运用保险产品覆盖的风险领域，以及某些风险的市场供求平衡的状态来判断。

按照规范经济学的原理，保险产品供应的数量和种类同两方面因素有关，一方面是预期利润的高低；另一方面是由投资资本规模和风险承担密度决定的企业承保能力，而投资资本的规模又与预期利润相关。现实中影响保险预期利润和承保能力的因素很多，所以保险供应状况表现为各种复杂的社会、经济和市场条件共同作用的结果。具体来说这些因素有：

第一，价格因素。需求状况以及由此形成的供求均衡关系和价格水平是重要的因素。它决定着保险供应的盈利空间，从而影响着市场向保险领域引导和配置的资本总量和承保能力。

第二，结构因素。一般来说，市场结构同保险供应存在密切的相关性。这里涉及三方面的结构特征：一是政府保险程度，一般来说过分的政府保险会挤占商业保险的运行空间。二是竞争程度，高度集中垄断的保险市场结构将不利于保险供应的增加。三是开放程度，一般来说，国际化的保险市场有利于增加保险供应。

第三，监管因素。政府监管从多方面影响保险供应和产出。一是关于市场结构模式的制度选择，包括是市场化、多元化和适度开放，还是国家垄断、集中单一和封闭自守。二是具体的产业、财政、金融政策。适当的产业扶持、税收优惠和金融鼓励政策，能拓宽保险经营的范围、会影响保险经营的成本和利润，引导投入保险产业的资本数量、刺激保险需求的形成，从而有利于保险供应的增加。现代市场经济，特别是发展滞

后的市场，没有政府经济政策的支持，其供应的增长将会相当缓慢。三是灵活有力的管理。政府对保险供应的监督管理，应该本着能够充分发挥市场机制的作用，赋予企业以经营活力和动力的准则，立足于维持有序公平竞争，而避免束缚企业手脚，制造障碍，过分的控制不利于保险供应的增加。

第四，背景因素。实践表明，经济背景状况是制约一定时期中保险供应的重要因素。随着经济周期的变化和利息率的波动，保险供给会形成相应的周期性波动。一般来说，其中利率对人寿保险的影响比较突出，而商业周期对财产保险和再保险的影响比较明显。一些国家的保险发展历史已经证明了这一点。

第五，自然、技术和社会性因素。这主要是指，随着人类活动范围的扩大及其对自然环境的影响加强，各种自然灾害和技术灾难对生命和财产的威胁日益加大。各种灾害和灾难性的损失超越了传统保险经营机制的承受能力，致使企业预期利润下降甚至破产，从而产生一些风险领域的保险供应萎缩和严重不足。20世纪90年代初期国际再保险市场的短缺、责任保险供应的短缺是最明显的例证。显然，对此，应该通过保险创新和政府扶持加以解决。可是，自然、技术和社会的发展已经成为影响保险供应不可忽略的因素。

三、保险供求均衡

保险供求均衡，是指一定时间点上，保险产品的需求量与供应量正好相等的状态。这种均衡一般包括总量均衡和结构均衡，后者是指不同种类保险供求量的均衡。处于均衡点上的保险量是"均衡量"，这时形成的保险价格称为"均衡价格"。同其他产品相类似，保险供求均衡是一种理想的市场状态，现实中经常存在的是各种非均衡状态。这种非均衡状态一般有两种：供大于求的过剩状态和供小于求的短缺状态。在过剩和短缺这两种非均衡状态中，保险价格分别处于低于均衡价格和高于均衡价格的水平上。

保险是供求双方就一定的赔偿承诺进行的风险交易。保险费是被保险人投保后按合同约定应该交纳的费用。它是保险人取得经营收入，建立保险基金，即损失补偿基金的资金来源。

根据保险经营的特点，保险学从不同的角度考察了保险费（率）确定的原则，形成了不同的保险定价理论，其中广泛流行的有以下两种：

1. 风险保费论。这是从保险需求出发，以期望效用为工具研究的保险定价理论。它认为保险价格不能超过以下之和：（1）根据损失分摊原则确定的公平精算保费（Acturially Fair Premium）；（2）反映消费者风险态度和期望效用的风险保费（Risk Premium）。所谓风险保费是指消费者愿意在公平精算保费之上支付的最大金额。若保险费超过公平精算保费和风险保费之和，各种保险替代品就会发生效应，例如包括自保公司、自留风险等在内的自保倾向。

2. 财务补偿论。这是从保险供应的角度出发，依据保险经营者财务补偿的要求确定保费的定价理论。这种理论认为，保险费率水平必须符合下列要求：（1）弥补合同约定的经济赔付责任的支出，这类似于公平精算保费。（2）弥补保险展业必要的各种费用开支，同时能够保证保险人获得足够的经营利润。按照销售税一般由买方承担的税收理念，还应该加上相应的流转税收。由此现实中，撇开供求竞争因素不谈，保险费（率），习惯上称为毛保费（率）或总保费，一般由纯保险费和附加保险费两大部分构成：

$$毛保险费（Gross\ Premium）＝纯保费＋附加保费$$

其中，纯保费（Pure Premium），即精算公平保费，应相当于保险人要支付的损失赔偿责任的数额，是保险人保险赔付基金的来源。附加保费（Loading Premium）相当于保险企业各种经营业支出的部分，是保险人经营费用的资金来源。此外保险费（率）中还会计入一定比例的经营利润和政府征收的营业税。

保险经营中，费率确定要比一般商品定价困难得多。一般商品价格可以依据已发生的成本费用和合理盈利，结合市场供求状况核定。可是保险经营中由于：首先损失赔偿支出是事后发生的，不能在收取保费时事先精确预测；其次，风险保费的确定存在许多难以确定的因素，它是一个受制于需求主体预期效用和风险态度的变量，由此在实践中科学地确定费率就特别困难，往往采取简单的财务手段加以核定，再由市场去修正。尽管如此，通过长期的市场实践，各类保险已经形成了应有的合理费率水平。

保险费率是保险市场发挥价值规律、供求规律和竞争规律的重要因素。在充分竞争的市场条件下，保险供求关系可以通过保险费（率）来加以调节，由非均衡状态趋向于均衡状态。这一结论所依据的是供求价格弹性的原理。所谓价格弹性是指市场供应和需求对价格变化的反应敏感程度。其基本规律是：需求同价格呈反向关系，价格下跌可以刺激需求，价格上升会抑制需求。与此相反，价格同供应呈正向关系，价格下跌边际利润降低从而会减少供应量，价格上升边际利润上升从而会增加供应量。依据这一规律，在供求费率弹性的作用下，保险供应和需求会自动趋向于市场均衡的要求。当供大于求，保险产品过剩、保险费率低于均衡费率时，保险需求会上升，同时过剩的保险供给会减少直至由过剩恢复到均衡状态；反之，当保险供不应求，保险产品短缺从而费率水平高于均衡费率时，保险需求会下降，保险供应会因为边际利润增加而扩大，市场会由短缺恢复到均衡状态。

表7－7　　　　　　　　　一些国家部分险种的价格弹性和收入弹性

	价格弹性	收入（GDP）弹性
德国：工业火险	－0.2～0.3	2.5～2.0
智利：火灾保险	－0.9～01.2	3.0～4.0
地震保险	－1.0	3.0
水险	－1.0	2.0～2.5
汽车保险	－0.8	2.8
日本：火灾保险	－1.0	1.7
美国：团体寿险	－0.7	2.0～2.5

资料来源：Insurance Statistics Yearbook 2010，PARIS：OECD 以及财富中文网。

上述均衡理论是建立在充分自由竞争的市场条件之下的。在这种市场中，首先，供求双方的任何选择和行为不受到任何非竞争性因素干扰，完全按照预期效用、边际成本和利润等反映经济利益的变量来决定；而且资本的流动相当自由顺畅。其次，经济信息是高度透明的，市场价格信号是完全准确的，供求主体具有充分的理性。但是现实经济中，上述理论上的前提条件并不存在，市场会表现为不完全非充分竞争的市场。

首先，垄断会影响竞争，政府也会通过财政和金融手段来贯彻其各种政策意图，并依据对经济的判断和政策目标对市场施加其影响。所有这些会修正和改变保险价格对供求均衡的机理作用。

其次，市场发出的价格信号本身，一定意义上会有所扭曲和失真，没有准确体现供求关系。

最后，供求主体在市场中决策和行动时不可能只考虑经济利益方面的因素，客观上会融入各种非经济性和非理性的预期；此外，资本的流动和转换也存在一定障碍。

具体到保险市场，保险价格对供求均衡的作用过程和程度就更为复杂。这是因为保险产品及其价格具有以下特殊性：其一，它的表达形式比较曲折，一般以费率水平来表示。其二，它的定价因素相当复杂，一般消费者难以诠释和判断。其三，由于单个产品服务的内涵不一致，因此保险产品完全不同于其他金融产品，客观上缺乏统一的价格标准，由此不同保单之间的价格比较存在技术上的障碍。所有这些都表明，保险费率作为一种利益引导机制和市场状态信号，在引导和均衡保险供求关系上的功能会受到一定的限制，这种缺陷的纠正将有赖于保险市场和消费主体的成熟和完善。

【本章小结】

保险市场，是需求、供应和中介三类行为主体，丰富的险种产品，公平的费率价格等要素的有机结合体系。按照市场运行环节分为承保、营销、安全防范、基础服务和监督控制等构成部分。依据不同的标准分为财产和人身保险市场、原保险和再保险市场、国内保险和国际保险市场等。

目前，世界范围的保险市场主要有完全竞争型、完全垄断型、垄断竞争型和寡头垄断型四种模式。

保险市场的组织形式多种多样，一般按照财产所有制关系不同可划分为国营、私营、合营、合作、行业自保等组织形式，这些组织形式可具体采取股份有限保险公司、相互保险社、保险合作社及劳合社等形式。

代理人、经纪人和公估人是保险市场不可缺少的中介机构，在市场中发挥着重要的功能，应该加强建设和管理。随着新兴科学技术的发展，电子电讯网络销售对代理中介销售体系的冲击值得关注。

保险价格即保险费（率）是供求均衡最基本的市场机制。现实中的保险定价应该按照规范要求加以确定，避免非市场性因素的干扰及其消极后果。

【关键术语】

保险市场 insurance market　　　　　　市场模式 market pattern

保险股份公司 stock insurance company　　相互保险公司 mutual insurance company

保险代理人 insurance agent　　　　　　保险经纪人 insurance broker

自保公司 captive insurer　　　　　　　银行保险 bancassurance

保险需求 demand of insurance　　　　　保险供应 supply of insurance

【复习思考题】

1. 保险市场由哪些环节构成，可以怎样分类？

2. 如何理解政府保险和商业保险的性质和地位？谈谈你对保险经营主体多元化的认识。

3. 区分股份公司、相互公司、国有保险公司等保险组织形式的不同性质。

4. 如何理解保险代理人、经纪人和公估人的市场功能？

5. 如何认识自保公司、银行保险人等保险市场的创新组织？

6. 试运用保险供求制约因素的理论，分析我国保险产业发展的社会、经济条件。

7. 谈谈保险供求均衡中费率机制的作用。并依据保险产品定价的有关理论，谈谈保险价格确定中企业应该注意的问题。

8. 结合本章的内容，分析目前我国保险市场的结构和运作。

第八章

保险机制及其作用

【本章提示】

通过前面几章的学习，我们较为全面地掌握了有关保险的基础知识，本章我们将对保险从其内在机制的角度加以分析，从更深层次认识保险。本章的主要内容包括：保险机制的概念、保险机制的作用、保险机制的运行。

第一节 保险机制的概念

一、经济机制与保险机制

社会经济的运行，是一系列经济机制作用的结果。保险作为一种转移风险的机制，属于社会经济众多运行机制的重要组成部分。因此，有必要首先对社会经济运行机制有一个总体的认识。

经济机制中的"机制"一词，最初并非是用在经济活动中，而是一种借用语。借用于何处有两种说法：一种说法源于医学，指有机体内发生某种生理或病理变化时，各种组织或器官之间的相互作用；另一种说法源于经济控制论，指社会经济过程是由许多因果关系链联结在一起的因素的耦合，而"耦合"则是物理学名词，指两个或两个以上的体系或两种运动形式之间通过各种相互作用而彼此影响以至联合起来的现象。最常见的经济耦合是分工协作造成的投入—产出关系。

通过以上考察可以看出，"机制"有这样几个特点：第一，"机制"是多因素或多部分的组合，是有机的机构体；第二，"机制"内部结构的各部分是相互关联的；第三，构成"机制"的各因素以其特定的功能取得存在地位。

把"机制"一词引入经济学，用于揭示经济发展的客观过程，称为经济机制。经济机制的含义，仍然保持了"机制"一词在医学、机械学和物理学中的本来意义。首先，经济机制是由多因素构成的经济结构体；其次，经济机制各构成部分之间相互关联；最后，经济机制的各构成部分或元素都有自己的特定功能。

经济机制与医学、机械学和物理学意义上的机制也有不同之处：其一，经济机制是以从事经济活动的人为主体的，经济机制的运行是由人驱动的；其二，经济机制受特定社会历史条件的制约和影响，具有纯技术的机制所没有的复杂性；其三，社会历史条件的变化，经济结构的变更，都会引起经济机制的变化。

因此，经济机制是一种动态结构体。它的运行过程，就是经济结构体内部要素相互作用或耦合的过程。所以，经济机制通常被理解为经济运行机制。

社会经济的运行，需要一系列经济机制为其发挥作用。概括起来，社会主义市场经济运行机制有四类：即宏观经济运行机制、微观经济运行机制、经济调节机制、经济运行维系机制。

（一）宏观经济运行机制和微观经济运行机制

从经济制度方面看，宏观经济运行机制主要由两大领域构成，即生产力领域和生产关系领域。生产力领域包括构成物质生产要素的诸方面；生产关系领域包括物质资料生产过程中的组织形式及其所体现的人与人之间的关系。生产关系适应生产力发展是这种经济运行机制的规律，其结果是推进社会生产力的发展。由于生产力和生产关系本身具有极为丰富的内容，所以，这种经济机制的运行是比较复杂的。但有一点是不变的，即生产力的进步与发展是评价这种经济机制正常运行的唯一标准。

从经济过程方面看，宏观经济运行机制由生产、分配、交换和消费四个环节所构成。四个环节体现了物质资料生产的完整过程。在这四个环节中，最重要的两个环节是生产和消费。至于分配和交换，它们或服务于生产，或服务于消费，是生产目的赖以实现的之间环节。生产需要一定的物质资料分配和交换形式，消费也要经由一定的分配、交换渠道加以实现。所以物质资料生产过程四环节构成的经济运行机制，最终是要实现生产与消费的协调发展，这实际上就是供给和需求的平衡。如果总供给与总需求失衡，则表明宏观经济运行机制出了故障。当然，总供给与总需求是否平衡，并不完全在于供给与需求的绝对量是否平衡，还在于由供给的此岸到达需求的彼岸的分配方式和交换渠道的状况。所以，四个环节构成的经济运行机制是不可分割的。

正如物质是由无数粒子构成一样，宏观经济即总体经济是由无数微观经济即个别经济构成的。宏观经济各构成要素本身也有自己运行的规律。微观经济运行机制实际上就是企业经营机制，它是指企业内部各个生产要素的组合状态及其功能，如人（经营者、管理者、劳动者）、财（资金、信贷）、物（机器设备、原材料等）与技术（包括产品的、工艺的、管理的）以及供、产、销与信息等。就目前的理论与实践看，建立、健全企业经营机制的根本问题是责、权、利三要素的有机结合问题。这三要素的对应与协调，是企业经营活力的根基所在。

（二）经济调节机制

宏观经济机制运行的中心目标，是整体生产力的进步与发展以及总供给与总需求的平衡。微观经济机制运行即企业经营机制的中心目标，是企业经营的活力以及由此产生的财富和利润，其核心是责、权、利三要素的有机结合。

经济运行正像机器运行一样，需要进行不断地适时地调节，包括控制、引导、协调

等一系列保持经济正常运转的措施。这些调节可以分为计划调节和市场调节，以及实现这些调节必须利用的信息传输系统。它们内部各要素之间相互关联，形成计划调节机制、市场调节机制和信息传输机制。

计划调节是政府部门或宏观经济管理部门，为了实现一定的宏观经济目标，创造一定环境而采取的一些控制、协调、引导手段，对经济运行施加影响，如通过货币政策、财政政策以及行政手段，控制、调节、引导经济发展的速度、质量等。计划调节不仅可以避免纯粹市场调节的失灵，更有助于社会福利的最优化。毫无疑问，计划调节不能是主观臆想的东西，而是客观经济规律的要求，否则，便会使计划调节偏离经济规律的要求，造成经济机制运行的紊乱与起伏。

市场调节，从一定意义上说，是经济系统的一种自组织能力的实现。古典经济学家亚当·斯密曾绝妙地将这一自组织能力实现的内在机制称为"看不见的手"。这一调节机制的关键要素是价值、价格、供求、竞争。生产者要按照社会必要劳动进行生产，而且生产出的产品要符合社会的需要。否则，其价值便不能实现。那些劳动生产率高，所耗劳动低于社会必要劳动的商品生产者，可以获得超额利润，求得生存与发展。

市场调节不仅调节着个别劳动者对劳动时间的节约，而且还要求社会总劳动的分配和社会总资源的配置趋于合理。所以，市场调节和计划调节是统一的，它们有着直接的统一性。

信息传输机制之所以在经济运行的调节机制中提出来，是因为信息传输机制的健全、合理与否，是信息社会经济调节能否实现的关键要素之一。没有合理、有效的信息传输机制，计划调节势必走上主观臆断的道路，市场调节也必然出现反映失真、决策失误等严重问题。信息传输机制包括上传下达、下传上达以及左右纵横联系的道路，信息资料的收集、研究和分析，快速明确的信息反馈等。信息传输机制常常成为一国经济运行的促成或制约要素，在市场经济条件下更是如此。

（三）经济运行的维系机制

经济运行过程犹如一台运转的机器，需要维系安全才能持续、稳定地发展。经济运行由经济主体所进行的一系列经济活动构成，涉及人、财、物以及自然界。它们之中的任何一方面发生意外，都会影响经济过程的正常运行，甚至使其遭到破坏和中断。因此，人们需要运用经济运行的维系机制。这是社会进步与意外事故之间冲突的解决办法，也是人类生产经营经验的积累。经济运行过程中可能发生的意外事故或风险有两类：一类是自然灾害，另一类是人为灾害。因此，经济运行的维系机制包括两个方面的内容，一是保险机制，二是法律机制。

一套完善的法律机制对经济运行的维系作用是显而易见的。例如，如果缺乏有效的法律约束，一些非法经济活动就会使生产者、消费者受损，使经济运行受阻。法律机制包括立法、执法、守法三个构成部分。法律机制要求有法可依、有法必依、执法必严、违法必究。法律机制的功能发挥是通过一系列的具体法构成的法律体系实现的。从宏观经济运行的维系作用看，有宪法、行政法、刑法、民法、经济法、劳动法、诉讼法和一些具体的部门法等。从微观经济运行的维系作用看，除了以上法律外，还有合同法、婚姻法等，为企业的、家庭的经济运行提供安全、稳定的环境。

法律机制对经济运行的维系作用，主要是通过强制和制裁实现的；保险机制对经济运行的维系作用则是凭借经济补偿实现的。前者是立定法律，在人们心理上产生一种威慑作用，从而不做有害于经济发展的事，保证经济运行不受干扰。后者在于依据合同，对业已发生的经济损失给予补偿，使破坏了的生产和生活条件得到恢复和重新建立。因此，保险机制是社会经济运行维系机制中非常重要的组成部分。

二、保险机制的内容

从微观角度看，保险机制归结为保险企业经营机制。

构造保险企业的经营机制，要具备一个前提条件，即保险企业的产权必须明晰化。通过理顺产权关系，实行政企分开，落实企业自主权，使企业真正成为自主经营、自负盈亏、自我发展、自我约束的法人实体和市场竞争主体。产权明晰化的保险企业要确立市场主体地位，并走向市场，就必须建立经营机制。保险企业的经营机制包括动力机制和约束机制。

（一）动力机制

从企业经营机制的责、权、利三要素来看，企业利益是企业行使权利、承担责任的内在动力。所以，企业的动力机制实质是企业利益机制。

动力机制是保险企业的最基本经营机制，它包括保险企业自身追求经营盈利最大化和企业职工追求自身利益最大化两个方面。保险企业是社会化分工的结果，是从事风险经营活动的专门行业，而不是一个慈善机构。保险企业对承保范围内的损失应承担经济补偿或给付责任，对除外责任的风险损失应严格按保险合同的规定予以拒赔或拒付。

保险企业动力机制的作用，使企业和职工个人的利益与其经营成果直接联系起来，激发企业和职工个人的积极性。

（二）约束机制

保险企业的约束机制就是自负盈亏。保险企业不仅要对盈利负责，而且还要对亏损负责，这就是通常所说的责权利相结合。

保险企业的约束机制除了保险企业自负盈亏外，还包括国家相关部门对保险企业的约束。也就是说，保险企业的约束机制不能单纯从保险企业的角度考虑，应该从外部环境约束下考虑保险企业的自我约束，如国家对保险公司的设立、经营业务范围、经营原则、市场行为等方面的法规法令。

企业经营机制是否良好的标志是：企业的各种生产要素能否相互合理配合、协调一致，并能按环境条件的变化来自我调节、自我适应与自我优化，以保证企业的生产经营活动具有持续的活力，并高效地运转，从而获得经济效益。良好的企业经营机制应该在企业经营结构中孕育着一种内在的动力机制。企业经营机制必须具有一系列灵敏的自我调节功能，自我寻求市场机会，改进内部经营效率，避免风险，实现经营目标。实际

上，企业经营机制在很大程度上取决于市场机制。市场机制是通过价格调节供求关系实现的。市场机制就如一个精密的自动调节装置，价格参数的反馈和输入，很快就放大成强大的执行信号，同时作用于供求双方，使双方协调一致达到均衡。

毫无疑问，评价企业经营机制的标准也适用于保险经营机制，但保险企业有其特殊性，即保险企业的经济效益和社会效益评价的特殊性[①]。

第二节　保险机制的作用

一、保险机制对社会经济运行的维护作用

保险机制作为社会经济运行的维系机制，是社会经济运行的四大重要机制之一。缺少保险机制，就不能构成完整的经济运行机制，也就不能保证社会经济的正常运行。

按照现代耗散结构理论，一个国家的经济系统乃至范围更大的经济系统，是一个远离平衡态的开放系统。系统不断地与外界交换能量，产生一种自组织现象，组成系统的各个子系统。这些子系统具有一种相互协调的作用，从而可能从原来的无序状态转变为有序状态。整体结构的这种自组织能力及其达到自身平衡和协调的能力，在经济运行中是依靠经济运行的维系机制来实现的。保险机制对社会经济运行的维系作用，表现在维护社会经济的平衡和发展。

对于保险机制的维护作用，可以从宏观和微观两个方面进行分析。

（一）保险机制对宏观经济运行的维护作用

社会再生产过程由生产、分配、交换和消费四个环节组成。四个环节首尾相接，构成一个循环，周而复始，无尽无休，成为人类繁衍生存所依赖的基础。在繁多的社会生产和消费活动中，人们必然要与自然界、社会界、科技界发生各种各样的联系。当这种联系发生变化或遭到破坏时，会给社会再生产的正常进行带来影响、造成损失。这就需要保险发挥经济补偿作用，以维护社会再生产的顺利进行。这种作用可以概括为：维护社会再生产过程在时间上的连续性和空间上的平衡性。

时间上的连续性指社会再生产过程因自然灾害或意外事故造成的生产中断得到及时补偿和恢复；空间上的平衡性指生产资源的原有配置结构，因自然灾害或意外事故造成的损失，发生失衡现象，保险机制通过补偿功能的发挥，及时克服这一现象，维护生产资源的合理配置。

需要指出的是，因自然灾害或意外事故造成的经济损失，并没有因保险机制的及时补偿而消除，从全社会来看，损失毕竟是损失。但是，保险机制作用的发挥，抑制和消除了灾害事故的后果扩散，使经济运行迅速走上正常运转的轨道。从这个意义上看，保险机制的补偿作用发挥，虽然不能完全阻止自然灾害或意外事故的发生，但可以减轻或

---

① 关于这一问题的深入研究，将留给以后的其他相关课程。

消除这些破坏力对社会再生产过程的干扰和冲击，使再生产赢得了时间，增加了社会财富和价值。

（二）保险机制对微观经济运行的维护作用

微观经济和宏观经济是相互依存、相辅相成的。保险机制对宏观经济运行的维护作用，对微观经济也发生影响，甚至可以说，它对宏观经济运行的维护作用是通过对微观经济的影响而发生的。所以，保险机制对微观经济运行在时间上的连续性和微观范围内的平衡性也是显而易见的。所不同的是，微观经济除了要考虑内部过程的连续和平衡之外，还要考虑外界环境对自己的影响。竞争的存在，使微观经济对可能发生的自然灾害或意外事故感受更深，也更敏感。如果说，宏观经济过程的一部分或一定时期的中断或短缺，会造成国民经济的停滞或趋缓现象，那么，此类情况的发生，对微观经济的威胁就更大了。

因此，在市场经济条件下，作为微观经济的工商企业，其经营是离不开保险机制维护的。从保障企业生产过程的持续进行来看，企业的再生产过程要持续地进行，其货币资金、生产资金和商品资金必须要在空间上并存，在时间上依次进行。无论是哪一种资金形态在自然灾害和意外事故中受到损失，也无论是全部损失还是部分损失，都会使企业占用的资金减少，从而使企业生产规模减小，严重时甚至导致生产过程中断。如果企业利用保险机制，就可以将各种各样的无法预料的损失，变成固定的、少量的、合理的保险费支出，一旦遭受损失，可迅速、及时获得补偿，使企业再生产得以持续进行。从促进商品流通的顺畅来看，商业部门从生产者那里购买商品后，还要对商品进行储藏、调运才能出售给消费者。由于自然灾害和意外事故的客观存在，处于采购、储藏、调运和销售中的商品可能会遭受意外损失。这种损失，轻者会使该企业的销售收入减少，经营规模缩小；重者会使企业不能获得销售收入，甚至导致经营过程的中断。因灾害造成的经营规模缩小或经营中断，会影响从生产者那里购买商品，同时也会影响其向消费者出售商品。如果商业企业利用保险机制，那么在各个环节经营由于自然灾害和意外事故造成的损失可以获得经济补偿，使商业企业经营过程不致中断，经营规模不致缩小，从而促进商品流通的顺畅。

保险机制对企业经营活动的维系作用还表现在促进先进科学技术的运用与推广方面。科学技术是第一生产力，采用先进科学技术有利于劳动生产率的提高。但是，对于采用新技术的单位来说，往往要冒极大的风险。在运用新技术的过程中，如果有保险机制作后盾，则可解除相关企业的后顾之忧。

此外，保险机制对整个社会经济运行的维系作用，还要通过对构成社会的基本细胞即个人和家庭的维系作用来实现，因为公民个人和家庭生活的安定是整个社会稳定的基础。然而，公民个人和家庭生活往往存在各种不安定的风险因素，这些因素会破坏正常的生活秩序。例如，公民家庭财产可能遭受灾害事故受损，使其家庭生活陷入困境；家庭成员的生命或身体可能因不幸事件、意外事故、疾病、死亡、丧失劳动能力等而造成生活上的困难。而保险机制的运用，可以从经济上减轻或消除这些难以预期的事件的不良后果。

二、保险机制对社会经济运行的调节作用

保险机制对社会经济运行的调节，一方面，表现为保险机制的运行对社会经济运行的直接影响，如前所述，会产生对社会再生产过程的直接维护作用。另一方面，表现为政府或有关部门对保险机制的运用，在经济社会各个方面所起的调节作用，包括对资源配置的调节、对资金市场的调节、对收入分配的调节、对个人消费的调节以及对心理的调节。

（一）资源配置的调节

保险机制使风险由集中到分散，使一些本来难以开展的风险投资得以实现，从而为资源配置的优化铺平道路。在商品生产过程中，不同部门、不同地域的生产经营者，其内部经营条件和外部经营环境面临着不同的风险。从经济部门看，采用新发明、新技术的所谓"朝阳工业"所面临的风险比采用传统技术的所谓"夕阳工业"大；从地域环境条件看，落后地区，由于交通运输网络不发达、劳动者的文化水平低、劳动技能差，以及恶劣的自然环境，会给投资者带来较多风险。诸如此类，生产经营决策者可视情况选择有关保险，把风险转嫁给保险人，从而使某些资源在一定条件下或一定区域内的配置成为可能。

我国市场经济的发展客观上要求优化资源组合、合理利用有限的社会资源。从整体上看，我国社会资源并不丰富，特别是许多行业或部门还表现出局部结构失衡，产生资源低效率或无效率配置的现象，造成资源的巨大浪费。改革的重要任务之一就是让市场机制充分发挥作用，合理有效地配置社会资源。保险费的收取和保险金的给付过程就是风险的转移、分散和组合的过程，也是风险中的生产要素和资源得到重新分配和转移的过程。

（二）资金市场的调节

保险经营聚集了大量资金，其投放和运用对资金市场的影响很大。保险经营时间越长，责任准备金积累越多，投资收益越多，这种影响就越大，这已为国际保险市场经验所证明。此外，政府或有关部门利用保险来调节资金流量也是不可忽视的，如美国联邦储备银行对系统内银行要求交纳一定的保险准备金，以维护银行的安全经营和消费者利益。这一交纳比例的变化，对资金市场的供求起着一定影响。

保险经济活动从本质上看还体现了资金的再分配。需要指出的是，保险再分配的资金来源是投保人的货币收入和资金收入的一部分，这部分收入作为保险费交给保险人后，投保人便失去了对这部分资金的使用权和占有权，所得到的是遭灾受损后的经济补偿权。保险基金的用途是补偿经济损失和给付保险金。这部分资金支付后，保险公司便失去了对这部分资金的所有权，转化为受灾企业或个人的所用权。由此可见，保险形式的再分配，实际上是对货币和资金占有权或所有权的再分配。保险资金收入和支出之间有一个时间差，期间的资金归入社会总资金，参与社会总资金的运动，从而充分发挥资金的时间价值，并通过种种形式调节资金市场，如参与同业拆借。

（三）收入分配调节

如前所述，保险再分配的资金来源是投保人的货币收入和资金收入的一部分。保险费的收取和保险金的支付，在一定程度上调节人们的收入结构。从社会总产品的分配看，用做后备的保险资金所占比重的大小，直接影响着简单再生产和扩大再生产的资金分配。国家财政资金中用做保险基金比重的大小，直接影响其他事业的投资和分配。保险作为一种再分配手段，将国家、企业、个人在初次分配中形成的收入再次进行分配。这种分配对整个分配过程是一种调节。

（四）个人消费调节

保险机制对个人消费的调节可从三个方面加以分析。

首先，购买保险，尤其是购买储蓄性的人寿保险，可使购买者的消费在一个较长时期内得以分散，起到调节个人消费的作用。

其次，购买保险也是一种消费形式即保险消费①。人们对于消费品的认识，通常直观上理解为用于满足人们生活上需要的具体物质形态的产品。正是这种狭隘的理解认识，妨碍了人们对服务性消费品特别是保险的正确消费观的形成。马克思曾经指出："任何时候，在消费品中，除了以商品形式存在的消费品以外，还包括一定量的以服务形式存在的消费品。"② 保险正是一种以向人们提供安全保障服务为形式存在的消费品。

任何形式的消费品，都必须具有满足人们某种需要的功能。保险消费所满足的是人们对安全的需要。安全需要是人类生存发展的基本需要，因此，保险消费是商品消费的一个必不可少的组成部分。但保险消费不同于一般自然消费，它是在更高层次上满足消费者需要的行为，具有消除人们的后顾之忧、创造安全的生产和生活环境、稳定社会生产和再生产、促进人类全面发展、提高消费者积极性和生产素质的积极意义。

从消费结构的角度来考察保险消费，它既不是生产资料的消费，也不是发展资料和享受资料的消费，但同时又与这些消费密切相关。（1）从生产资料消费来说，保险消费不是消费者生命所需要的食物、饮料、衣物等直接消费，但当保险消费者的这类消费品因自然灾害或意外事故遭受灭失时，保险消费则保证了消费者的生产资料消费的重新取得。储蓄性的寿险，往往是一种延迟的生产资料消费。（2）保险消费不是用于扩大再生产所必需的发展资料的消费，但当投入再生产的发展资料因自然灾害或意外事故而灭失时，保险消费者可重新获得发展资料，确保扩大再生产的连续进行。（3）保险发展的历史表明，保险消费水平与经济发展水平密切相关，同人们的生活水平密切相关，经济越发达，人们生活水平越高，保险消费的支出越多。因此，保险消费虽不是享受资料的消费，但它是享受资料的消费水平的晴雨表与可靠保证。由此不难得出：一个合理的消费结构，离不开一定比例的保险消费，保险消费是维护合理消费结构平衡与发展的重要保证。

最后，保险消费不仅仅是一种后备形式的消费，它对整个消费具有重要的引导作用。例如产品质量保险、消费信贷保险等，对人们的消费行为都具有很强的引导作用。

---

① 胡炳志：《保险消费及国内现状浅析》，载《消费经济》，1991（1）。
② 《马克思恩格斯全集》第26卷，311页。

【专栏8-1】

个人消费信贷保证保险破冰

个人客户在向银行贷款时无须抵押物，银行风险转移给保险公司。今天，平安财产保险宣布与光大银行合作，在济南推出"易贷险"，开启了保险公司与银行合作的新模式，有助于中低收入人群得到更多的融资机会。

个人消费信贷保证保险，是通过向个人客户提供保证保险，从而帮助客户从银行获取无抵押小额短期贷款的保险产品，其承保的风险为客户从银行贷款后能否按期还款的不确定性。投保人为客户，承保人为保险公司，被保险人为放款银行。当发生承保的保险事故时，保险公司负责按相应条款向放款银行理赔。

个人客户若有小额贷款需求，即可向平安产险信用保证保险事业部提出投保申请，同时向银行提出贷款申请，由平安对其投保申请进行审核，如果通过，则由平安签发保单，再由银行对其贷款申请进行审核，并依据保单的保险金额向客户发放贷款。

为控制风险，"易贷险"要求投保人须在申请地工作或居住时间不少于6个月，拥有稳定的职业，在现职单位工作时间不少于6个月，并且月收入不低于2000元。"易贷险"承保的贷款金额由客户的收入和资信情况综合决定，只要客户资料齐全，信用记录良好，就有机会获得最高为月收入10倍的贷款（最高15万元）。还款期限灵活，客户可根据实际还款能力挑选最适合的一款。借款人办理此业务需要支付保费和银行贷款利息两种费用，保费根据投保人的从业类型、贷款金额、贷款期限和资信状况不同而不同。客户须一次性支付保费，并按期向银行偿还贷款和利息。

投保"易贷险"后获取的银行贷款可用于任何合理的个人或家庭消费，如房屋装修、购买家电、结婚、旅游、个人进修等。根据银监会有关规定，任何贷款不得用于投资股市、期市或任何其他股本权益性投资。

（资料来源：王颖军：《个人消费信贷保证保险破冰》，载《济南时报》，2010年4月3日。）

（五）心理调节

一种可能发生的风险，对人们的心理是一种负担，一种潜在的威胁。通过保险机制，人们可以将生命、身体及财产所面临的风险转移出去。这就为生产和生活创造了稳定、安全的环境，消除了人们的忧虑和恐惧心理。

第三节　保险机制的运行

从宏观角度看，保险机制作为一个动态结构体，包括风险选择机制、损失补偿机制和资金运用机制，保险机制的作用，正是通过这些机制的运行而实现的。

一、风险选择机制

保险是一种风险经营业。为了保险机制能够正常发挥作用，保险企业并不是有险必保、来者不拒，而是有选择的，包括对风险的性质、规模和结构的选择。

风险的性质是指风险与风险面临者的关系以及风险发生的直接原因。风险面临者与风险必须具有利益关系，并且，风险的发生不是由于投机性因素引起，才能成为保险经营选择承保的对象。风险性质的选择，是保险经营过程的第一个环节，它常常决定着保险经营的成败。在选择过程中，关键是风险识别。

风险的规模是指风险的大小及其造成损失的多少。风险的规模与风险的性质一样，对保险经营至关重要。保险人所承担的风险要与自己的承担能力相适应，以防对保险经营带来冲击性影响。对风险规模的选择，一是限于承保能力而拒保，二是承保以后再行分保。

风险结构是指各类风险的内在联系和比例。不同种类的保险，承保不同的风险结构。优化的风险结构，应该包括大量的同类风险。

保险机制对风险的选择除事先对风险的性质、规模和结构进行选择外，还要进行事后选择。因为，有些超出可保风险的因素事前未能发现，承保后才逐渐暴露出来，这就需要进行事后的淘汰性选择。

二、损失补偿机制

损失补偿机制是保险本质功能发挥作用的形式和过程，包括补偿金的来源、补偿金的使用以及补偿关系的建立。

补偿金的来源，可谓是"取之于民，用之于民"。保险人依据合同收取保险费，建立保险基金，用来对被保险人或受益人进行经济补偿和给付保险金。在这一补偿关系中，保险当事人双方各有权利和义务，并以合同形式固定下来。虽然从总体看，补偿金的来源和使用在数量上是基本一致的，但是，在一定时期内，并非所有交纳保险费的人都能得到补偿。也就是说，保险费的承担者和保险补偿的受益者并非对任何人都是同一的。

需要指出的是，保险补偿金负担者和直接受益者同一的越广泛，保险补偿机制的运行就越困难。克服这种困难的机制是保险资金运用机制。

三、资金运用机制

保险补偿机制运行的奥秘，不仅在于保险补偿金负担者和受益者的非全体直接同一性，还在于保险资金在保险经营者手中的运用效益。保险资金的运用，与其他一切资金的运用一样，其有效的标志是资金增值数额的大小。

资金运用机制之所以成为保险机制的重要组成部分，是因为保险收入和支付之间存在相当的时间差。事实上，任何保险经营，从保险人收取保险费到组织保险金赔付，中间总有一段时间距离，在这一段时间内，保险人根据业务和风险管理的需要，要提留各种准备金。因此，保险公司必然沉淀着相当数量的资金，并且其数额会随着经营时间的延长和经营业务的扩大而日益增加。特别是人寿保险，期限有的长达几十年，资金积累数额更为巨大。根据马克思主义政治经济学的观点，任何资本都具有保值增值的内在冲动，保险资金也不例外，因其收入和支付之间存在相当的时间差，资金数量巨大，其保值增值的要求更为强烈，所以保险资金必须参与到社会资金的大循环中，进行科学的资金运用。

特别是，把保险资金用于投资，使保险经营由收付式经营转变为金融化经营，才能充分发挥保险公司的金融中介作用，保险业才能真正成为金融业名副其实的组成部分。

保险资金运用对保险公司、投保人等均具有特殊的价值。

对保险公司而言，保险资金的运用可提高其盈利能力，解决保险费率与利润之间的矛盾。当保险公司的管理费用（附加费率）相对稳定时，保险公司的费率开价高低与利润呈正相关关系，费率降低显然会影响保险公司的利润水平。当然，降低费率还可通过扩大承保面、减少费用支出、防灾防损等途径来实现。但是，保险公司必须考虑风险的偶然性对其利润的影响，所以不可能轻易降低费率。另一方面，由于保险市场竞争和刺激保险需求必然引致保险费率下降，其结果是保险公司直接业务的利润下降，甚至降到临界点以下。在这种情况下，保险公司只有通过资金运用来获取厚利以保证资本的合理利润，甚至在抵补直接业务亏损后还能获得资本的合理利润。这种情况，在已实现保险经营金融化的美国、英国、日本、德国等国家普遍存在。投资收入已成为发达国家保险利润收入的主要来源，成为价格竞争的物质基础。

对于投保方而言，保险资金的运用可提高保险商品的"性能价格比"，并增加了保险商品的安全性。保险公司通过保险资金的运用，可以获得资金的保值增值，从而能够有足够的实力来降低保险费率并可维持原有的保险责任范围甚至有所扩大，这样就能够使投保人以更加便宜的价格来购买到功能相同的保险商品，或者以相同的价格购买到责任范围更大和服务更优的保险商品，从而提高了保险商品的"性能价格比"；另一方面，保险经营是一种负债经营，保险资金最终是要偿还给被保险人的，通过保险投资获得利润，可以加快积累保险资金，从而增强保险公司的偿付能力，为提高投保人购买保险商品的安全性奠定坚实的物质基础。

对宏观经济而言，保险资金的运用可增加社会流通资金的总量，促进储蓄向投资转化，从而从某种程度上提高金融市场的效率。我国目前正处于社会主义建设继往开来、进入关键阶段的新时期，有限的资金供给同国民经济发展对于大量建设资金的需求存在很大的矛盾。而数额较大的保险资金流入社会，既可以直接为企业提供贷款满足其资金周转之需，又可以购买企业的债券以补充其资本金，如果能够通过证券市场参与社会资金大循环，则更可以实现资本市场与保险市场的良性互动，增强社会扩大再生产的能力。

【专栏 8 - 2】

保险资金对资本市场发展的意义

保险公司（主要是寿险公司）提供给资本市场的资金不但数量大，而且稳定性好，注重安全性，这与其业务特点密不可分。寿险业务具有如下三个重要特点：一是长期性，除稍短一些的定期死亡和生存保险以外，大量的终身保险和年金保险等业务，一般都在十几年、几十年以上。二是稳定性，人寿保险一般不可能出现大量被保险人同时发生保险事故的情况，其业务的经营具有稳定性。三是给付的可预见性，寿险业务的纯费率是根据死亡率、预期利率和费用率计算出来的，只要这三个依据较为准确，纯保费的计算就有相当的准确性，保险人对保险金的支付也就有相当准确性。

在发达的证券市场上，保险资金是货币市场和资本市场的重要资金来源。与比较注重短期投资收益的散户和部分机构投资者不同，保险公司作为机构入市，侧重于资金的长期投资收益，有助于改变上市公司的股东结构，完善上市公司的现代企业制度。

20世纪80年代以来，以养老基金、保险基金、投资基金为代表的各类外部机构投资者持有的上市公司股票比重迅速增大，导致了机构投资者的投资策略从"保持距离"向"控制导向"转变，对上市公司行为规范也产生有力的市场制衡，极大地影响了上市公司的治理结构。

同时更值得注意的是，保险公司必须追求稳定，精于计算，在收益率细微差别的分辨、相关事件的预测和概率计算、建立最优投资组合和最大限度地规避风险等方面必须有自身的独到之处。只有这样的专业机构投资者加入资本市场，才能对证券投资基金及其操作水平提出更高的要求，有助于证券市场理性的投资理念，也有助于抑制由于过度投机而造成的不正常价格波动，保险基金对资本市场的发展和成熟起到重要的作用。

保险资金运用强调收益稳定和安全，这就必然对股票指数期货、期权等避险工具的需求表现强烈。保险基金、养老基金等金融机构必须追求收益稳定，而这些对避险工具的大量需求客观上又成为稳定证券市场的重要力量。

（资料来源：节选自凌秀丽：《进一步发挥保险机构投资者作用面临挑战》，载《中国保险报》，2012年10月29日。）

【本章小结】

经济机制是一种动态结构体。它的运行过程，就是经济结构体内部要素相互作用或耦合的过程。所以，经济机制通常被理解为经济运行机制。

从微观角度看，保险机制归结为保险企业经营机制。动力机制是保险企业的最基本经营机制，它包括保险企业自身追求经营盈利最大化和企业职工追求自身利益最大化两

个方面。保险企业的约束机制就是自负盈亏。

企业经营机制是否良好的标志是：企业的各种生产要素能否相互合理配合、协调一致，并能按环境条件的变化来自我调节、自我适应与自我优化，以保证企业的生产经营活动具有持续的活力，并高效地运转，从而获得经济效益。

保险机制对宏观经济运行的维护作用概括为：维护社会再生产过程在时间上的连续性和空间上的平衡性。保险机制对微观经济运行在时间上的连续性和微观范围内的平衡性也是显而易见的。所不同的是，微观经济除了要考虑内部过程的连续和平衡之外，还要考虑外界环境对自己的影响。

保险机制对社会经济运行的调节，一方面，表现为保险机制的运行对社会经济运行的直接影响；另一方面，表现为政府或有关部门对保险机制的运用，在经济社会各个方面所起的调节作用，包括对资源配置的调节、对资金市场的调节、对收入分配的调节、对个人消费的调节以及对心理的调节。

从宏观角度看，保险机制作为一个动态结构体，包括风险选择机制、损失补偿机制和资金运用机制。

【关键术语】

经济机制　保险机制　风险选择机制　损失补偿机制　资金运用机制

【复习思考题】

1. 分别从微观角度和宏观角度说明保险机制的内容。
2. 分析保险机制对宏观经济运行的维护作用。
3. 分析保险机制对宏观经济运行的调节作用。
4. 说明保险资金运用机制的重要性。
5. 思考保险机制与公司治理之间的关系。

主要参考文献

1. 魏华林、林宝清主编：《保险学》，北京，高等教育出版社，2011。

2. 王绪瑾：《保险学》，北京，高等教育出版社，2011。

3. 李玉泉主编：《保险法学：理论与实务（第2版）》，北京，高等教育出版社，2010。

4. 刘金章：《保险学基础》、《保险学》，北京，高等教育出版社，2007。

5. 陈朝先主编：《保险学》，成都，西南财经大学出版社，2000。

6. 秦道夫主编：《保险法论》，北京，机械工业出版社，2000。

7. 张洪涛、郑功成主编：《保险学》，北京，中国人民大学出版社，2000。

8. 陈云中：《保险学》，台北，五南图书出版公司，1984。

9. 刘茂山、江生忠主编：《保险学原理》，天津，南开大学出版社，1998。

10. 刘金章主编：《保险学教程》，北京，中国金融出版社，1998。

11. 刘冬娇：《人身保险》，北京，中国金融出版社，2001。

12. （美）小哈罗德·斯凯博等著，荆涛等译：《国际风险与保险环境——管理分析》，北京，机械工业出版社，1999。

13. 周骏、朱新蓉、李念斋：《2001中国金融市场发展报告》，北京，经济科学出版社，2001。

14. 江平主编：《中华人民共和国合同法精解》，北京，中国政法大学出版社，1999。

15. 朱志忠、彭喜锋主编：《保险学概论》，北京，学苑出版社，2000。

16. 刘子操、王桂芝、于贵华主编：《保险概论》，北京，中国金融出版社，1999。

17. 吴荣主编：《保险学——理论与实务》，上海，复旦大学出版社，1997。

18. 孙祁祥编著：《保险学》，北京，北京大学出版社，1996。

19. 赵春梅、陈丽霞、江生忠编著：《保险学原理》，大连，东北财经大学出版社，1999。

20. 唐运祥主编：《保险代理理论与实务》，北京，中国社会科学出版社，2000。

21. 庄咏文、乌通元、吴越编：《保险法教程》，北京，法律出版社，1993。

22. 潘履孚 主编：《保险学概论》，北京，中国经济出版社，1995。

23. 何浩、蔡秋杰：《传统文化和寿险需求》，载《中国金融》，2009（11）。

24. 唐金成：《国外保险防灾防损的奇思妙招》，载《中国保险报》，2009-08-18。

25. 唐金成：《世界保险契约溯源》，载《中国保险报》，2007-08-13。

26. 王晓军：《精算师如何精算——精算科学及其在保险经营中的应用》，载《北京统计》，1998（2）。

27. 孙立明、孙祁祥：《风险管理的新趋势：整合风险管理及其在中国的应用》，载《经济学动态》，2003（8）。

21 世纪高等学校保险学系列教材

保险学（第二版）	胡炳志	何小伟	主编	29.00 元	2013.05 出版
保险精算（第三版）	李秀芳	曾庆五	主编	36.00 元	2011.06 出版
（普通高等教育"十一五"国家级规划教材）					
人身保险（第二版）	陈朝先	陶存文	主编	20.00 元	2002.09 出版
财产保险（第四版）	郑功成	许飞琼	主编	43.00 元	2010.01 出版
（普通高等教育"十一五"国家级规划教材）					
财产保险案例分析	许飞琼		编著	32.50 元	2004.08 出版
海上保险学	郭颂平	袁建华	编著	34.00 元	2009.10 出版
责任保险	许飞琼		编著	40.00 元	2007.11 出版
再保险（第二版）	胡炳志	陈之楚	主编	30.50 元	2006.02 出版
（普通高等教育"十一五"国家级规划教材）					
保险经营管理学（第二版）	邓大松	向运华	主编	42.00 元	2011.08 出版
（普通高等教育"十一五"国家级规划教材）					
保险营销学（第三版）	郭颂平	赵春梅	主编	35.00 元	2012.08 出版
（教育部经济类专业主干课程推荐教材）					
保险营销学（第二版）	刘子操	郭颂平	主编	25.00 元	2003.01 出版
风险管理（第四版）	许谨良		主编	28.00 元	2011.03 出版
（普通高等教育"十一五"国家级规划教材）					
利息理论					
保险会计学					
保险产品设计原理与实务	石　兴		著	24.50 元	2006.09 出版
社会保险（第三版）	林　义		主编	32.00 元	2010.08 出版
（普通高等教育"十一五"国家级规划教材）					
保险学教程（第二版）	张　虹	陈迪红	主编	36.00 元	2012.07 出版

21 世纪高等学校金融学系列教材

一、货币银行学子系列

货币金融学　　　　　　　　　　朱新蓉　　　　　　　主编　　50.00 元　　2010.01 出版
　　（普通高等教育"十一五"国家级规划教材/国家精品课程教材·2008）

货币金融学　　　　　　　　　　张　强　乔海曙　　　主编　　32.00 元　　2007.05 出版
　　（国家精品课程教材·2006）

货币金融学（附课件）　　　　　吴少新　　　　　　　主编　　43.00 元　　2011.08 出版

货币银行学（第二版）　　　　　夏德仁　李念斋　　　主编　　27.50 元　　2005.05 出版

货币银行学（第三版）　　　　　周　骏　王学青　　　主编　　42.00 元　　2011.02 出版
　　（普通高等教育·"十一五"国家级规划教材）

货币银行学原理（第六版）　　　郑道平　张贵乐　　　主编　　39.00 元　　2009.07 出版

金融理论教程　　　　　　　　　孔祥毅　　　　　　　主编　　39.00 元　　2003.02 出版

西方货币金融理论　　　　　　　伍海华　　　　　　　编著　　38.80 元　　2002.06 出版

现代货币金融学　　　　　　　　汪祖杰　　　　　　　主编　　30.00 元　　2003.08 出版

行为金融学教程　　　　　　　　苏同华　　　　　　　主编　　25.50 元　　2006.06 出版

中央银行通论（第三版）　　　　孔祥毅　　　　　　　主编　　40.00 元　　2009.02 出版

中央银行通论学习指导（修订版）孔祥毅　　　　　　　主编　　38.00 元　　2009.02 出版

商业银行经营管理　　　　　　　朱新蓉　宋清华　　　主编　　46.00 元　　2009.03 出版

商业银行管理学（第二版）　　　彭建刚　　　　　　　主编　　44.00 元　　2009.04 出版
　　（普通高等教育"十一五"国家级规划教材/国家精品课程教材·2007）

商业银行管理学（附课件）　　　李志辉　　　　　　　主编　　45.00 元　　2006.12 出版
　　（普通高等教育"十一五"国家级规划教材/国家精品课程教材·2009）

商业银行管理学习题集　　　　　李志辉　　　　　　　主编　　20.00 元　　2006.12 出版
　　（普通高等教育"十一五"国家级规划教材辅助教材）

商业银行管理　　　　　　　　　刘惠好　　　　　　　主编　　27.00 元　　2009.10 出版

现代商业银行管理学基础　　　　王先玉　　　　　　　主编　　41.00 元　　2006.07 出版

金融市场学（第二版）　　　　　杜金富　　　　　　　主编　　48.00 元　　2013.03 出版

现代金融市场学（第三版）　　　张亦春　　　　　　　主编　　56.00 元　　2013.01 出版

中国金融简史（第二版）　　　　袁远福　　　　　　　主编　　25.00 元　　2005.09 出版
　　（普通高等教育"十一五"国家级规划教材）

货币与金融统计学（第二版）　　杜金富　　　　　　　主编　　49.00 元　　2013.05 出版
　　（普通高等教育"十一五"国家级规划教材/国家统计局优秀教材）

金融信托与租赁（第三版）　　　王淑敏　齐佩金　　　主编　　36.50 元　　2011.09 出版
　　（普通高等教育"十一五"国家级规划教材）

金融信托与租赁案例与习题　　　王淑敏　齐佩金　　　主编　　25.00 元　　2006.09 出版
　　（普通高等教育"十一五"国家级规划教材辅助教材）

现代信用管理学					
金融营销学	万后芬		主编	31.00 元	2003.03 出版
金融风险管理	宋清华	李志辉	主编	33.50 元	2003.01 出版
金融信息系统					
网络银行（第二版）	孙 森		主编	36.00 元	2010.02 出版

（普通高等教育"十一五"国家级规划教材）

房地产金融					
银行会计学	于希文	王允平	主编	30.00 元	2003.04 出版
金融稽核学					

二、国际金融子系列

国际金融学	潘英丽	马君潞	主编	31.50 元	2002.05 出版
国际金融概论（第三版）	王爱俭		主编	29.00 元	2011.07 出版

（普通高等教育"十一五"国家级规划教材/国家精品课程教材·2009）

国际金融（第二版）	刘惠好		主编	40.00 元	2012.08 出版
国际金融管理学	张碧琼		编著	36.00 元	2007.09 出版
国际金融与结算（第二版）（附课件）	徐荣贞		主编	40.00 元	2010.08 出版
国际结算（第五版）（附课件）	苏宗祥	徐 捷	著	60.00 元	2010.11 出版

（普通高等教育"十一五"国家级规划教材）

国际资本市场					
各国金融体制比较（第二版）	白钦先		等编著	43.50 元	2008.07 出版

三、投资学子系列

投资学（第二版）	张元萍		主编	53.00 元	2013.01 出版
证券投资学	吴晓求	季冬生	主编	24.00 元	2004.03 出版
证券投资学	杨丽萍	金 丹	主编	42.00 元	2012.05 出版
现代证券投资学	李国义		主编	39.00 元	2009.03 出版
投资银行学教程	郑 鸣	王 聪	著	33.00 元	2005.04 出版
证券投资分析	赵锡军	李向科	主编	30.50 元	2003.06 出版
组合投资与投资基金管理	陈伟忠		主编	15.50 元	2004.07 出版
风险资本与风险投资					
投资项目评估	王瑶琪	李桂君	主编	38.00 元	2011.12 出版
项目融资（第三版）	蒋先玲		编著	36.00 元	2008.10 出版

四、金融工程子系列

金融经济学教程	陈伟忠		主编	35.00 元	2008.09 出版
金融工程学					
金融工程案例					
固定收益证券					
衍生金融工具	叶永刚		主编	28.00 元	2004.01 出版

公司金融（第二版）	陈琦伟	主编	28.00 元	2003.06 出版
公司金融案例				
现代公司金融学	马亚明　田存志	主编	44.00 元	2009.06 出版
金融计量学	张宗新	主编	42.50 元	2008.09 出版
数理金融	张元萍	编著	29.80 元	2004.08 出版

五、金融法子系列

金融法	甘功仁　黄　欣	主编	34.50 元	2003.03 出版
金融法教程（第三版）	刘定华	主编	46.00 元	2010.07 出版
（普通高等教育"十一五"国家级规划教材/司法部优秀教材）				
保险法学（第二版）	魏华林	主编	31.50 元	2007.09 出版
（教育部法学专业主干课程推荐教材）				
证券法学	符启林	主编	31.00 元	2003.08 出版
票据法教程	刘定华	主编	30.00 元	2008.05 出版
信托法学	徐孟洲	主编	27.00 元	2004.01 出版
（北京市高等教育精品教材立项项目）				

六、金融英语子系列

金融英语阅读教程（第三版）	沈素萍	主编	42.00 元	2011.11 出版
（北京高等学校市级精品课程教材）				
金融英语阅读教程导读（第三版）	沈素萍	主编	18.00 元	2012.03 出版
（北京高等学校市级精品课程辅助教材）				
金融英语教程				
保险英语教程				
保险专业英语	张栓林	编著	22.00 元	2004.02 出版
财经英语教程				
金融英语函电				